U0505109

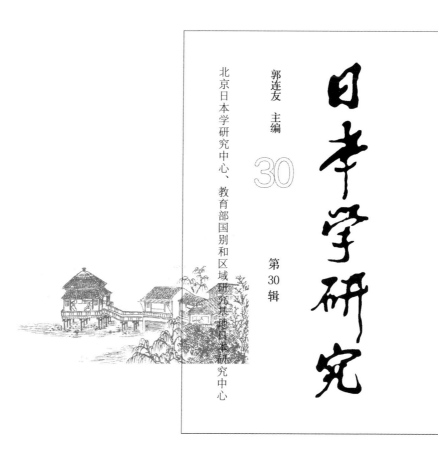

日本学研究

郭连友 主编

30

第30辑

北京日本学研究中心、教育部国别和区域研究基地日本研究中心

社会科学文献出版社
SOCIAL SCIENCES ACADEMIC PRESS (CHINA)

目　录

日本语言与教育

日本文学与文化

书　评

特别约稿

孙中山之后的大亚洲主义：
民国时期中国的日本认识

村田雄二郎 著[*]　宋舒扬 译

【摘　要】本文基于中方人士倡导的亚洲主义（大亚细亚主义）与近代日本的"アジア主义"在内容和性质上的不同，将选取几部主要的论著，追溯"后孙中山时期"中国亚洲主义的发展过程，以此揭开孙中山遗留下来的若干谜题。

【关键词】亚洲主义　孙中山　戴季陶　胡汉民　中日关系
王道精神

有关近代中国亚洲主义[①]的发展过程，以往的研究已指出如下几点。

第一，中国亚洲主义的阙如及其薄弱的存在感。孙歌指出，对中国大陆这一在历史中形成的国家而言，东亚只代表了其地域概念的一部分，东亚论基本没有成为关乎中国人身份认同的思想课题。[②] 换言之，在中国看来，"中国"即是亚洲，以"中国与亚洲"的方式将亚洲外部化的地缘政治学契机与文化基础都是极为薄弱的。

第二，近代中国积极论说亚洲主义的学者，多局限于曾亡命日本、留

---

* 村田雄二郎：日本同志社大学 Global Studies 研究科教授。

① 本文援引藤井升三的研究，将亚洲主义定义为"团结亚洲各民族、各国家以反抗欧美列强的压迫、侵略的思想运动"。藤井昇三：『孫文の「アジア主義」』，辛亥革命研究会編『中国近現代史論集——菊池貴晴先生追悼論集』，東京：汲古書院，1995。又，藤井昇三『近代中国対日観の研究』（東京：アジア経済研究所，1970）是日本学界研究近代中国日本观的初期成果。

② 孫歌：『アジアを語ることのジレンマ——知の共同体を求めて』，東京：岩波書店，2002。吉沢誠一郎「近代中国におけるアジア主義の諸相」，松浦正孝『アジア主義は何を語るのか——記憶・権力・価値』，京都：ミネルヴァ書房，2013。

学日本的人物，或日中关系中的当事人。其中既有赞同日本的亚洲主义的，也有反对日本中心主义，提倡其他类型的亚洲主义的（如李大钊的"新亚细亚主义"、戴季陶的《新亚细亚》①、"民族国际"② 等）。无论哪一种，其论说与发言的背景都以某种形式与日本发生联系。结合第一点来看，可知中国率先论说亚洲主义的内在动机较为薄弱，只有在受到日本"触发"的种种情形下，方能出现有关亚洲主义的言说。

第三，除胡汉民将"大亚洲主义"与"抗日"合论之外，中国人提倡的亚洲主义大多都有"亲日"倾向或"日中提携"的要素，不能对近代日本的扩张主义有所批判。特别是汪精卫一派在所谓"和平建国"运动中鼓吹的"大亚洲主义"，以其割离了孙中山晚年对日本的尖锐批判而受到质疑。③ 在日军枪口之下叫嚷的"大亚洲主义"只是为了使日本的侵略正当化，披上了"善邻友好"、"东亚和平"伪装的意识形态。因此批判的矛头直指其自甘堕落，背离了孙中山构想的真正的"大亚洲主义"。

笔者基本同意以上三点，先行研究对近代中国亚洲主义特征的论述是大致确当的。不过，上文概括的中国亚洲主义的普遍规则，与1924年孙中山在神户进行的"大亚洲主义"演讲似有一定的偏差。如该讲演结尾著名的一段④，孙中山结合"王道"与"霸道"之争这一传统的文化价值，演说其理想中的亚洲主义。这不能单纯理解为受到日本人论调启发的言说，而更应从孙晚年"回归传统"的思想脉络中加以解读。毋庸多言，孙中山有关亚洲解放的展望中包含着对苏俄的期待与将尼泊尔视为"属国"的中华中心论的亚洲观，这些都是日本的亚洲主义所不具备的思想要素，不能将其简单视为对抗日本的言说。

孙中山受日本人邀请，在日本神户面向日本人作了生平唯一一次"大亚洲主义"的演讲，但仅从批判日本帝国主义的角度论述其意义，本身便有一定的局限性。特别是孙中山晚年所提及的"王道"论，其模糊多义的文本如同一个谜团，至今仍刺激着生活在21世纪的我们。驹込武在其讨论

---

① 吉沢誠一郎：「近代中国におけるアジア主義の諸相」，第 306 - 308 页。
② 张玉萍：『戴季陶と近代日本』，東京：法政大学出版局，2011，第 186 - 189 页。
③ 安井三吉『講演「大アジア問題」の成立とその構造』，陈德仁等编『孫文・講演「大アジア主義資料集」』，京都：法律文化社，1989。
④ 前引安井论文等研究早已指出，这段有名的话实际上在演讲中并未出现，很可能是事后添改的，但这一事实并不会对演讲内容的解读产生太大影响。

近代日本殖民思想的著作中，分析了伪满洲国成立之际标榜的"王道主义"，称其"反用了孙中山的权威，作为基于亚洲主义原理的'连带'论大致可以成立——姑且将日本帝国主义的支配与被支配关系视为次要问题"。① 尽管程度不同，这一结论亦可适用于日本军政统治下，或汪精卫政权下的中国出现的"王道论"或"亚洲主义"言说。"可能性"固然仅仅止步于"可能性"，但将中国的各种亚洲主义言说暂时从"侵略与连带"的二分法中解放出来，则是今天不可或缺的工作。

遗憾的是，笔者现在还没有准备从正面论述孙中山"大亚洲主义"演讲的历史意义。然而，暧昧而存在多样化解释的"大亚洲主义"演讲的谜题，通过孙中山之后，包括其"继承人"在内的各类亚洲主义言说方能触及。这亦是将孙中山的演讲稿作为一份开放的（open-ended）文本加以解读。如此一来，我们或将看到"大亚洲主义"演讲所蕴含的可能性的核心部分。

下文将选取几部主要的论著，追溯"后孙中山"时期中国亚洲主义的发展过程，以此揭开孙中山遗留下来的若干谜题。

一 日军出兵山东前的日本论

首先来看第一次世界大战后到日军出兵山东之前中国国内的日本观与日本认识。

众议院议员小寺谦吉的《大亚细亚主义论》（东京：宝文馆，1916）使大亚洲主义在日本广为人知。该书作为系统讨论亚洲主义的发轫之作，两年后便出版了厚达1200多页的中译全本（东京：百城书舍，1918），在中国也受到了广泛关注和阅读。这一时期的"亚细亚主义"多取范于以人种概念划分的"泛~主义"（泛斯拉夫主义、泛日耳曼主义等），论说东亚黄种人的联合与"人种同盟"的必要性。②

李大钊在《大亚细亚主义与新亚细亚主义》（《国民杂志》第1卷第2号，1919年2月）一文中严厉批判了日本流行的亚洲主义论，称其为"大

---

① 駒込武：『植民地帝国日本の文化統合』，東京：岩波書店，1996，第245页。

② スペン・サーラ：『アジア認識の形成と「アジア主義」——第一次世界大戦前後の「アジア連帯」『アジア連盟』論を中心に』，長谷川雄一編『アジア主義思想と現代』，東京：慶応義塾大学出版会，2014。

日本主义的变名"，是侵略、吞并弱小民族的军国主义。日本人提倡的"大亚细亚主义"在当时的中国基本没有得到共鸣。其原因是不言自明的，经历了"二十一条"（1915）与《中日共同防敌军事协定》（1918）风波后，中国已基本不可能对日本提出的"亲善"与"连带"抱有期待。

到了 20 世纪 20 年代中期，因"二十一条"而恶化的对日感情有所缓解，两国关系在经济、文化层面逐渐好转。日本政府顺应华盛顿体系，实行协调外交，调和与各国关系，重视经济合作，不干涉中国内政。中国国内随之出现了主张正确认识日本、理解日本的声音，各大报纸与杂志开始刊登介绍日本文化与历史的文章。这一时期，外国人研究日本的若干著作被译介到中国，一些没有留学经历、不懂日语的学者开始通过译书或英文文献研究日本。如谢晋青的《日本民族性研究》（上海：商务印书馆，1924）、陈恭禄编《日本全史》（上海：中华书局，1927）、陈德征的《日本研究提要》（上海：世界书局，1928）、潘光旦的《日本独意志民族性之比较的研究》（上海：新月书店，1930）等，都是早期日本研究的成果。

总体来看，这一时期的日本论大多提及日本人的国民性与民族性。其动机在于："二十一条"之后，中国国民多关注日本的政治与外交，试图理解其对华政策所反映的日本人的思考与感觉模式。人们尤其对"武国"日本表现出了极大的关注，综合其直接、间接所见所闻的日本军人的言行，探寻其起源与背景。"尚武"、"军国"因之成为论者热衷的话题。如戴季陶《日本论》（上海：民智书局，1928）结合日本人固有的"信仰力"分析其好勇斗狠的民族性，将"尚武"精神视为日本在"开国以来"漫长的历史中养成的习性，是这一类研究的代表作。此外，受到梁启超所作《中国之武士道》（1904 年初版）的影响，这一时期对武士道背后的日本人的伦理与精神的关注也呈现出高涨的趋势。

在人们对"武国"日本的关注日益增长的大环境中，王朝佑的《亚洲之日本》①可谓独树一帜。该书非但毫不掩饰其亲日的立场，更积极应和日本人鼓吹的亲善、提携论。不同于主流的反日、抗日的日本论，该书因其主张亲日的少数派论调受到了日本国内及在华日本人的欢迎，刊行后不久

---

① 王朝佑：《亚洲之日本　附人类论》，北京：日文专修学校，1928。村山節男訳『支那から見た亜細亜に於ける日本の立場』，東京：発行人：村山正隆，1929。以下引用标注中文版页码。

就被译成了日语。① 下面对王朝佑的生平和他的日中提携论作一详细介绍。

王朝佑1886年出生于山东曹州，1905年留学东京，入东亚同文会创办的同文书院学习。两年后学毕归国，于北京开设私塾"日文专修学校"，自任校长，致力于培养有留学日本意愿的中国人，并曾短期任北京山东中学校校长一职。1927年应山东军阀张宗昌之邀，任直鲁联军外交署秘书、外交署日本科主任。其后动向多有不明之处，但可知其1938年与宋介等人共同出任伪中华民国临时政府新民会中央指导部委员会委员（日本四人、中国人三人）。② 王朝佑在新民会中似无突出表现，仅在会刊《新民周刊》中发表过有关"亚细亚联盟"的论说。③

其著述除《亚洲之日本》外，还有《我之日本观》（北京：京城印书局，1927）与《中国灭亡论》（北京：东和印刷局，1934）等。《我之日本观》从"民族心理"、"社会制度"、"哲学"、"信仰"、"艺术"各个角度广泛论述了日本的国民性，是最早系统全面考察日本"国民性"的论著之一。卷末"留学时代之观察"一节尤具史料价值。作者结合自身体验，生动描绘了清朝留学生学习生活的情形，如陕西籍留学生在激昂之余，以巨石砸碎靖国神社展示的缠足女人的鞋子、鸦片烟枪、"万民伞"、名门高第的匾额等从中国得来的战利品的情景。王朝佑在20年后以回忆形式记述了当时留学生的心情与意识，可知留学时代对日本国民性与社会生活的好感，孕育了其日后提倡的日中亲善论。

《中国灭亡论》则是一本不足40页的小册子，作者感慨于中国政治的腐败现状，官僚政客自私自利，残虐人民，伦理败坏，道德沦丧，军人为祸，盗贼横行，指亡国危机迫在眉睫，号召国民决心改革，发奋图强。所谓"中国灭亡"，乃"警惕国人之语"（自序）。颇有意思的是，作者还提及了《我之日本观》出版后，被目为"亲日家"，遭到诽谤污蔑的经历。"中国国民应有之认识"一章论及日本，与《亚洲之日本》论调相同，都主

① 日文版跋文为获赠该书的头山满与德富苏峰的谢函，附录还收入了长达36页的《新闻杂志界之评论与读者之声》，可见其在日本引起了相当程度的反响。
② 八卷佳子『中華民国新民会の成立と初期工作状況』，藤井昇三编『1930年代中国の研究』，東京：アジア経済研究所，1975。
③ 王朝佑：《亚细亚联盟》，《新民周刊》第18期，1939年3月。王任职于新民会期间还著有《从改善国民精神谈到建设东亚新秩序》（《新民周刊》第41期，1939年11月）、《青年与国家之前途》（《新民周刊》第42期，1939年12月）、《新民会与新中国》（《新民会讲演集》第一辑，北京：新民会出版部，1938）等。

张过激的反日、排日无益于中国的富强，只有学习先进国家日本，与日本相互提携，才是救中国于灭亡命运的唯一出路。

此外，王朝佑还在《北京繁昌记》（作者为寓居北京的著名中国通中野江汉）第一卷（1922）出版后马上将其译成中文，用原题由醉中印刷社出版。又著有《四十四年落花梦》（北京：中华印刷所，1943）一书，为编年体的近代中国大事记，各条附著者按语，内容有不少涉及日中关系。

从《亚洲之日本》自序中"中华民国十七（1928）年六月十四日"的日期可知，该书是在日本出兵山东、制造皇姑屯事件后，两国关系处于紧张状态之时出版的。其核心主张为全面刷新中国政治、解放亚洲民族，日中两国的合作不可或缺。王朝佑虽表示"吾之所希望于日本者，欲其入于王道，而不愿其流于霸途也"（第 42 页），却并未言及孙中山的"大亚洲主义"演讲。考虑到王对国民党的对日政策一贯持批判态度，这亦是理所当然的。尽管书中没有直接出现"大亚洲主义"一词，但高唱"亚细亚之经纶"，强调"亚细亚民族之团结"，对抗白种人的西方文明，这显然是一种中国版的亚洲主义。略引其说如下：

> 日本者，东亚之强国也，世界之霸王也，其对于亚洲所负之使命，果如何之重且巨乎。吾以为日本对于亚洲之人民，应有详细之调查，确定具体之办法，下以决心，持以毅力，勇猛作去，勿退缩，勿顾虑，以东亚全体人类之幸福为目标。方针既定，顺序进行。（第 4 页）
>
> 我东亚人民，对于日本应有绝大之希望，予以艰巨之责任，政治如何改良，教育如何振兴，实业如何发达，交通如何便利，财政如何整理，货币如何统一。（第 14 页）
>
> 中国之秩序恢复，欧美之野心自泯，其他亚洲各国，必将眉飞色舞，与中日两国，共图进行。关于此，日本之外交，不能取远交近攻之策，事事仰欧美之鼻息，以压迫中国，宜居东亚长兄之地位，为亚洲各国，保护权利，增长利益。（第 20 - 21 页）

上述亲日路线在当时获得了多少读者，现不得而知，在日本的反响概如上文所述。王朝佑在本国并未因此博得文名，可见其言论当被视为毫无社会基础的奇谈怪论。该书虽专设一章论日本出兵山东，称中国国民激愤，批判日本暴行，但"亦应责备自身"（第 64 页），其立场依然倾向日本。日本如有恶意，早晚必将暴露，现今"我国民宜以沉静之态度，为充分之自励，时时知耻，时时奋发，抛却私心，忠于国家"（第63页）等论调，在爱国感情高涨的中国想必是很难被接纳的。

在此要指出的是，王朝佑"亲日"的亚洲主义的理论结构成为其后出现的各类日中提携、亲善论的先驱。大致整理其要点如下：（1）高度评价富国强兵模范国日本；（2）反之感慨中国的停滞与衰落；（3）对欧美侵略亚洲抱有危机感；（4）期待先行者日本给予中国支援；（5）鉴于彼此军事力量的巨大差距，否定日中开战论。以此为前提，固然可以得出一些推论，如以日中亲善为核心的亚洲民族解放，乃至以日中两国为盟主的"东亚联盟"的结成。但抛开其可行性不论，这些构想与抗战时期中国出现的"日中亲善"、"和平建国"论在理论结构上并没有太大差别。

至于日本与中国的关系，王朝佑认为不平等条约不足为道，只一味期待日本发挥"指导"作用。在企图向大陆扩张的日本军部、政府耳中，再没有比这更动听的亲善论了。与之相对地，在奋起要求回收国权、改订条约的中国民族主义者看来，这无疑是最不可接受的"卖国"论。

无论如何，王朝佑的上述论调体现了与排日、抗战不同的一类"和平型"救国论。所谓"和平型"，是指主张避免与日本武力冲突，在寻求一定的协调与提携的同时，扩大本国权益、提高国家地位。[1] 王朝佑过度追求与日本同步的态度只能遭到社会的排斥与嘲笑，然而在这一时期，尽管较为薄弱，但确实存在着对"亲善"、"和平"寄以希望的言论空间。到了20世纪30年代，由于日本动用武力，战争日益激化，自由灵活地讨论日本的言论空间亦随之逐渐缩小了。

二 九一八事变前后的日本论

1928年4月，蒋介石率领的国民革命军攻入山东，日本田中义一内阁随即决定出兵，命第六师团及天津驻屯军开往济南（即第二次出兵山东）。

---

[1] 这类救国论不应视为结果论，而应定义为身处变动而不透明的状况之下的一种政治选择。可参考下述周佛海在汪精卫政权成立后的一段自白："重庆各人自命民族英雄，而目余等为汉奸，余等则自命为民族英雄。盖是否民族英雄，纯视能否救国为定。余等确信惟和平足以救国，故以民族英雄自命。但究竟以民族英雄而终，抑以汉奸而终，实系于能否救国。"（周佛海著，蔡德金编注《周佛海日记全编》，中国文联出版社，2003，第294页）

5 月 3 日两军爆发冲突，后演变为日军对济南城展开总攻击，导致日侨十余人被害，逾 3000 中国军民伤亡，中国称为"济南惨案"。

济南惨案令广大中国人倍感愤慨。日本出兵山东，使得因"币原外交"有所缓和的对日感情一夕逆转。不仅如此，以济南惨案为转折点，北伐以来中国排外感情的矛头更由英国一齐转向了日本。关东军制造的皇姑屯事件则使得中国的对日感情进一步恶化。1928 年 6 月 4 日凌晨，张作霖一行乘专列从北京返回大本营奉天途中，在奉天郊外遭到日军有预谋的爆破，包括张在内的多人遇难或重伤。暗杀张作霖的消息一出，东北（满洲）中国社会对日舆论沸腾，张作霖之子张学良亦因此改变对日合作的立场，转而与国民政府合流。

日军出兵山东后，中国有关日本的图书与杂志论文剧增。人们关注的焦点都在日本的对华政策、日军的暴行等政治、军事方面。倭寇记忆的复苏亦是在这一时期。论者多将提着日本刀、趾高气扬地蹂躏中国的日本军人的形象与记忆中的倭寇联系在一起，强烈批判日本的侵略行为。

国民党的月刊杂志《新生命》日本研究特集号（第 1 卷第 7 号，1928 年 7 月）最早对济南惨案作出了直接反应。① 该特集号共收入了 20 篇文章（其中一篇译自日语），涵盖了政治、军事、经济、外交、劳动运动、思想等各个方面，在当时的中国称得上是一部高水平的日本论集。

特集开篇论文的作者是 1938 年追随汪精卫逃出重庆任汪政权要职、战后背负汉奸骂名的周佛海。他在这篇题为《日本的危机和我们的努力》的文章中称，日本虽侵略中国，其国家实则危机四伏，中国只要努力就能够促成日本帝国主义的崩溃。周佛海认为其危机主要在经济方面，并列举了铁、煤依靠国外输入，资源匮乏，市场购买力低下，对外贸易减少，财富集中于少数财阀，财政赤字增加，贫富差距扩大，土地集中，劳动争议与农村阶级斗争的激化等十大危机，称日本资本主义正日渐动摇，最后指出日本帝国主义的崩溃与中国革命的成功乃表里一体，"中国的国民革命，是以促日本帝国主义的夭亡"，号召国民奋起抵抗日本侵略。

从周佛海此文可以看出，《新生命》杂志的特点在于运用社会科学的方法——尤其是马克思主义经济学的方法——以经济问题为中心，分析各国

---

① 由特集最后《国际方面对日本在济南暴行的舆论》一文可知，本期杂志是在受到济南惨案的冲击之下组稿编辑的。

资本主义的现况。该特集号中亦有多篇值得注意的论文，分别讨论了日本财政、金融、贸易、殖民政策、劳动运动等问题，剖析了日本资本主义过去与现在的状况。值得注意的是，该杂志的作者多为有过留学经验的学者以及这一时期学问日趋专门化的时代背景。与以往以游记、印象记、体验记为主的日本论不同，该特集所收的文章乃是基于文献与数据的专业性讨论，日本政治与经济也成为这类运用学术方法分析的对象。特集的组稿与文章内容均体现了这一特点。

该特集虽以反日、抗日为总体基调，但客观冷静的日本批判也不在少数。如曾留学美国的政治学家周鲠生的《日本的对外政策》一文，依时间顺序详述了日本"开国"以来的外交史，并回顾了以日俄战争为转折点，日本正式开始侵攻大陆，形成意图吞并中国的大陆政策的过程。该文没有大声疾呼地批判日本，而是在准确把握满洲错综复杂的国际关系、华盛顿会议之后的协调外交及日本"二重外交"中的外交权分配等要点的基础上，详略得当地分析了日本的对华政策，较之今天的历史叙述亦不逊色。此外，武懿的《日本思想界的变迁》则阐明了日本从神话时代到现代的主要思想潮流，该文颇有分量，一方面指出儒教、佛教及西洋文化并非日本固有的思想，另一方面则具体考察了各个时代日本人吸收上述外来思想的历史过程。两篇文章都足以反映这一时期中国学术界日本研究和日本认识的深化。

日军出兵山东后，舆论纷纷转向反日，有关日本的书籍中，影响最大的要数戴季陶的《日本论》。该书出版恰逢日军第二次出兵山东，因此得以多次重版，阅读者众多，对中国人日本印象的形成起到了很大作用。作者一面赞叹"切腹"、"殉死"所反映的日本人钟爱崇高性的审美趣味，一面援引田中义一的"积极政策"，批判日本军国主义起源于"神权迷信"，认为日本侵略中国乃是武士道的"堕落"。今天许多耳熟能详的日本批判，不少都来自戴季陶。进而言之，蒋介石、毛泽东反复强调的"军民二分论"（认为日本国民与中国国民同样都是日本军阀的牺牲者），很可能也直接来源于戴季陶的日本认识。戴季陶曾在《日本论》的雏形《我的日本观》（《建设》第 1 卷第 1 号，1918 年 8 月）中表示，敌人只有日本的"军阀"，"他大多数从来没有插过双刀、做过御用商人的日本人，到底还是中国的好朋友"。耐人寻味的是，戴季陶在《我的日本观》的基础上改写《日本论》时，却将这段话删除了。

戴季陶掀起的日本研究热潮，因九一八事变势头愈增。事变爆发后不久，中国各地便陆续刊行了有关日本的书籍杂志，其中影响力较大的是南京日本研究会编辑的《日本评论》。该杂志的前身是创刊于 1930 年 7 月的《日本》，执笔成员以日本留学生为主。九一八事变后，于 1931 年 11 月改名为《日本评论三日刊》，不久再次更名为《日本评论》，改为月刊，出版地也移到了首都南京。该杂志是当时罕见的专门研究日本的长寿杂志，1932 年 7 月创刊，1937 年临时停刊，1940 年 1 月在重庆复刊，后一直存续到 1945 年 3 月。①

尽管南京日本研究会的编辑和作者阵容带有鲜明的国民党色彩及半官半民的性质，但该杂志广泛刊登了与日本有关的论文与评论，涵盖政治、军事乃至金融、经济、教育、文学等各个方面。值得一提的是，研究会还以每周一册的频率出版了总计 90 册的"日本研究会（小）丛书"，其内容举凡日本军费膨胀、国际贸易、财政制度、共产党之发展、法西斯运动、日中关税协定、中东铁路等，在蔓延的战火中为中国人了解日本现状、获取日本相关知识起到了重要作用。

此外，九一八事变之后，中国对于日本历史（尤其是明治维新之后的近现代史）也愈加关注。其理由不言自明：不少中国人意识到要将富国强兵的先驱、现代国家建设的优等生日本的发展道路，作为一部中国侵略史来重新审视。其中固然有许多议论时局的肤浅速成之作，以及国外（包括日本）著作的译本，但王芸生的《六十年来中国与日本》（全 7 卷，天津：大公报社，1932 – 1934）这类严肃学术著作的出现也不容忽视。

如上所述，从日军出兵山东到九一八事变之后的这段时间里，中国民族主义高涨，疾呼抗日救国，日本研究亦逢其时，诞生了一批社会影响力较大、学术价值较高的论著。但整体来看，这一时期的日本研究总体质量是否有所提高，还颇为值得怀疑。戴季陶之后，脍炙人口的日本论的阙如便是最为明显的证据。尽管如此，在华北战线陷入胶着、两国缔结停战协定的情势之下，文化界、学术界、教育界仍静静掀起了一股客观地、真实地研究日本的潮流。而第一次上海事变（1932）后一时巨减的留日学生数量在 1934 年开始回升，1935 年 7 月达到了 4500 人，11 月更增至与清末相

---

① 瀧下彩子：『一九三〇・四〇年代における日本研究団体へのアプローチ——南京日本研究会の活動状況』，『近きに在りて』第 23 号，1993 年 5 月。

当的 8000 人。这同样也反映了上述的社会状况。①

其中，一部分日本论因其作者在日本的实际体验及与日本人的交往，而呈现出了一定的广度与深度。《宇宙风》"日本与日本人特辑"号可视为顶峰。② 该特辑分两次刊登了约 40 篇论文与随笔，由于其文艺杂志的性质，内容较少政治、经济、军事、外交等"艰深"的话题，而多为讨论日本文学艺术、社会生活与国民性的作品。特辑收入的周作人的《谈日本文化书》等多篇文章，既体现了作者对日本文化本质的准确理解，同时又兼具了中国人独特的视角，耐人寻味。倘若不以抗日意识的强弱为评价标准，只论观察的深度与表现手法的巧妙，则特辑所收各文堪称近代中国所孕育的日本文化论的杰作。

其理由为何？线索正在于作者日本体验的质量上。除周作人清末留学日本、年龄较长之外，大正时期（民国初年）赴日的中国留学生大致皆求学于旧制高中，呼吸"大正教养主义"的空气，并精通欧洲文学与经典。留学生在日本生活、学习、进而思考，期间短则四五年，长则近十年直至大学毕业。严安生考察了其代表人物郭沫若、郁达夫等创造社成员的文学活动，得出了饶有兴味的结论："20 世纪 20 年代之前，留学欧洲者尚为少数，且多专攻实学。虽有数人转而为文，成就诗名，却鲜少有人与就读于旧制高中的郭（沫若）等人一般，有同等的公学或文理中学的学习经历。因此，就西方人文学素养而言，其知识的广度、阅读的量与质，乃至高度与精度，都难与旧制高中稳扎稳打的学生同日而语。"③ 这一见解有助于我们理解 20 世纪 30 年代中期《宇宙风》日本特辑号作品群问世的背景。

三 抗日与大亚洲主义

九一八事变之后，不同于蒋介石"安内攘外"的方针，中国社会要求"全面抗日"、"彻底抗战"的呼声高涨，学生、市民的反日活动亦日趋激

---

① 徐冰：《20 世纪三四十年代中国文化人的日本认识——基于〈宇宙风〉杂志的考察》，商务印书馆，2010。

② 张竞·村田雄二郎编『敵か友か1925－1936（日中の120年 文芸·評論作品選②）』（東京，岩波書店，2016）收入了《宇宙风》日本特集号中郁达夫、周作人、丰子恺、夏丏尊、钱歌川、刘大杰等文的日译版。

③ 严安生：『陶晶孫その数奇な運命――もう一つの中国人日本留学精神史』，東京，岩波書店，2009，第 234 页。

烈。抗日救国成为舆论主流，与日本提倡的日中提携、亲善论表里一体的亚洲主义言说自然难以摆脱日益边缘化的处境。而此时胡汉民却以其特殊的立场，反其道而行之，将"抗日"与"大亚洲主义"相提并论。

这一时期，胡汉民在其主办的政论杂志《三民主义月刊》上发表了三篇有关"大亚细亚主义"的论文：

《大亚细亚主义与国际技术合作》（第 2 卷第 4 期，1933 年 10 月 15 日）

《再论大亚细亚主义》（第 4 卷第 3 期，1934 年 9 月 15 日）

《大亚细亚主义与抗日》（第 7 卷第 3 期，1936 年 3 月 15 日）

上述文章反映了胡汉民"抗日"、"反共"，以孙中山思想的正统继承人自居的基本立场。胡汉民称，大亚细亚主义的目的"在打破欧洲霸道民族对亚洲民族的压迫，恢复亚洲民族固有的地位"，其方法"在以亚洲民族固有的王道文化做基础，联合各部民族为亚洲民族之共同利益而奋斗"。现在南京国民政府与日本推行的"国际技术合作"只能使各国均沾中国利益，以致中国有沦为国际殖民地之虞，这与孙中山先生实业计划的宗旨是背道而驰的。在文中，胡汉民强烈批判了南京国民政府的对日姑息政策，更甚于批判日本："我们的道路只有一条，就是以对日抗战来自救，由自救以建立孙中山先生所主张的大亚细亚主义"（《大亚细亚主义与国际技术合作》）。

至于民族主义与大亚细亚主义的关系，胡汉民解释如下：孙中山提倡大亚细亚主义，目的是为了实行民族主义，"大亚细亚主义是民族主义与世界主义间的一层连锁，说清楚些，是由民族主义过渡到世界主义的一座桥梁"，谈大亚细亚主义不能无视民族主义（《再论大亚细亚主义》）。

基于上述论点，胡汉民猛烈抨击当时日本所称颂的大亚细亚主义，称日本帝国主义的大亚细亚主义为"亚洲的门罗主义"，"是帝国主义间预约的分赃主义"、"侵略的利益均分主义"。批判日本大陆政策，笔锋雄健，毫不留情。即，孙中山先生主张的"大亚细亚主义"，"为东方的王道主义的，非西方的霸道主义的，为济弱扶倾主义的，非巧取豪夺主义的，为三民主义的民族主义的，非帝国主义的独占主义的"。因此，今天日本的"亚洲的门罗主义"乃是独占的侵略主义，与孙中山先生的"大亚细亚主义"大异其趣。只有"以平等互助为原则，注意于民族之济弱扶倾，各个发展，以共同抵抗外来之侵夺为主旨"，才称得上是孙中山先生真正的继承人（《大亚细亚主义与抗日》）。

胡汉民于此时略显突然地搬出"大亚细亚主义"，实际蕴含着对抗蒋介石南京国民政府之意。[①] 作为国民党党内反蒋集团的领军人物，胡汉民意在借助孙中山嫡传的"大亚洲主义"，批判南京国民政府的对日政策，主张自家党派的正统性。而日本政府与军部亦有意策划扶植蒋介石的敌对势力西南派，则使得事态变得更为复杂。

松井石根是此处的关键人物。1936 年 2 月，已转入预备役的松井远赴香港，拜访旧友胡汉民，希望西南派扛起反蒋大旗，践行大亚洲主义，走上对日提携的道路。胡汉民《大亚细亚主义与抗日》一文便是与松井会面后不久，发表在各大报刊上的谈话记录。文中，胡汉民一面回顾了与松井多年的深厚友谊，一面批判当前日本的对华政策，反复陈说其引以为傲的孙中山嫡传的大亚洲主义。尽管两人私交甚笃，双方在大亚洲主义的认识问题上却存在着巨大分歧。

松浦正孝从经济合作计划入手，研究了以胡汉民为首的西南派与日本的关系，其论足资参考。[②] 松浦指出，"满洲国"成立后，胡汉民、萧佛成等人为对抗蒋介石攻略西南的筹划，接受了关东军的提议，获得了日方一定的军事援助。当时日本方面计划联结以广东为核心的华南地区与台湾、满洲，建立一个跨区域经济圈。这一计划得到了日本陆海军、在华领事馆与台湾总督府的支持与推动。其目的不言而喻，乃是为了阻挠蒋介石统一全国，进而扩大日本在中国大陆的势力。在此背景下，1933 年前后松井石根（时任台湾军司令官）与胡汉民等人的接触，无疑暗含着加强中国西南地区与台湾经济联系的企图。松井于同年发起成立大亚细亚协会，并曾对孙中山的大亚洲主义产生共鸣，与除胡汉民之外的国民党要人也有所来往，是军人里的"支那通"。

在胡汉民看来，推进对日经济合作在对抗南京的问题上，的确具有一定的政治意义。然而面对日本的接触，他的反应仅仅代表了一种政治态度，正如他从未承认过日本军事行动与建立"满洲国"的正当性。尽管他对日

---

① 有关九一八事变后胡汉民与蒋介石的关系，详见陈红民《函电里的人际关系与政治——读哈佛·燕京图书馆藏"胡汉民往来电函电稿"》（生活·读书·新知三联书店，2003）。

② 松浦正孝：『「大東亜戦争」はなぜ起きたのか——汎アジア主義の政治経済史』，名古屋：名古屋大学出版会，2010。第 6 章『汎アジア主義における「台湾要因」』。

本提出的经济合作方案表示过赞同，但作为西南派的领导人，眼前最迫切的依然是南京中央政府推行的西南地方化，以及因此导致的自身势力削弱的问题。胡汉民对松井等人口惠而实不至的回应，实际应当视为其牵制南京国民政府的手段，于此时特意搬出"大亚细亚主义"，一方面向日本展示了表面上的亲善态度，另一方面则借批判日本"亚洲的门罗主义"，向国内舆论宣示其孙中山思想正统继承人的地位。如上所述，这一时期胡汉民高唱的"抗日"与"大亚洲主义"如同车之两轮，成为向国内外宣扬自家（新国民党）存在意义的两块政治招牌。

四 从新民主义到大亚洲主义

七七事变后，日本军部为整合京津治安维持会及各地方"自治政府"，扶植华北新"政府"，开始着手政权设计与纲领制定，于 1937 年 12 月成立"中华民国临时政府"，同时为笼络人心，又设立了思想教化团体新民会，以新民主义为指导思想。新民会接受日军的"内部指导"，发起人为华北当地权贵与来自满洲协和会的小泽开作、张燕卿等人。其早期《章程》鼓吹"剿共灭党"，以"歼灭"国民党、共产党，铲除三民主义、共产主义为目标之一。

除民众教化之外，新民会还开展了青年职业训练、农事试验场普及、农村合作社运动等多项事业，人员与组织规模迅速扩大。然而，随着军队势力的膨胀，早期新民会中央成员之间龃龉迭生，1939 年 12 月不得不全面改组，被迫与军队宣抚班合并。新班子由"临时政府"首脑（行政委员长）王克敏出任会长，缪斌、安藤纪三郎任副会长。在此期间，致力于创制新民会理念的正是因抗战末期对重庆"和平工作"闻名的"中央"指导部长缪斌。①

缪斌于 1922 年加入国民党，历任党内若干要职，堪称精英。缪虽有留日经历，但九一八事变之后也曾明确批判过日本的扩张政策"借王道之名，

---

① 作为战后最早被逮捕处决的汉奸，缪斌流传于后世的形象颇为不佳。如今井武夫回忆称："支那事变后，〔缪斌〕经日人疏通，奔走自荐于王克敏〔中华民国临时政府〕与汪政权，中国同僚以其卑躬屈节，甚为不齿。"

行霸道之实"①。原在抗日阵营的缪斌没有参与过明显的反日活动，属于"在反抗日本支配与沉默服从之间寻求出路"的一类人。② 在两国开战前夜曾主张日本应"废除其霸道之武力压迫，本于王道主义，援助中国之复兴"的缪斌，究竟经历了何种思想转变，最终投于身傀儡政权，其过程难以查考。但现在可知的是他参与成立了"临时政府"，在极短的时间内便成为新民主义最有力的鼓吹者。

缪斌称"新民主义，以实行王道为志"③，其实践方法为"格物、致知、诚意、正心、修身、齐家、亲乡、治国、平天下"（第 5 页），在《大学》原有的八条目中，加入了"亲乡"一条。何为"亲乡"？依照缪斌的说法，"齐家之后，必须经过亲乡之程序，始可达于治国之域"。具体而言，"亲乡者，地方自治之谓也"（第 15 – 16 页）。"地方自治"之真意在于"能使政治家之治民，作之君而作之师，使政教合一。逐渐养成社会之善良风俗，使人民各守其分，各安其业"（第 17 页）。老子的"小国寡民"、"无为之治"，才是新民主义追求的理想的自治 = 教化 = 德治，缪斌将其概括为礼治主义、德治主义、生产主义三点。

早期新民会不仅反对共产主义，更抨击三民主义不符合中国传统的王道、仁政。如新民会举办的系列讲座常常将国民党的党化教育与三民主义作为批判对象，称其与传统的东方文化背道而驰，是"个人主义"、"自由主义"、"物质主义"的产物④，对晚年转向联苏容共的孙中山也不以为然。1938 年 1 月设立于北京的新民主义教育机关新民学院，其教学大纲中亦设有"东洋政治学"课程，意在"讲授皇道、经子学之要义，发扬新民主义，批判共产主义、三民主义"。⑤

然而，随着 1940 年 3 月以汪伪政府"还都"南京，"中华民国临时政府"（北京）与"中华民国维新政府"（南京）被汪伪政权吸收合并，新民

---

① 缪斌：『日支の危機に際し両国の猛省を希望す』（原載『祖国』第 8 卷第 1 号），東京：義松堂印刷所，1936。

② 入江昭：《新文化秩序へ向けて——新民会》，入江昭编著，冈本幸治监译《中国人と日本人——交流·友好·反发の近代史》，京都：ミネルヴァ书房，2012，第 293 页。

③ 缪斌：《新民主义》，北京：新民会中央指导部，1938。缪斌《新民主义》（寺岛隆太郎訳），東京：青年教育普及会，1938 年 5 月。以下引用标注中文版页码。

④ 缪斌：《从东方文化说到国民党》，《新民会演讲集》，北京：新民会出版部，1938，第 23 – 26 页。

⑤ 泷川政次郎：《我观新民主义》，《改造》1938 年 6 月号。有关新民学院，参照岛义高『国立新民学院初探』，『早稻田大学人文自然科学研究』第 52 号，1997 年 10 月。

主义的教义不再与三民主义针锋相对，转而重释教义，寻求二者协调。下表列出了北京新民会纲领的变化，可知在 1940 年后，其反国民党的色彩逐渐淡化，重心转移到了日本标榜的"新东亚秩序"建设。①

1937 年 12 月	1940 年 3 月 8 日	1942 年 12 月
一、护持新政权，以图畅达民意； 二、开发产业，以安定民生； 三、发扬东方之文化道德； 四、于剿灭共党之旗帜下，参加反共战线； 五、促进友邻缔盟之实现，以贡献人类之和平。	一、发扬新民精神，以表现王道； 二、实行反共，复兴文化，主张和平； 三、振兴产业，改善民生； 四、善邻缔盟，建设东亚新秩序。	一、发扬新民精神； 二、实行和平反共； 三、完成国民组织； 四、团结东亚民族； 五、建设世界新秩序。

众所周知，汪精卫的伪南京政府是日本军队的拱卫之下的傀儡政权。尽管如此，它仍标榜三民主义为建国理念，自称继承了孙中山的衣钵，始终以中华民国的正统政权自居。1939 年 11 月 23 日，汪精卫在上海的演讲中称，"善邻友好"是"大亚洲主义的理想"，是"三民主义的根本精神"，孙中山提倡三民主义的用意，一贯有着"中日合作"的信念。② 至于"国家"象征之一的"国旗"，汪精卫亦不顾日本反对，坚持使用青天白日满地红旗（为区别于重庆国民政府，旗上另加"和平反共建国"之三角旗）。足见在统治的意识形态上，新"政府"无疑试图与日本以对等的立场，解决两国间的种种悬案。

有关汪精卫将三民主义与大亚洲主义作为新"政府""国家"理念的动机，土屋光芳作出了如下解释："汪精卫定义三民主义为'救国主义'，适用到亚洲便是大亚州主义。这一理论与日本的'东亚新秩序'、'东亚共荣圈'形成对照，宣示了汪政权与日本的对等立场，以此强化其作为和平政权的意识形态基础。"③ 由于日军违背了撤兵约定，汪精卫政权的傀儡本质昭然若揭，然而其当初提出的"和平""救国"的政治目标及其背后的大亚洲主义的理念，确实赋予了汪政权意识形态一定的独立性与特殊性。至少在汪政权成立前后参与了对日合作的人员，多少对上述的"建国理念"（时

① 北京市档案馆编《日伪北京新民会》，光明日报出版社，1989，第 380 - 381 页。
② 汪精卫：《三民主义之理论与实际》，上海《三民周刊》第 2 卷第 1 期，1940 年 1 月。
③ 土屋光芳：「「汪兆銘政権」論——比較コラボレーションによる考察」，東京：人間の科学社，2011，第 222 页。

称"指导原理"）抱有期待，期望随着战争走向的变化，该理念能够成为对抗或取代日本扩张主义的意识形态。与其说汪精卫本于三民主义的大亚洲主义论从意识形态上屈从于日本，不如说它与日本的东亚新秩序论与东亚联盟论不无微妙的重叠之处①，是在日中两国因民族解放、不平等条约改订等问题处于紧张关系之下，逆流而行提出的民族自存自救的纲领。从结果来看，该尝试以惨败告终，然而不可否认，亚洲主义作为一种理念，在全面战争这一极限状态下开拓了孙中山思想的一种可能性。

回到新民主义。汪精卫政权诞生后，新民主义敌视国民党、反对三民主义的理念不得不面临根本改变。入江昭认为，由于新民主义的理念渗入了汪精卫的新"中央政府"，因此南京"政府"的官方思想与新民主义并无二致②，这一结论颇有商榷的余地。今井武夫曾对身处汪政权中枢的缪斌表示了担忧："足下既为新民会最高责任人，汪精卫自任国民党副总裁，欲树立国民党政权，主义上恐难与足下相容。"③ 足见在旁人看来，新民主义与三民主义亦迥然不同，而缪斌毫无原则的转向则招致了同僚的鄙夷。

1940 年 3 月之后，新民会仍然继续运作，并于 1943 年成立了南京分会。但日美在 1941 年 12 月开战后，为削弱军队影响，当局转变方针，要"使新民会成为支那人之新民会"，大量日本职员离任，新民会活动逐渐走向低潮。后南京新"政府"为动员民众发起"新国民运动"，吸收新民会的运动成为其一个组成部分，更加速了该会衰微的步伐。抗战末期，随着后盾日军、南京"政府"与"华北政务委员会"的势力日益衰弱，新民会的命运亦有如风中残烛，摇摇欲坠。1945 年 8 月 16 日，波多野种一等日人职员一行拜访副会长喻熙杰，与新民会干部召开了半个小时的座谈会，这次聚会实际上成为新民会的散伙会。④

新民会的宣传活动在当时的中国社会究竟发挥了多大的作用，今日难以推知。但除了一部分沦陷区之外，其影响力应当是非常有限的。而其统

---

① 参照石源华《汪伪政权的"东亚联盟运动"》（《近代史研究》1984 年第 6 期），裴京汉《汪伪政权与"大亚州主义"》（《民国档案》1998 年第 3 期），柴田哲雄『協力・抵抗・沈黙——汪精衛南京国民政府のイデオロギーに対する比較史のアプローチ』（東京：成文堂，2009）等。

② 入江昭：『新文化秩序へ向けて——新民会』，第 304 頁。

③ 今井武夫：『日中平和工作——回想と証言 1937 — 1947』，第 175 頁。

④ 以上主要参考堀井弘一郎『新民会と華北占領政策（下）』，『中国研究月報』1993 年 3月号。

治理念新民主义，抛开当事人的自吹自擂，在民众间渗透到何种程度，又是否成为足以对抗三民主义的意识形态，亦十分值得怀疑。然而，我们必须指出，对于生活在傀儡政权统治下、远离战争与政治的中国人来说，新民主义所鼓吹的王道、仁政、亲乡（地方自治）等理念充分具备可接受的价值。入江昭的研究表明，新民主义的宣传向无意接受国共两党指导的中国人，提示了一个易于接受的意识形态体系——一个热爱祖国，祈愿和平的外壳。① 这符合大多数知识分子的愿望：摆脱西方帝国主义的支配，不依靠舶来思想与制度，取法传统价值，重建国家，救社会于战乱疲弊。这亦是"和平型"或"对日合作型""救国论"的另一种体现。

五　结语

本报告最初计划通过分析新民主义之后在汪精卫政权下展开的最具体系性、理论性的大亚洲主义言说的代表——周化人的《大亚州主义论》（南京：大亚州主义月刊社，1940)②，讨论世界秩序重建与大亚洲主义的关系，并进一步选取周幼海（周佛海次子）的《日本概观》（上海：新生命社，1944)③ 这一抗战末期颇为特殊的日本论，考察"对日合作型"救国论的心态与逻辑。但限于篇幅，上述内容拟另文专述。

报告最后将简单讨论与亚洲主义互为表里的王道论的性质问题。近代中国的亚洲主义言说多赞颂古典渊源深远的王道与仁政，称其为东方优越的政治价值。孙中山的"大亚洲主义"演讲固不必多言，戴季陶、王朝佑、胡汉民、缪斌、汪精卫等皆无一例外，均主动把亚洲主义与王道相提并论，指责西方（与日本）帝国主义为霸道，而将中国固有的王道文化传统作为通向未来社会的重要指引加以称颂。

至于王道与霸道的区别，在上述论者看来，王霸之论乃自明之前提，毋庸赘言。然而，我们应当如何评价"满洲国"所标榜的王道主义的"建

---

① 入江昭：『新文化秩序へ向けて――新民会』，第 303 页。
② 土屋光芳的『汪精衛政権の「大亜洲主義」とその実現構想――周化人の「亜細亜連盟」（汎亜連合）』（收入松浦正孝『アジア主義は何を語るのか――記憶・権力・価値』）基本是目前研究周化人亚洲主义的唯一著作。
③ 张竞・村田雄二郎編『侮中と抗日 1937‐1944（日中の120 年　文芸・評論作品選③)』（東京，岩波書店，2016）收入了摘译版。

国"理念？如山室信一所说，武力操控之下的国家不歌颂霸道，反将美化的"王道乐土"作为建国理念，诚为巨大的历史讽刺。[①] 那么在此基础上，我们应当如何评价王道主义？

迄今有关王道论的议论多停留在抽象层面，论者同床异梦，留下了较大的解释空间，反之削弱了其作为理念的凝聚力。而王霸之别由谁规定、如何规定则是另一个问题。少数服从多数不适用于王道。纵观中国历史，只有承受天命的王者（胜者）才有资格谈论王道，败者与敌对势力通常被贬为霸者。然而，"实力"是现实中实现王道的必要条件。因此便出现了有"力"者单方面向无"力"者宣示仁义道德的悖论。

论者往往援引《孟子》（公孙丑上）作为王道论的依据："以力假仁者霸，霸必有大国。以德行仁者王，王不待大。汤以七十里，文王以百里。以力服人者，非心服也，力不赡也。以德服人者，中心悦而诚服也。"

从价值层面而言，"以德服人者"（王者）显然凌驾于"以力服人者"（霸者）之上。然而我们能否断言，"中（衷）心悦而诚服"的王者姿态中不存在自恃道德之力（软实力，soft power），自欺欺人的一面？而"中心悦而诚服"的期待中，又是否包含着对他人的尊重？借道德之"力"，使他人屈从于己，这毋宁说更接近于我们所谓的行使"霸权"（hegemony）。从根本上看，在"王者"缺席的民主政治中，原理上的"王道"是否能够成立？

1924 年孙中山在神户的演讲的末尾，将"欧美的霸道文化"与"亚洲的王道文化"作对比，质问日本究竟要走哪一条道路。这是演讲中尤为著名的一段。对于寄希望于新生苏联的孙中山来说，王道之所在是否不言而喻？王道文化是否完美无瑕？而有权决定王霸之别的又是何人？

这又是孙中山留给 21 世纪我辈的未解之"谜"。

Asianism in the post Sun Yat-sen era: Chinese Image on Japan during the Republican Period

Abstract: Regarding the evolution of modern Chinese Asianism (Yazhou Zhuyi), the previous studies have pointed out these three limitations: (1) ambiguity of the concept and its slight presence in real politics; (2) Active advocators

---

① 山室信一：『キメラ——満州国の肖像』，東京：中央公論社，1993，第 136 页。

of Asianism were mostly limited to those who have exiled or studied in Japan. ;
(3) except the Hu Hanmin's "Great Asianism" statement, Asianism on Chinese
side obviously had the "pro-Japan" tendency. I basically agree to these points.
However, it is also important that the Chinese Asianism emerged in the Republi-
can period hadits own historical context and some characteristics which should be
distinguished from the counterpart of modern Japan. This paper will tracethe vari-
ous kinds of Asian-oriented texts written by the Chinese intellectuals and examine
thedilemma as a theory or an idea for the regional integration in East Asia. Finally,
I also focus on the famous speech on Pan-Asianism by Sun Yat-sen in 1924.

Keywords：Asianism；Sun Yat-sen；Dai Jitao；Hu Hanmin；Sino-Japan
relationship；kinglyway

试论《海国图志》对近代东亚获取海外信息的贡献

阿川修三 著[*]　王连旺 译^{**}

【摘　要】《海国图志》出版后不久便传入日本，面对西方列强的威胁，当时日本的知识阶层和魏源一样，抱有强烈的危机感，渴望了解西方世界，深刻地认识到了引进"夷长技"的意义。在日本刊行的《海国图志》的汉文体和刻本以及汉文训读体和解本符合当时日本人的阅读习惯，因此，《海国图志》在日本摄取海外信息方面发挥了非常重要的作用；相反，《海国图志》在中国出版后，由于大中华思想作祟，未能及时认识到西方列强的威胁，几乎未在中国的知识阶层中产生影响。但是，第二次鸦片战争中北京惨遭兵燹之祸，士人终得目睹西方武器之威猛，才真正意识到魏源所倡引进"夷长技"的苦心。在刊行十余年之后，《海国图志》才在中国了解海外信息方面有所贡献；此外，以小中华自居的朝鲜两度击退外寇入侵后信心大增，只有少数开明派对《海国图志》提倡的引进"夷之长技"思想有所关注。

【关键词】海国图志　东亚　魏源　和刻本　和解本

一　前言

清末开明思想家魏源（1794－1856）编集的《海国图志》，是中国最早的真正意义上的世界地理书。此书内容虽然不尽全面，但瑕不掩瑜，尤其

---

　*　阿川修三：日本文教大学教授。
　**　王连旺：博士，浙江大学人文学院讲师。

是襄助东亚各国在 19 世纪后期摄取海外信息上，其贡献不可磨灭。本稿以《海国图志》对日本在摄取海外情报上的影响为中心，兼论其对中国、朝鲜的辐射力。关于这个问题，源了圆在《东亚三国的〈海国图志〉与横井小楠》① 中已有涉及。该文参照先行研究，简述了《海国图志》的内容、性质，进而分析《海国图志》缘何成为东亚三国共通的重要书籍。关于缘由，该文联系具体历史背景，认为鸦片战争后因中国战败，随之而来的西洋诸国皆强行要求东亚三国"开国"，三国因此不约而同地受到共同冲击。"中国战败"不仅是政治层面的重挫，亦是三国共通的"儒教文明"精神层面的"战败"，这些重要事件均与《海国图志》的成书紧密相关。源氏的这一研究，奠定了《海国图志》东亚影响力问题的基础。本稿旨在考察源氏论文未曾涉及的《海国图志》和刻本、和解（翻译）本情况，围绕该书的出版过程、形态以及普及程度，探讨其社会影响力，以期有补于先行研究。

二 魏源与《海国图志》

（一）魏源及其思想

魏源，湖南邵阳人，青年时期便顺利地考中秀才、举人，但 50 多岁才中进士。其间曾担任贺长龄、陶澍等经世官员的幕僚，还曾做过内阁中书的捐官，进士及第后，在各地担任知县、知府。他利用担任幕僚时积累的漕运、水利、盐务等方面的知识，论述颇多。鸦片战争时，魏源作为裕谦的幕僚在镇海参加过战争，亲身体验过英军枪炮的压倒性威力。

著书方面，有以贺长龄之名编辑的分门整理时务经世论的书籍《皇朝经世文编》，论述清朝盛衰变迁、强调武备必要性的《圣武记》，记述应熟知外国情况、强调海防必要性的《海国图志》，以及《诗发微》等多种著作。

思想方面，魏源师从公羊学派的刘逢禄，继承公羊学，认为学问的目的为经世致用，秉持"变古愈今，便民愈甚"（《墨觚》下《治篇》五）的

---

① 源了円『東アジア三国における『海国図志』と横井小南』，『季刊日本思想史』，東京：ペリカン社，2002，60 号。该文是研究《海国图志》之必读论文，笔者亦多受其启发。但是，文章把魏源定位为"变法派"，这从魏源的整体思想看似有不妥。此外，把冯桂芬单纯地定位为"洋务派"则存在评价过低的问题，有待商榷。

进步史观，提倡通过变革体制，救清朝于衰亡。①

（二）《海国图志》的编纂过程、动机及目的

《海国图志》的编纂发起人并非由魏源，而是其挚友林则徐。1841年鸦片战争后，林则徐被追责流放，途经江苏镇江时与魏源见面，林则徐将在广州时编纂的《四洲志》② 及其相关资料（澳门英文报刊的抄译等）交付给魏源，委托其完成世界地理书的编纂。③ 魏源很早就意识到熟知海外情况、加强海防的必要性，以林氏提供的资料为基础，又广泛参考西洋人的汉译洋书（西洋人所著中文文献）、中国正史以及明朝以来的海外地理书，短时间内便编纂完成了《海国图志》。

关于编纂目的，正如《海国图志·原叙》指出的"为以夷攻夷而作，为以夷款夷而作，为师夷长技以制夷而作"的那样，特别强调将夷（西洋）所擅长的技（武器、军舰、战法等）引入中国，进而与夷对抗。以今观之，或许不是什么特别的主张，但在当时拘泥于华夷世界观的知识阶层看来，提倡学习夷狄之技当为过激言论，对此有很强的抵触感。关于《海国图志》初版、第二版在当时的中国未被顺利接受的问题，本稿将在后文详细论述。

三 《海国图志》的版本及构成

（一）版本

《海国图志》的版本有三类，即道光二十二年（1842）初版50卷本，道光二十七年（1847）二版60卷本以及咸丰二年（1852）三版100卷本。初版有刊本1种，二版有刊本2种，三版有刊本7种。④

---

① 大谷敏夫：『清代政治思想史研究』，東京：汲古書院，1991。该书第二章『阿片戦争期の経世思想』的第四节『魏源の経世思想』对此有专门论述。此外，亦可参考大谷敏夫『魏源と林則徐——清末開明官僚の行政と思想』（東京：山川出版社，2015）第三章《経世の思想家、魏源》。
② HughMurray, *The Encyclopedia of Geography*, 1834 年版的抄译本。
③ 陈其泰、刘兰肖：《魏源评传》第1章《家世与人生历程》，南京：南京大学出版社，2005。
④ 根据京都大学人文科学研究所东亚人文情报学研究中心的全国汉籍数据库（http://kanji. zinbun. kyoto-u. ac. jp/kanseki? detail）检索，基本可知日本所藏《海国图志》的版本情况，本稿所列数字即依据此数据库。

（二）构成

本书在资料方面的特征即《原叙》中所提出的"以西洋人谭西洋人"。具体地说，林则徐《四洲志》中如有相应的内容，则径自引用，并在此基础上引用西洋传教士撰写的汉译洋书进行补充，如果没有则引用汉译洋书等西洋人的著作。因此，与以往的中国地理书相比，该书的正确性更高。① 比如，《海国图志·墨利加洲》卷 39 由《外大西洋墨利加洲叙》《墨利加洲沿革总说》《弥利坚即美里哥国总记上》《弥利坚总记下》构成。《外大西洋墨利加洲叙》为魏源的序文：

　　呜呼！弥利坚国非有雄材枭杰之王也。唤散二十七部落，唤散数十万黔首，愤于无道之虎狼英吉利，同仇一倡，不约成城，坚壁清野，绝其饟道，遂走强敌，尽复故疆，可不谓武乎？……创开北墨利加者佛兰西，而英夷横攘之，愤逐英夷者弥利坚，而佛兰西助之，故弥与佛世比而仇英夷，英夷遂不敢报复。远交近攻可不谓智乎？……。

《墨利加洲沿革总说》中，有"原本无，今补。此洲明代始有闻，故前史无可考。今述沿革、自明代西人之书始"，为魏源的自注。"原本"指《四洲志》，即《四洲志》中没有的部分，从汉译洋书中拔萃引用：

　　《职方外纪》（明末艾儒略著）曰："亚墨利加，第四大州总名也。地分南北，中有一峡。南曰南亚墨利加，南起墨瓦猎泥（Strait of Magellan），南极出地五十二度，北至加纳达（Canada），北极出地十度半，西起二百八十六度，东至三百五十五度。峡北曰北亚墨利加，南起加纳达，南极出地十度半，北至冰海，北极出地度数未详，西起百八十度，东尽福（Canarias）岛三百六十度，地方极广，平分天下之半。……"（美洲大陆的经纬度）
　　《贸易通志》（清末郭实猎著）曰："默利加内地，自昔荒蕪，人迹罕到，草木畅茂，禽兽繁殖，土人游牧射猎为生。自欧罗巴商舟往彼，

---

① 盐谷世弘《翻刊海国图志序》："从前汉人以华自居，视外蕃不啻犬豕。于其地理政治，懵乎如瞽蒙摸器。虽间有异域国志、西域闻见录、八纮绎史、荒史之类，大率荒唐无稽之谈，鲜足征者焉。此篇则原欧人之撰，採实传信，而精华所萃。"

垦地通市，商民云集，物产殷阜，技艺日广，教化日兴。"（美国开拓史略说）

《每月统纪传》（清末郭实猎著）曰："亚墨利加南至冰海，北至冰海，西至大洋，东至大西洋，西北庶与亚细亚相连，只隔峡也。南极出地五十五度五十九分，北极出地八十度有余。自此更南更北，因冰如岳，船不能到，故不知其度数，西出地偏西一百六十八度一十八分，东出地偏西三十四度五十四分。"（美国地形概论）

《美理哥国志》（清末裨治文）曰："美理哥洲，处于极西，自古无有海外之人至此地者，直至明代西洋明理之士，遥思地圆如球，东西二方，未必遂无土地。于是有伊大理人，名哥伦布，禀其国王，求发船以往，国王不允。复求于葡萄牙国王，亦不允。复连禀西班雅国王，延至八年始蒙许之。以大船一只，小船二只，共百余人，于宏治五年八月初，向西启行。二十余日不见厓岸，同舟水手，防致绝粮，皆欲返棹。船督哥伦布，再三劝勉，后渐见空中有岛，远有堤岸，由是用千里镜而远眺，乍见人烟，鼓棹前驱。船至傍岸，手执小旗，祷谢上帝。众皆托足，在此过冬。明年舟旋返国。……"（哥伦布发现新大陆等）

《万国地理全图》（清末郭实猎）曰："亚默利加大地，自北七十度，衮至五十六度，长二万七千里。其大地分两方，一南一北，由巴那马微地相连南至大南海，北及冰海，东至大西洋海，西及大洋海，一带高山绵亘，直至海边。嶔岑嵬巍，在南方层岗叠巘，高接云霄。四山之中，高峰百七十丈，其山之左右南北，广坦衮延，圆方六十万有馀方里。地虽浩瀚，非亚非沙漠之比。江河疏通支灌，草木丰茂，其高敞之地，高于海六十丈，似亚齐亚，土沃民饶，产物丰美。如日糖、加菲、橙柑等果，由他国而移种者。及牛马羊等五畜，亦由异国运至而孳生者。……"（南北美洲的地形、自然、民族等）

《弥利坚总记上》是《美理哥国志略》中"与英国的独立战争、美利坚合众国的诞生及其政治制度"的部分拔萃引用，《弥利坚总记下》引自《四洲志》。

接下来，以和刻本、和解本的底本《海国图志》60 卷本为例，概观此书的构成。

卷一　筹海篇

卷二　图（地图）

卷三～七　东南洋（东南亚）海岸之国

卷八～十二　东南洋海岛各国

卷十三～十九　西南洋诸国

卷二十～二十三　小西洋（北美）

卷二十四～三十五　大西洋欧罗巴洲（欧洲）

卷三十六～三十八　北洋

卷三十九～四十三　外大西洋墨利加洲（美洲）

卷四十四、四十五　表

卷四十六、四十七　国地总论上下

卷四十八～五十　筹海总论上中下

卷五十一、五十二　夷情备采（澳门英文报刊的翻译）

卷五十三　仿造战船诸议

卷五十四　火轮船图说

卷五十五　铸炮铁模说　仿铸洋炮说　炸弹飞炮说　炮车炮架图说

卷五十六　西洋用炮测量说　西洋炮台图说　炮台旁设重险设

卷五十七　西洋自来火说设　仿造西洋火药法

卷五十八　攻船水雷图说　用地雷法

卷五十九　西洋器艺杂述

卷六十　西洋远镜作法

四　《海国图志》东传日本及其和刻本、和解本的出版

（一）《海国图志》60 卷本东传日本

嘉永四年（1851），中国渡来船最初将 3 部《海国图志》带至日本，3部书均由幕府（御文库、学问所御用、老中牧野备前守忠雅）通过奉行所买取。次年的嘉永五年（1852），中国渡来船又携来 1 部，置于长崎会所。至嘉永七年（1854），两艘中国渡来船又携来多达 15 部，其中 7 部为幕府御用，剩余 8 部被竞卖。也就是说，总共有 19 部《海国图志》传入日本，

其中大部分被御文库、学问所等幕府相关机构及幕阁购去，只有 8 部被竞卖。从和刻本《翻刊海国图志筹海篇》（嘉永七年）册首的目次，以及和刻本《海国图志墨利加洲部》的内封面中的"道光己酉夏古微堂重订"等来看，可知东传日本的《海国图志》为第二版 60 卷本。

《海国图志》作为汇集当时日本人了解海外必要信息的书籍，可以预想其读者之多。但事实并非如此，因为只有少量的书籍置放在幕府机关，一般读书人难以进入阅读。而且，《海国图志》中有大量有关基督教的记述，在当时日本严禁基督教的情况下，出版此书面临很大的风险。但是，通过当时幕阁川路圣谟、老中阿部正弘等人的努力，此书的和刻本始得刊行，并以此为契机，在此后出现了大量的和刻本、和解本。

（二）和刻本刊行过程

川路圣谟（当时的海防官员）向时任老中的阿部正弘提出，《海国图志》是了解海外情报的有用之书，应予出版，阿部正弘很快就同意了川路圣谟的申请。也就是说，《海国图志》中虽然有大量当时严禁的有关基督教的记述，应为难以出版之书，不过通过川路圣谟的强力推荐以及阿部正弘英明的政治决断，在短时间内获得出版。此后，《海国图志》和刻本、和解本的出版陆续被批准，但是《墨利加洲沿革总说》中有关基督教的记述被部分删除。

（三）和刻本、和解本的刊行及其内容

笔者曾对鲇泽信太郎《幕末开国时期东传日本的唐本世界地理书的翻刻与邦译》中的《〈海国图志〉及其和刻本、和解本的解说》① 一文进行探讨，并撰写《〈海国图志〉与日本其二——关于和刻本、和解本的书籍形态及其出版意图——》② 一文，本稿即依据此论文，并加以补充，围绕和刻本、和解本展开论述。

---

① 鲇沢信太郎『幕末開国期に伝来した唐本世界地理書の翻刻と邦訳』所収開国百年記念文化事業会編『「海国図志」及び和刻本、和解本の解説』，載開国百年纪念文化事業会編『鎖国時代日本人の海外知識——世界地理・西洋史に関する文献解題』，東京：原書房覆刻版，1978。

② 阿川修三：『「海国図志」と日本　その2——和刻本、和解本の書物としての携帯とその出版意図について』，載『言語と文化』，越谷：文教大学言語文化研究所，2012，第24号。

现阶段可以确认的日本所藏《海国图志》有和刻本 7 部、和解本 15 部（刊本 14 部、抄本 1 部），共计 22 部，皆为选取《海国图志》部分内容的和刻本、和解本。

1. 和刻本

和刻本中对原文进行了句读，并加以训点，更对地名、人名等用假名进行了旁注。和刻本虽然有 7 部，但根据校订者加以归类的话，可分为以下几种。

凡例：关于校订者的人物生平，在其名后括号中加以简介；刊行时间依据刊记，无刊记时根据序文的日期加以判断；《市中取缔续类集》中有记载时，在括号中标明出版许可的时间。

（1）盐谷世弘（儒学家）、箕作阮甫（兰学家）训点

①《翻刊海国图志　筹海（海防——笔者注，下同）篇》二卷二册，嘉永七年（1854）七月（同年九月许可）

册首有盐谷世弘《翻刊〈海国图志〉序》、魏源《海国图志叙》、盐谷世弘介绍魏源的介绍文以及海国图志总目（60 卷本）。校订卷 1《筹海篇》，加以训点，以片假名在字旁标示外国地名的读音。

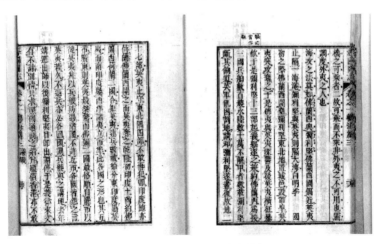

图 1　《翻刊海国图志筹海篇》

②《翻刊海国图志俄罗斯国》二卷二册，安政二年（1855）十二月（同年十二月许可）

册首有盐谷世弘《书俄罗斯图志后》。校订卷 36、卷 37《北洋俄罗斯国》，施加训点，用片假名在字旁标示地名等的读音。

③《翻刊海国图志普鲁社国（普鲁士）》，安政二年（1855）十二月（同年十二月许可）

校订卷38《北洋（普鲁社、北欧）》，施加训点，用片假名在字旁标示地名等的读音。

④《翻刊海国图志英吉利国》三卷三册，安政三年（1856）八月（同年正月许可）

上册首有盐谷世弘《题英吉利图志》，上册尾有《书英吉利图志后》《再书〈英吉利图志〉后》，下册首有《书英吉利公述后》。

校订卷33、卷34《英吉利》，施加训点，用片假名在字旁标示地名等的读音。

盐谷世弘是著名的儒学家，箕作阮甫为兰学第一人，他们奉堪定奉行兼管海防事务、与普提雅廷展开对俄西亚外交事务的川路圣谟之命，对论及海防的①《筹海篇》，当时要求日本开国的俄国的②《俄罗斯篇》，俄国周边的③普鲁士及北欧，以及主导鸦片战争的④英吉利的《海国图志》中相关内容的原文进行了校订，施加训点，对欧美的人名、地名读音用假名作了旁注。这项工作仅用两年时间便宣告完成。

（2）中山传右卫门校正（实际上为林家塾头河田迪斋校正）

⑤《海国图志·墨利加洲部》八卷六册，嘉永七年（1854）四月

无序。校订卷39 – 卷43《墨利加洲》、卷51《夷情备采上·澳门月报》、卷54《火轮船图说》，施加训点，用片假名在字旁标示地名等的读音。

据《市中取缔续类集·书物》记载，发售申请分第1 – 2册与第3 – 6册两次进行。因此，第1册与第6册都附有刊记。两次刊行时间相同，但获得许可的时间相差两个月，前者为嘉永七年五月，后者为同年七月。

（3）赖子春（赖山阳的三子，在安政大狱中被处死的尊王攘夷志士）

⑥《海国图志·印度国部附夷情备采》三卷三册，安政四年（1857）三月（同年同月许可）

册首有赖三树三郎《刻印度国序》、家长政惇《翻刻印度国志》。

当时，《海国图志》中的美国、俄罗斯、英国、筹海篇等主要部分的和刻本皆已刊行，而赖三树三郎考量到地缘政治学的重要性，校订了卷13《东南中三印度国》、卷14《西印度之巴社回国》《西印度之阿丹回国》以及卷15《夷情备采下》，并施加了训点。

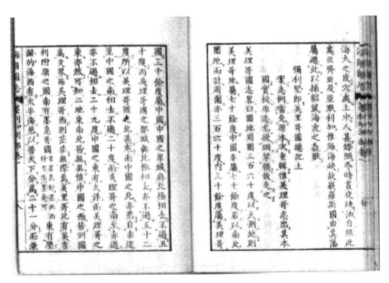

图 2 《海国图志·墨利加洲》

（4）鹤岭道人（人物不详）训点本

⑦《海国图志·国地总论》，明治二年（1869）

反对西洋自然科学地球生成论的僧侣，选择与自己立场相近的《国地总论上·释五大洲·释迦昆仑》加以训点。

以上共计 7 部。从地域国别来看，涵盖了南北美洲、英国、俄罗斯、普鲁士、北欧及印度。从内容来看，包括地志、海防、海外概况及地球生成论。不论哪项，都集中反映了当时日本人所关心的国家与问题。

2. 和解本

和解本中，有的对《海国图志》的原文进行了训读，有的将难解的语言转换为较为平易的表达，或者将中国的年号更换为日本年号，可以说是一种翻译。以下根据编译者姓名的日文五十音图顺序进行梳理。关于编译者的人物生平，在其名后括号中进行简介。判断和解本的刊行时间准则与和刻本相同，均以刊记为准，无刊记时根据序文的日期加以判断。另外，《市中取缔续类集》中有记载时，在括号中标明出版许可的时间。

（1）大槻祯（大槻西盘，1818－1857，仙台人，儒学家。学于昌平黉，在江户神田开塾讲学，介绍世界地理与各国历史，著有《海防论》①）

---

① 上田正昭編『講談社日本人名大辞典』，東京：講談社，2001。

①《海国图志·夷情备采》一卷一册，嘉永七年（1854）

册首有自序，用汉字片假名混淆体的方式对卷51《夷情备采上（澳门月报一至五）》进行了较为忠于原文的训读，并用片假名对地名等进行了旁注标音。

②《海国图志·俄罗斯总记》一卷一册，嘉永七年（1854）仲秋（安政二年正月许可）

册首有自序。用汉字片假名混淆体的方式对卷36《俄罗斯国总记》进行了较为忠于原文的训读，并用片假名对地名等进行了旁注标音。

③《海国图志·佛兰西总记》一卷一册，安政二年（1855）孟夏

用汉字片假名混淆体的方式对卷27《海国图志佛兰西总记》《佛兰西国沿革》进行了较为忠于原文的训读，并用片假名对地名等固有名词以及全部汉字进行了旁注标音。

（2）小野元济（根据横山湖山的序文可知，小野是其弟子，稻叶长门守淀藩的家臣）

④《英吉利广述》二卷二册，安政二年（1855）正月刊（安政二年正月许可）。

册首有横山（小野）湖山序。没有采纳对原文进行忠实的训读的方式，而是用汉字片假名混淆体的训读风格对卷35《英吉利广述》中的语言进行了翻译，并将原文中难解的词语更改为较为平易的语言，如将"贸易"改为"交易"。用片假名对部分地名、人名进行了旁注标音，用片假名在难解词语的左侧进行解释，在中国年号处标出了相应的日本年号。

（3）服部静远（举赖三树三郎序文可知其为长崎人，其余不详）

⑤《海国图志训译（攻船水雷图说）》上下两册，安政二年（1855）六月。

册首有赖三树三郎序。用汉字片假名混淆体的方式对卷56《西洋礮台图说》《礮台旁设重险说》、卷57《仿造西洋火药法》及卷58《攻船水雷图说》进行了训读，并附以图。

（4）广濑达（名行，号竹庵，儒学家，洋学学者，曾为稻叶长门守淀藩家臣，高松藩藩儒，藩校讲道馆洋学教授）

⑥《亚米利加总记》一卷一册，嘉永七年（1854）初夏（同年七月许可）

有广濑达自序、藤森大雅序及横山湖山跋文。对卷39《弥利坚国总记》

上的约一半的部分进行了"和解（日文解释）"。广濑达的"和解"不同于单纯的训读，是用读者较为理解的平易语言进行了翻译，与现代意义上的翻译相近。接下来，以《亚米利加总记》卷首的部分内容的原文与和解文加以比较。

> 原文：〔美理哥国志略〕曰：圆地周围三百六十度，以天测地，则美理哥地属七十余度，中国亦属七十余度。若以南北圆地而计，周围亦三百六十度。内三十余度属美理哥国，三十余度属中国。中国之京城与北极相去不过五十度，而美理哥国之都城与北极相去亦不过五十二度。

> 和解文：亜米利加国志略曰全地球ノ周囲三百六十度ナリ 天ノ度ヲ以テ地ヲ測量スレハ亜米利加ノ地ハ七十余度ニ属ス 支那モ亦七十余度ニ属ス。若シ地球南北ノ圓地ヲ以テ計レハ周囲モ亦三百六十度 ソノ内三十余度ハ亜米利加国ニ属シ 三十余度ハ支那ニ属ス 支那ノ京城北極ヲ相ヒ 去ルコト 五十度ニ過キス亜米利加ノ都城モ亦北極ト 相ヒ 去ルコト 五十二度ニ過キス。

通过比较可知，原文中的"中国"被改为"支那"，"美理哥国"被改为"亚米利加"，使读者更易理解。此外，对"圆地周围三百六十度，以天测地"等仅靠训读难以理解的句子，增加了"全地球ノ周囲三百六十度ナリ 天ノ度ヲ以テ地ヲ測量スレハ"汉文训读风格的翻译进行补充说明。将中国的年号改为日本年号，必要时对地名等用片假名进行了旁注标音，用片假名对部分汉字的意思在左侧旁注加以解释。由此可见其方便读者阅读之用心。

⑦《续亚米利加总记》二卷二册，嘉永七年（1854）闰七月（同年九月许可）

第一册自卷 39《墨利加洲总叙》始，次为高理文（E. C. Bridgman）的《四洲志·原志序》（卷 39《弥利坚国总记》上的最后部分）。其后为卷 1，是⑥《亚米利加总记》所收《弥利坚国总记》上的后续部分。第 2 册收录《弥利坚国总记》下。此书的"和解"方法与⑥相同。

⑧《亚米利加总记后编》三卷二册，安政二年（1855）初夏（同年正月许可）

第 1 册卷首载本书目次，卷 1 收录《海国图志》卷 40《弥利坚国东路二十部》的前半部分；第 2 册为卷 2、卷 3，卷 2 收录《海国图志》卷 40 后半部分；卷 3 收录卷《海国图志》卷 41《弥利坚国西路十一部》。此书的"和解"方法与⑥⑦相同。

（5）正木笃（号鸡窗，寓居江户的浪人儒学家，工于汉诗）

⑨《美理哥国总记和解》上中下三册，嘉永七年（1854）甲寅初夏序刊本（同年八月出版许可）

上册用汉字平假名混淆体的方式对卷 39《弥利坚国总记》上的前半部分进行了"和解"，将原文中难解的词语进行了更换，如将"中国"改为"汉土"。为了辅助理解文意，增加了一些补充性说明。用平假名在全部汉字的右侧标示了字音，用平假名对在部分汉字的右侧进行释义，在中国年号旁注出了相应的日本年号。在地名右侧画旁线标示。中册上接上册，收录卷 39《弥利坚国总记》上的内容至高理文的《原志序》。下册收录卷 39《弥利坚国总记》下全部内容。

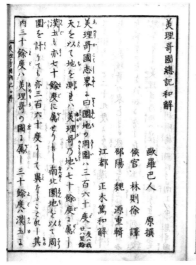

图 3　《美理哥国总记和解》

⑩《澳门月报和解》一卷一册，嘉永七年（1854）

对卷 51《夷情备采上澳门月报》的原文进行"和解"，"和解"方法与⑨相同。

⑪《墨利加洲沿革总说总记补辑和解》一册，安政二年（1855）正月序刊本（同年同月许可）

对卷 39《外大西洋墨加利洲总叙》《墨利加洲沿革总说》《弥利坚国总记补辑》的原文进行"和解","和解"方法与⑨⑩相同。本书收录了和解本⑩中未收录的诸编，可见其为和解本⑩的补刊。册首有正木自序，卷末有正木《题火轮车图》《火轮车一曰火烟车》等两幅彩色蒸汽火车图。

⑫《英吉利国总记和解》一卷一册，安政二年（1855）正月

对卷 33《英吉利国总记》的原文进行了"和解"，"和解"方法与⑨相同。或许因为作者的洋学素养不高，本书册首有大量汉语音译的英文官职、机构名词，如在下院（common house）汉语音译词"甘文好司"旁径自注出"かんぶんこうし"，这样的情况很多。

（6）皇国隐士（人物不详）

⑬《新国（弥利坚国）国志通解》四册，嘉永七年（1854）①

所谓新国即弥利坚国（美利坚合众国）。本书根据卷 39《外大洋墨利加洲沿革总说》《弥利坚总记上》《弥利坚总说下》的原文用汉字平假名混淆体的方式进行了训读，对原文中出现的书名等进行了旁注，用片假名为全部汉字标音，在中国年号旁注出相应的日本年号，另外还添加了十余幅原书中没有的图版。

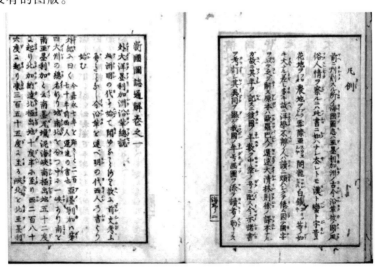

图 4 《新国国志通解》

---

① 鲇泽信太郎在『鎖国時代の日本人の海外知識』一书中『世界地埋の部 四 幕末開国期に伝来した唐本世界地理書の翻刻と邦訳』（東京：原書房覆刻版，1980）中，根据本书册首《职方外纪》中"与今嘉永七年相隔……"作者旁注推定了刊行时间。

图 5 《新国国志通解》插图

（7）南洋梯谦（人物不详）

⑭《海国图志·筹海篇译解》三卷三册，安政二年（1855）十二月序刊本

卷1收录《海国图志》册首魏源的《海国图志·叙》、60卷本总目次及《筹海篇一议守上》，为了使读者易于理解，用汉字片假名混淆体训读风格增补了部分译语，用片假名在地名旁标注了读音。卷2收录《海国图志》卷1《海筹篇一议守上》的后续部分及《海筹篇二议守下》，另外收录《海国图志》卷2的《筹海篇三 议战》的前半部分；卷三收录《海国图志》卷2《筹海篇三 议战》的后半部分以及卷2《筹海篇四 议款》。后两卷的翻译方法与卷1相同。

（8）井口正德（人物不详）

⑮《海国图志·筹海篇·译言》稿本（东京都立中央图书馆特别购入文库藏中山久四郎旧藏本）

用汉文训读风格对卷1《筹海篇》进行了翻译。

以上共计15部，其中刊本14部，稿本1本。以国别区域分类的话，涉及美利坚合众国的有6部，涉及英国、俄罗斯、普鲁士的各1部，澳门英文报刊新闻的翻译2部，涉及海防的2部，涉及兵器的1部。

综上所述，可知《海国图志》和刻本的原文均施加了训点，对外国的地名、人名等作了旁注标音，但这样以来就对汉文训读的阅读能力提出了较高的要求，也可据此推定印行和刻本所设定的读者群为知识阶层。而和解本使用的是汉字假名混淆体训读风格的翻译，面向的读者群更大众化一些。从刊行时间来看，出版时间多集中在嘉永七年（1854）、安政二年（1855）两年，每年各出版了 9 种。这段时间恰好佩里第二次访日，日本众多有识之士有强烈的危机感，认识到摄取海外情报的重要性。此时期刊行的涉及美国的和刻本、和解本多达 7 种，也是理所当然的。

（四）困难与使命

予向者读魏默深《圣物记》，以谓此魏氏之《惩毖录》也。道光鸦片之乱，殆与朝鲜壬辰之事类。而默深之忠慨义愤十倍柳成龙，于是欲述惩前毖后之意。……而精华所萃乃在《筹海》《筹夷》《战舰》《火攻》诸篇。夫地理既详，夷情既悉，器备既足，可以守则守，可以战则战，可以款则款焉。左之右之，惟其所资。名为地志，其实武经大典……呜呼！忠智之士忧国著书，不为其君之用而反被琛于他邦，不独为默深悲焉，而并为清主悲之。①

19 世纪中叶，西方诸国强入东亚，要求东亚三国开国通商。面对清朝鸦片战争败北，日本有识之士认识到放眼看世界的重要性与紧迫感，正是这种"忧国著书"的使命感促成了此书在日本的刊行。

但在日本刊行《海国图志》并非易事。首先，东传日本的《海国图志》原本错讹较多②，无法直接用于翻刻，需花费时间精力加以校订后方可使用。其次，原书中有大量汉语音译的人名、地名、概念、制度、机构等，这些词不是中文固有词，施加训点的难度很大。再次，个别刊本存在经费出版困难的问题。

1854 年首刊的《翻刊海国图志·筹海篇》和刻本册首《翻刊海国图志·序》中提及："此书为客岁清商始所舶载，左卫门尉川路君获之，谓其有用书，命亟翻刊。"幕府官员川路圣谟从赴日清朝商人处发现《海国图

---

① 盐谷世弘：《翻刊海国图志·序》。
② 《翻刊海国图志·序》："翻刻原本不甚精，颇讹字多，使予校之。"

志》后，强烈地意识到此为有用之书，立即命盐谷世弘、箕作阮甫进行校订、训点，并加以刊刻。毋庸置疑，此书刊刻时也面临了上述困难。如《海国图志·英吉利国上》中出现了 common houses 的音译词"甘文好司"，指英国议会下院。又如"巴厘满衙门"是 parliament 的音译词，即英国议会总称。训点注音时需具备高度的洋学及外语知识，否则难以标注其音义。而能完成此书的训点工作正是得益于日本兰学第一人箕作阮甫的助力。[①] 箕作阮甫著有世界地志《八紘通史》，世界舆地之学造诣极深，可以很好地帮助盐谷世弘进行训点。总而言之，刊刻《海国图志》不仅需要中国古典的解读能力，还必须具备高度的洋学知识，是一项高难度的事业。川路圣谟慧眼识才，任命盐谷、箕作二人从事这项工作，深厚的汉学、洋学素养加之迫切了解西方世界的使命感，促使了此书在短时间内得以刊行。

托名中山传右卫门的《海国图志·墨利加洲》，实际上为林家塾头河田迪斋校正之书。林家塾头河田迪斋是著名儒学家佐藤一斋的女婿，汉学修养极高。当时林家的当家是大学头林复斋，掌管幕府文教政策，曾参与外交交涉，接待佩里。河田担任林复斋的辅佐官，也参加了接待活动。因为业务方面的需求，所以对美国概况记述比较详细的《海国图志·墨利加洲》为中心刊行了和刻本。刊刻《海国图志·墨利加洲》需要掌握世界地理，尤其是美国地方方面的知识，想必也得到了相关专家的帮助。

在 7 种和刻本中，《海国图志·印度国部附夷情备采》的性质与其他 6 种有很大不同，因为印度不属于传统意义上的"西方列强"。而且在施加训点时，因为有大量关于印度地志的汉文典籍的存在，注解难度要低很多，刊行此书正是使命感之使然。赖三树三郎在《刻印度国志序》中对此有专门说明：

> 盖印度处地球之中，四通八达，运转自在。如英吉利称为欧罗巴大国，而其所以致富强者，以其据者有印度有也。……苟用意外国以讲予防之述者，先读此部，谙土地形势之所在与敌国利害之所系，则能立折冲万里之威。

---

① 《翻刊海国图志·序》："其土地品物名称则津山箕作庠西注洋音于行间。"

赖三树三郎指出，英国能成为欧洲大国，正是因为占据了战略要地印度，所以需要以印度为戒，了解地理形势与国家利害之关系，从这一点也能看出赖三树三郎刊行此书带有强烈的使命感。虽然刊刻此书不会遇到太多在知识层面的障碍，但出版费用却是很大的问题。赖三树三郎颇有乃父赖山阳之风范，是一位才华卓越的青年才俊，他如何获得《海国图志》原本、筹集用于出版的巨额费用等问题尚为谜团。赖三树三郎在《刻印度国志序》中提及："图志中，鄂（俄国）、亚（美国）、英、佛（法国）图志皆已立梓，而未及印度国部，某嘱余校阅之。"可知，他校定此书是受某人之托，但此人是谁却难以得知，只能从他的支持者及人际圈进行推测。当时，日本已形成了一个跨越地域的仁人志士交际网，其中较为重要的人物中有一位尊王攘夷主义者梁川星岩。他也是著名汉诗人，与赖三树三郎的父亲赖山阳私交甚密。赖三树三郎在序文中提及的某人很可能就是梁川星岩。

五 《海国图志》的流通及其读书形态

在当时的日本，不论是中国原刊本《海国图志》，还是其和刻本、和解本，均非易购之书。东传日本的中国原刊本仅有 19 部，且分藏于幕府机关、有权势的大名之处，可以借出阅读的读者极其有限。和刻本、和解本的大部分虽然在市面上流通，但流通区域非常有限。譬如和刻本《海国图志·墨利加洲》的刊记中记载了以下发行书肆：

京都三条升屋町	出云寺文次郎
同寺町松原下定	胜村治右卫门
大阪心斋桥北二町目	秋田屋太右卫门
同通北久太郎町	河内屋喜兵卫
同通博劳町	河内屋茂兵卫
江户日本桥通一町目	须原屋茂兵卫
同二町目	山城屋佐兵卫
同芝神明前	冈田屋嘉七
同所	和泉屋吉兵卫发行

据刊记可知，发行《海国图志》的书肆主要集中在京都、大阪、江户，似乎其他地区的人士即使有钱也很难买到此书。不过在地方上，购书的途径并非只有书店，还可通过书籍中介人购买。广濑旭庄的日记《日间琐事备忘录》中便有如下记载：

借出《墨利加洲部》

　　嘉定七年九月二十七日

　　精斋（妹尾谦三郎）……又借，《海国图志》七册，《阿墨利加洲部》八卷，係欧罗巴人原撰，侯官林则徐、邵阳魏源重辑。

寻访发售《亚墨利加总记》的书肆

　　安政二年九月二十四日

　　节屋嘉助者来见，曰某日田产旧事山田可祐，可祐欲买《亚墨利加志》（广濑竹庵编），不识书肆孰可，余曰河茂（河内茂兵卫）、河部皆可。

《海国图志》的买卖

　　安政二年九月二十六日

节屋嘉助来示所买《海国图志》及《舆地图》，且商其直。①

嘉永七年九月三日幕末梁川星岩在给池田愿同的书信中提及："《海国图志》之书款已收到"②，可知梁川星岩曾作为中介人参与过《海国图志》的销售工作。

此外，虽然《海国图志》在日本刊行发售，但雕版印书的数量有限，每版印行仅有二三百部，难以满足庞大的阅读需求，因此借阅传抄成了解决这一问题的主要途径。结果，社会上流通最多的《海国图志》反而是抄本，就连日本著名思想家吉田松阴（1830－1859）阅读的《海国图志》也是抄本，而且吉田自己还抄写了一部。③ 也正是大量抄本的流通，使更多的人们得以阅读此书。

①　広瀬旭荘：『広瀬旭荘全集』第 5 卷第 6 卷，京都：思文閣，1983，1984。

②　梁川星岩：《注解梁川星岩全集》第 5 卷，岐阜：梁川星岩全集刊行会，1958。

③　吉田松陰『吉田松陰全集』第 8 卷，東京：岩波書店，1939，第 298 页。

六 《海国图志》在日本的接受与影响

(一) 幕末日本引进《海国图志》的原因

1. 幕末日本知识阶层的对外危机意识

如上所述,《海国图志》的和刻本、和解本在日本大量刊行、传抄、阅读,究其原因,可举以下几点。

首先,19 世纪初以来,西洋船只频繁出没在日本周边海域,加之长期以来被作为超级大国的清朝在鸦片战争中败北,在风云变幻的国际形势下,日本有识之士产生强烈的危机感,渴望了解西洋概况。

鸦片战争的情报,由以下三种途径流入日本。[①]

(1) 荷兰途径。《和兰别段风说书》(从长崎港荷兰东印度公司船只处得到的情报)

(2) 中国途径。《唐船风说书》(清朝贸易船的情报)

(3) 琉球途径。由福州琉球馆、琉球国、萨摩藩、幕府路径传递。

此外,幕末儒学家齐藤竹堂(1815 - 1852)致力于收集中国情报,于1843 年撰成《鸦片始末》稿本,在日本介绍、评价了鸦片战争。1847 年,盐谷世弘编纂的《阿芙蓉汇闻》稿本也是关于鸦片战争的资料集。这些书籍很快便以抄本的形式在日本全国流通,加深了日本知识阶层对鸦片战争的认识。吉田松阴就曾在嘉永三年赴平户、长崎研修兵学时,在平户藩家老叶山佐内处借阅过《阿芙蓉汇闻》[②]。也就是说,超级大国清朝在鸦片战争中败北的爆炸性消息很快就传播到了日本,对日本形成巨大冲击。而知识阶层借由《鸦片始末》《阿芙蓉汇闻》了解战阵始末,认识到西方列强压倒性的军事优势,由此产生强烈的危机感,亦迫使日本开始探索对抗西夷的方法。

心怀忧国之志的魏源编纂的《海国图志》与以往的中国地理书不同,

---

① 岩下哲则:『緊迫する海外情勢と国内政治』,载岩下哲则『江戸の海外情報ネットワーク』第 4 章,東京:吉川弘文館,2012。此外,真栄平房照『近世日本における海外情報と琉球の位置』(『思想』,東京:岩波書店,1990,第 796 号)对此亦有考察。

② 吉田松陰『吉田松陰全集』第 10 巻所收『西遊日記』,東京:岩波書店,1939,第 39 - 40 页。

是"以西洋人谭西洋人"，具有很高的可信性，这对渴望了解西方情报的日本知识阶层来说，可谓雪中送炭。而魏源的危机意识与日本知识阶层的危机意识极为相近正是此书在日本广受欢迎的第一要因。

2. 江户后期日本人的读写能力

《海国图志》之所以在日本广受欢迎，还与当时日本人的读写能力有关。19世纪后期至20世纪初期，日本学习汉文的风潮正盛[1]，用汉文撰写的《海国图志》及其和刻本、和解本符合当时日本知识阶层的阅读习惯。

3. 通过兰学摄取西洋概况

《海国图志》涉及的主要内容是西洋概况，而这一点对日本人来说并不陌生。当时，日本诞生了以学习西方医学为中心的兰学，对《海国图志》中出现的地理、人物、制度、名物等西方词汇并无抵触感。

（二）《海国图志》的接受

毋庸置疑，幕末时期《海国图志》在日本被广泛阅读，对日本摄取海外情报做出了巨大贡献，但是记述《海国图志》的阅读主体及其影响的资料十分稀少，现仅从资料中选取几个阅读过《海国图志》的例子。

例1：梁川星岩（1789－1858）

梁川星岩的诗集《籛天集》中有《读魏默深海国图志》诗一首。另外，从他的书信来看，梁川似乎读过多种和刻本《海国图志》。

例2：丰田天功（1805－1864）

丰田天功是著名的水户学派学者，在日本国立国会图书馆藏《丰田天功书简》中有丰田购买《海国图志·俄罗斯国》《海国图志·普鲁社国》的记载[2]。

例3：广濑旭庄（1807－1863）

广濑旭庄是江户后期著名汉诗人，在他的书简中有关于阅读《海国图志·印度国部》的记录[3]。另外，他在《九桂草堂随笔》卷2中记述："如源之《圣武记》、林则徐之《海国图志》者，皆有用之书，非

① 斋藤希史『漢文脈の近代』，名古屋：名古屋大学出版会，2005。
② 『国立国会図書館蔵貴重書解題』卷15，東京：紀伊国屋書店，1991。
③ 长寿吉、小野精一：『広瀬淡窓旭荘書簡集』，東京：弘文堂書房，1943，第544页。

他书可比。"①

　　例 4：冈千仞（1833 – 1914）

　　余少时读新井氏《采览异言》，箕作氏《坤舆图识》……及《地理全志》《海国图志》《瀛寰志略》，愈审大势，慨然曰："彼所以致富强者，由泛通有无贸易耳！"②

　　另外，关于《海国图志》在日本如何被接受的资料也是极其有限的。在资料稀少的情况下，仅有前揭文源了圆的《东亚三国的〈海国图志〉与横井小楠》《幕末维新时期的〈海国图志〉受容：以佐久间象山为中心》③，以及拙稿《〈海国图志〉与吉田松阴：关于幕末西洋概况的受容》④ 等三篇论文，现概述其要如下：

　　佐久间象山心怀改革之志，与魏源志向相同。他提出海洋国家日本和大陆国家中国地理位置不同，海防的方法也不同，因此《筹海篇》对日本而言有一定局限性。另外，佐久间认为魏源对西洋武器的认知尚不成熟；横井小楠阅读《海国图志·墨利加洲》后，对美国评价很高，并以此为契机，产生从攘夷到开国的思想转变；吉田松阴认为，《海国图志》是了解和对抗西夷的利器，先进的制度也有益于改善民生政治，但他也从兵学家的角度，冷静批判魏源尚未跳出华夷秩序的拘束。由此可见，《海国图志》对日本知识阶层的影响之深。

七　《海国图志》在中国与朝鲜

　　从文献记载来看，《海国图志》于 1842 年在中国刊行之初，并未引起很大的反响。清末考证学家陈澧（1810 – 1882）是当时罕有对此书作出过评价的人，他在该书刊刻不久后就致书魏源⑤，肯定了此书的价值。另外，

---

① 『続日本随筆大成』第 2 巻第 161 页，東京：吉川弘文館，1979。

② 岡千仞：『尊接日記』，转引自池田哲郎『江戸時代邦人の「世界」知識』（『日本英学史研究報告』，東京：日本英学史学会，1965，第 29 号）。

③ 源了円『幕末・維新期における「海国図志」の受容：佐久間象山を中心に』，『日本研究』，京都：国際日本文化研究センター，1993，第 9 号。

④ 阿川修三：『「海国図志」と吉田松陰：幕末における西洋事情の受容について』，『中国文化』，筑波：中国文化学会，2012，第 70 号。

⑤ 陈澧：《书海国图志后呈张南山先生》，载《陈澧集》。

郭嵩焘（1818－1891）在《书〈海国图志〉后》中对此书刊刻之时的评价甚得其要。

> 魏氏此书征引浩繁，亦间有参差实。要其大旨，在考览形势，通知洋情，以为应敌制胜之资。其论以互市议款及师夷人长技以制夷，言之始通商之日，无不笑且骇者。历十余年，而其言皆验。读书多而见事明，反复相寻，而理势之所趋，终必循其径而至焉。此亦自然之数也。而其议论乃以卓绝天下，亦岂非学问之效然与。

据此可知，此书刊刻之初，也就是"始通商之日"，被认为是奇谈怪论，十余年后，世人才发现此书的先见之明，得到了有识之士的推举，出现了道光二十七年（1847）印本、咸丰二年（1852）印本。1858 年 5 月，时任户部右侍郎的王茂荫（1798－1865）向朝廷奏请重印此书。

> 臣所见有《海国图志》一书，计五十卷，于海外诸国疆域形势，风土人情，详悉备载，而于英吉利为尤详。且概前此之办理未得法，后此设种种法、守之法、站之法、款之法，无不特详。战法虽较需时，守法颇为易办。……果能为法以守各口，英夷似不敢近。未审曾否得邀御览？如或未曾，乞饬左右购以进呈。其书版不在京，如蒙欣赏，为有可采，请饬重刊印，使亲王大臣家置一编，并令宗室八旗以是教，以是学，以是知夷难御非竟无法之可览，人怀抵制之术而日兴奋励之思，则是书之法出，而凡法之或有未备者，天下亦必争出备用者，天下亦必争出备用，可以免无法之患。①

王茂荫的奏请使朝廷意识到此书的重要性，于是在其后的近半个世纪中，又出现了同治六年（1867）印本、光绪六年（1880）印本、光绪十三年（1887）印本、光绪二十一年（1895）印本以及光绪二十八（1902）印本五种版本。

《海国图志》刊刻之初之所以没有得到积极反响，是因为魏源与当时知识阶层在对西方认知方面有很大的差距。另外，第一次鸦片战争直接波及

---

① 《王侍郎奏议》卷九。

的区域仅限于中国沿海地区，特别是南方地区，魏源曾亲历战争，而大部分拘泥于华夷世界观的士人没有参军经历，并未体验西洋利器的威猛，当然也无法理解魏源的思想与危机感。但随着第二次鸦片战争爆发，英法联军占领北京，火烧圆明园，大清皇帝蒙受巨辱，知识阶层才真正体会到了魏源的苦心。

同治年间，洋务运动提倡的主要政策中，引进西洋武器正是采纳了魏源"师夷长技以制夷"。但是直到《海国图志》刊行多年之后，洋务运动中的活跃人物冯桂芬才对魏源的思想作出了有深度的批判性评价：

> 魏氏源论驭夷，其曰以夷攻夷、以夷款夷，无论语言文字之不通，往来聘问之不习，忽欲以疏间亲，万不可行。且是欲以战国视诸夷，而不知其情事大不侔也。魏氏所看夷书新闻纸不少，不宜为此说。……独师夷长技以制夷一语为得之。[①]

冯桂芬指出了魏源思想的局限性。他评价魏源提倡的"以夷攻夷，以夷款夷"思想对西方列强期待过高，从国家关系看，未免有些不切实际。

关于《海国图志》在朝鲜的影响，当有不少先行研究，但笔者不通朝鲜语，只能参考姜在彦《朝鲜儒教二千年》[②] 概述其要。

《海国图志》刊行后不久便流布至朝鲜，但只有金正谷、朴珪寿等少数开明知识分子注意到此书，其影响在初版、二版时是极其有限的。金正谷在给挚友权敦仁的书简中，曾有以下内容：

> 《海国图志》乃吾必需之书，可匹敌他家传家之宝。或言红夷之洋船越境入侵之时击退为要，而详于国势之人亦可仿而行之。……其制船未必尽得精要，但仅制帆一术亦应仿之。何至无人关心哉？大凡魏默深之学问乃於近来汉学中别开一门，不守训诂空言，唯主实事求是，其经说与惠、戴诸人大异，又喜谈兵。[③]

---

① 冯桂芬：《制洋器议》。
② 姜在彦：《朝鲜儒教二千年》第18章第8节，东京：讲谈社，2012。
③ 金正谷：《与权彝斋》，载《阮堂先生全集》卷三。据姜在彦《朝鲜儒教二千年》日译文翻译为汉语。

明清易代后，朝鲜对清朝面从背违，以真正的中华文明继承者自居，小中华思想泛起。从某种意义上来讲，朝鲜比中国更重视华夷之别，又加之两次击退了美、法入侵。朝鲜知识阶层并未感知到国势日渐衰微的危机，"师夷长技"也就无从谈起了。

八　小结

《海国图志》刊行后不久便东传日本，日本虽然迫于风云变幻的国际形势，急于寻求强国之法，但同时认为，日本即为岛国，短时间内并不会受到来自海上的入侵，这一点与魏源的思想不谋而合。另外，用汉文撰写的《海国图志》符合当时日本知识阶层的阅读习惯，对其获取海外信息起到了很大的作用。中国方面，大中华思想误导了知识阶层对西洋威胁的认识，导致《海国图志》刊行之初受众寥寥。然而《海国图志》在中国刊行二十年后，随着第二次鸦片战争爆发，北京受兵燹之祸，士人终得目睹西洋武器之威猛，切身体会到魏源所说的"夷之长技"。此书才对中国了解西方起到了应有的贡献。至于朝鲜方面，以小中华自居的朝鲜因连续击退两次外寇入侵，无视"夷之长技"，《海国图志》在该国几乎未被关注。要之，《海国图志》在东亚三国的流布与影响虽然程度不一，但对东亚各国获取海外信息的贡献是不可忽视的。

【追记】2018 年 11 月，笔者参加了北京外国语大学日语系主办的"中日韩语言文化比较研究"国际学术研讨会，作了基调演讲的发言。本稿的撰写以该会的演讲稿为基础，并补充了部分内容。衷心感谢徐滔主任邀请我参与此次盛会。

An Essay on the Contributions《海国图志（Haiguotuzhi）》Had in Modern East Asia's Assimilate of Overseas Developments

Abstract：*An illustrated gazette of maritime countries* （《海国图志》） arrived in Japan shortly after its publication. It was at that time that Japanese intellectuals, similar toWei Yuan, had a sense of crisis toward the threat of Western powers and hungered to know what the situation was within them. They were aware of the importanceof adopting the "special skills of the barbarians" proposed by Wei Yuan. Due to this reason, the book played a significantrole in Japan's absorption of knowledge about the outside world.

On the other hand, when it waspublished in China, Sino-centrism hindered the awareness of Western threat, which most intellectuals in China paid little attention. However, the formidability of Western weaponry was observed on the battlefield at the capital Beijing in the Second Opium War and the meaning of adopting advanced skills of the Westwas understood. *An illustrated gazette of maritime countries*contributed to acquiringinformation on foreign nations even decades after its publication.

However, in Korea, as Sojunghwa thinking prevailed, and a proud sense grew after defeating two foreign invasions, very few scholars noticed the idea of learning from the West advocated by the book.

In these ways, *An illustrated gazette of maritime countries*contributed to the acquisition of information about matters abroad for three East Asian nations, though in various degrees.

国别和区域

老龄社会的狭窄小路

——作为转折点的 20 世纪 90 年代与当今的问题

木下康仁[*]

【摘　要】日本的老龄化飞速发展，从 2000 年开始实行的护理保险制度如今正面临着深刻的问题。仅靠公共的保险制度有其局限，个人的自我帮助与努力和居民间互帮互助的结合必不可少。日本在护理保险的准备时期即 20 世纪 90 年代，一度使得居民互帮互助的氛围浓厚起来，但最终没有成功。在如今再次面临相同问题的背景之下，解决该问题的一种可能性在于老年人独立自主的生活方式，特别是以同伴间共同学习为契机的社会参与。

【关键词】老龄化　护理保险制度　国民意识　地区社会　生活方式

1. 引言——社会政策与国民意识的相互关系以及中间组织的重要性

对于人口老龄化飞速发展的日本来说，2000 年开始实行的新社会保险制度——护理保险是划时代的举措，然而该制度现在却陷入了受保人数增加、保险财政面临危机的窘境。护理是一个多元且复杂的个性化需求特征的课题，它与整个日常生活、生活方式息息相关，因此，仅从医疗层面或传统的弱者救济型社会福利的角度是难以应对的。它需要从以下三者所构成的新型范式中去对应——公共政策层面的应对，包括老年人在内的国民

＊　木下康仁，圣路加国际大学研究生院护理学系特任教授、立教大学名誉教授。

意识的改变，以及处于两者之间，由地域社会中的居民组织、营利或非营利性服务组织等多种类型行为主体组成的中间组织进行应对。

本文将就日本如何应对这一重大课题进行探讨。

2. 老龄化的基本情况

日本老龄化的现状人们并不陌生，在此仅通过几组图表再次做简单的概览。

图 1 为 2050 年日本人口构成的预测图。与人口总数达到顶峰的 2005 年相比，2050 年总人口约减少 3262 万人，老龄化率（65 岁以上）从 20.2%

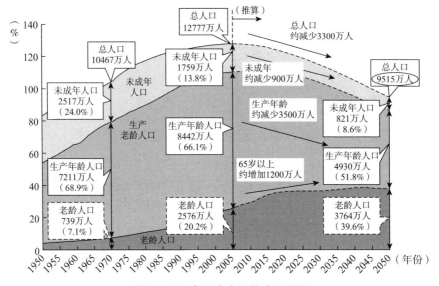

图 1　2050 年日本人口构成预测图

资料来源：以总务省《国势调查报告》与《人口推算年报》，以及国立社会保障·人口问题研究所《日本未来的推算人口（平成 18 年 12 月推算）》中推算的出生中位（死亡中位）为基础，由国土交通省国土规划局作成。

说明：* "生产年龄人口"指 15–64 岁年龄段的人口，"老龄人口"指 65 岁以上的人口；

** （　）内分别为未成年人口、生产年龄人口及老龄人口占总人口的比重；

*** 2005 年，年龄不详的人口皆按比例分配到各年龄段。

上升至 39.6% ，老龄人口规模约增加 1200 万人。相反，未成年人口（14 岁以下）与生产年龄人口（15 - 64 岁）将大幅减少。2050 年的人口总数与 20 世纪 60 年代初大致相同，中间夹带着 2005 年的峰值期，人口总数经历了 1950 年开始的急剧增加以及 2005 年以后急剧减少的这样一个过去从未有过的极端变动过程。

从老年人的居住形态看，与子女同住的情况逐渐减少，相反地一人独居以及夫妇同住的倾向增加，这两者在 2014 年时分别占 17.4% 、38.0% ，合计占整体的 55.4% （见图 2）。

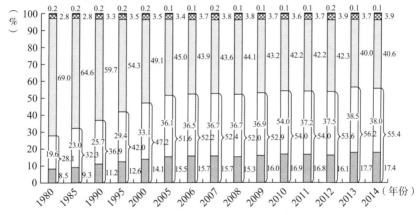

图 2 老年人的居住形态调查

资料来源：昭和六十年（1958）以前来自厚生省《厚生行政基础调查》，昭和六十一年（1959）以后来自厚生劳动省《国民生活基础调查》。

说明：平成七年（1995）的数据不包括兵库县，平成二十三年（2011）的数据不包括岩手县、宫城县以及福岛县，平成二十四年（2012）的数据不包括福岛县。

从老年人的意识与现状看，如图 3 所示，即使过了 65 岁仍希望工作的人较多。从整体来看，60 岁以后希望能继续工作。然而，60 岁以上人口的就业包括短期劳动在内也只停留在 26% 左右（2013 年，见图 4）。另外，从老年人的地区活动情况来看，主要是参加地区自治组织的活动，或是兴趣爱好、志愿活动等，但整体中有七成的老年人没有参与地区活动（2016 年，见图 5）。

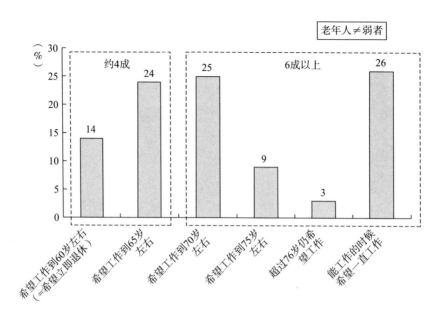

图 3 老年人参与地区社会的意识调查结果

资料来源：依据内阁府《平成 25 年度关于老年人参与地区社会的意识调查结果》，由经济产业省作成。

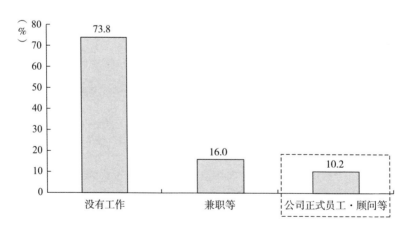

图 4 60 岁以上老年人的就业情况

说明：不包括自营业者、从事农业者。

资料来源：内阁府《平成 25 年度关于老年人参与地区社会的意识调查结果》。

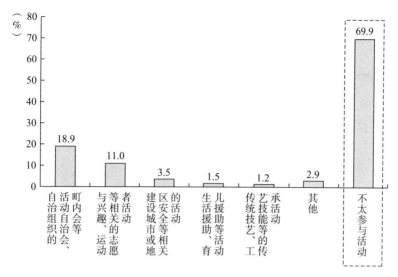

图5 老年人的地区活动参与情况

资料来源：内阁府《平成28年，关于老年人经济、生活环境的调查结果》。

不仅城市跟乡村，特别是跟山区（有"空村"化的前兆）的地区差距十分严重，在居住的日常生活圈范围内，比如在城市中特别是旧的连片住宅区里，也有一些被称为"购物难民"的行动困难的老年人。

这种情况意味着，宏观上老年人群是社会层面上一个未得到整合的、不安定的巨大群体（社会层面的不统合问题）；微观上老年人在日常生活中处于社会作用缺失的状态（存在却没有实际作用，没有作用的角色 = roleless role 的问题）。老龄社会必须同时解决这两方面的问题，而解决问题的关键在于处理好处于宏观与微观两者之间的中观层次，尤其是与地区社会（社区）的关系问题。重构微观—中观—宏观三者关系成为必要，而此时非常重要的是意识、价值观与生活方式三者关系的重构。日本在这一转换上存在着一些问题。

3. 护理保险制度的前夕：20世纪90年代

对日本来说，20世纪90年代是一个重大的转折点。这一时期，日本举全国之力，积极采取新措施以应对老龄化社会。其中之一为国民的意识改革，另一项为强化地方自治体（市町村）的行政规划能力。从后来的情况来看，这两项措施都是为2000年推出的护理保险制度所做的前提准备。不过，在 90 年代，这些并不是作为与护理保险相关的措施而得到重视，当时主要强调的是促进居民参与，进行意识改革。也就是说，当时提倡的是，老龄化社会的课题就是护理的问题，对此，应摆脱依靠家庭、女性，尤其是建立在儿媳的牺牲之上的传统护理方式，提倡由社会主导应对，即"护理的社会化"。

大众传媒也对意识改革进行了呼应，像瑞典等北欧的模式被介绍到日本。笔者自身也参与其中。随着由重视静养到支持早期康复训练的护理理念的转变，新的目标也被设立出来，即：即使到了需要护理的时候，老年人也应该继续在地区社会生活下去（平常化、aging in place）。在这样的目标设置下，居民参与和地方自治体的协作体制得到具体推进。笔者曾在东京郊外的某地方自治体中组织千人以上的地区居民成立了社会福祉法人，并在行政的支援下建造了带有短期护理功能的全天护理中心，笔者作为负责该法人运营的居民运动的代表，在这个时期从事过 10 年左右的管理工作。家庭主妇是该运动的主要承担者，其次是已退休的男性。他们之间已经达成了共识，即在自己尚能活动之时作为护理一方照顾老人，到了自己需要护理时也能得到应有的照顾，为此，愿意积极参与地区社会举办的居民护理活动。

此外，护理的问题也与老年人的日常生活方式相关。因此，也要求地方自治体承担起公共责任，切实提供必要的照顾。于是，日本政府在 20 世纪 90 年代对地方自治体进行了明治以来的首次改革。先是要求对老年居民的需求进行调查，随后基于调查结果，对家庭护理、全天护理、短期护理、护理床位数等各种护理服务需求做出预测，并让当地居民作为家庭访问护理员进行研修学习，通过这一系列举措提高供应能力。

在这些举措的基础上，2000 年护理保险制度开始实行，作为新的提供方，也鼓励民间企业的参与提供服务。这样，作为应对老龄化的至关重要的机制，国家、地方自治团体、营利/非营利团体、居民作为共同参与的机制正式登场。

4. 护理保险制度的好处和问题

到 2018 年，护理保险制度实行已有 18 年了，作为护理社会化的具体形式，该制度得到广泛的落实。然而，由于需要护理的老年人数增加，财政方面的困难随之增加，不得不对服务内容进行精确评估，增加受益者自身负担。虽说这也是预想之中的情况，但面对需求的自然增加，供给着实成为一大难题。

在这样的现状下，以地区社会为基础，推动综合性服务供给体制（地区综合护理）成为工作的重点，近几年又开始强调地区居民的积极参与。这和20世纪90年代虽属于同样的课题，但已经没有了那时的激情。护理保险导致的后果之一，就是失去了居民参与的意识。

在护理保险制度下，护理服务由拥有资格的经营组织负责提供，因此即便是居民活动，也需要满足作为经营组织的条件，居民活动也被纳入到商业模式的框架中。在该制度之前，地区居民在行政的关怀和支持下相互扶持共同应对，以护理为媒介开展的地区社会（社区）建设运动在这样的背景下逐渐失去它的发展动力。时至如今，90年代担负护理责任的这代人自身也趋于高龄化，女性一般就业意向日趋明显，要从居民中寻找新的人手愈发变得艰难。

5. 不完整的意识、价值与生活样式的重构

从上述现状可以看到，政府与大众传媒协同运作，虽然最终成功将老龄社会问题集中到护理问题上，并且实现了从家庭牺牲式护理到护理社会化的转换，达到了建立护理保险制度的目标，但它没能将着力点放到让国民去思考高龄阶段的生存方式问题上。其结果导致了国民从"依赖家庭"平移到"依赖护理保险"上，随着需要护理人数增加，如今护理保险自身的存续性也成为一大问题。

老龄化发展到这个地步，制度应对已陷入死胡同，自立和依存的平衡关系成为一大严峻问题。老年人从健康阶段（人生的第三阶段＝third age）到需要护理阶段（人生的第四阶段＝fourth age），好好地思考负担与受益的关系，明确自己退休后应以什么为生活的价值所在，要过怎样的生活，明确自身的想法变得前所未有的重要。护理和生病不同，它是日常生活的生活方式的问题，因此老年人自身的想法是一切的前提。如果不考虑老人自身的意愿去扩大护理需求，老年人的依赖倾向也会增强。这种情况对老人自身来说也未必是期望的生活，同时也会导致整体上护理服务需求的扩大。日本正是由于没有明确"哪些是自己的责任，哪些需要依靠公共"等问题，

回避了国民意愿的征求，结果导致讨论个人责任变得困难。

6. Roleless role（没有作用的角色）之克服——由学习的体验所带来的可能性

随着时间流逝，老年人群也会更新换代，但我们应该理解今后的老年人生活能够自理的时期与需要护理时期两者之间不是分裂的而是连续的。换言之，也就是说需要护理时期的生活方式实际上是自理时期的生活方式的一种延长，这其中也包含着老年人自身的意愿。

前面提到，宏观上老年人处于社会层面的不整合状态，而微观上处于没有作用的角色（roleless role）的现状。这两个问题体现了老年人本人的意愿没有明确化，以及明确老年人意志的社会机会的欠缺。对此，老年人自身也很困惑。所谓作用，是指与他人在日常生活中确保一种稳定的联系。从这一层意思来看，无论是在工作中，在家庭内，或者是作为地区居民，作为他人的同伴，一个人只要能够创造出新的作用关系，就会产生生存价值。因此，当老年人到了需要护理的阶段，面对自己想要如何生活下去，想要做什么以及想要什么样的护理服务等问题时，上述经验都能够帮助老年人明确自己的意愿。

对于解决这个问题的方法之一，那就是来自学习的经验。对老年人来说，学习不仅仅是在灵活多样的社会活动中得到知识上的好奇心和兴趣上的满足，或是获得技能，更是与其他人得以交流的机会，在这个过程中，角色作用自然而然地就产生了。在笔者的研究中，最重要的关键词便是"快乐"。老年人的学习与为进入社会做准备的年轻一代的教育不同，学习本身就是目的。在日本，虽然存在大学开设的终身学习项目、地方自治团体援助的市民大学、民营商业性的文化中心等形态多样的老年人学习设施，但从社会整体来说，它们的质与量仍显不足。

在全球老龄化的潮流下，老年人的学习也出现国际化扩大发展的趋势。比如，英国的 U3A（University of the Third Age = 为处于人生第三阶段，第三时期老年人们开设的大学），它完全依靠老年人进行非营利的自律运营，拥有 1000 处以上的地区学习中心，参加人数达到全国 40 万人以上的规模，被称为二战后英国最成功的市民运动。此外，以 U3A 的发祥地法国以及欧洲、亚洲、大洋洲等地区为中心形成了松缓的国际性组织，它们的活动范围跨越了国界并逐渐扩大。

其中，中国的参加者规模为世界第一。在以政府为主导的学习型社会政策制度框架下，中国的社区大学所发挥的作用备受关注。

参考文献

［1］木下康仁. シニア　学びの群像：定年後ライフスタイルの創出［M］. 東京：弘文堂. 2018.

［2］木下康仁. 国境を越えるシニアの学び：University of the Third Age 運動の国際展開［J］. 応用社会学研究，2018，60（1-18）.

Bottleneck of the Aging Society——The 1990s as a turning point and today's problems

Abstract：The aging problem of Japan is developing rapidly（27%，2016）. The long-term care insurance system, which was initiated in 2000, is now faced with serious problems. Assistance only by the public insurance system is not enough, individual efforts and mutual support among inhabitants are also indispensable. In Japan, there was a growing tendency for mutual support among inhabitants in the 1990s when preparing for the long-term care insurance system, but the government failed to build a system of mutual support. While facing the same problem again now, the independent lifestyle of the senior citizens, especially their desire to be involved in social lives by learning with companions, can provide the government with a possible way of solving this problem.

Keywords：Aging；The long-term care insurance system；People's awareness；Community；Lifestyle

对日本提携型有机农业运动的环境社会学考察

——基于对有机农业生产者以及消费者的调查

闫美芳[*]

【摘　要】日本有机农业运动的特征为"提携"。日本提携型有机农业运动是在 20 世纪 60 年代公害问题严重的社会背景下产生的，其蕴含着"重新认识社会"、"改造社会"的价值理念。日本政府亦于 1989 年以后开始在政策层面推广有机农业，但也有学者认为这其实是对以往有机农业运动的延续。本文通过对日本有机农业生产者以及消费者的田野调查，指出具有市民根基的提携型有机农业，具有"改造社会"等价值理念，其区别于政府推行基于 JSA 有机农业认证、追求有机农产品附加值的产业型有机农业。

【关键词】有机农业运动　提携型有机农业　产业型有机农业

1. 引言

中国近年来对环境、环保的关注使得"有机农业"和"有机食品"逐渐走入人们的生活。由此，人们也开始关注附加值较高的"有机食品"，其作为"健康食品"时可能带来的商机。但与国内重视"有机食品"的经济利益、有机认证制度先行的情况相比，日本所开展的提携型有机农业运动则反对将"食品"简单地视为"商品"。本文将主要从环境社会学角度对日本提携型有机农业运动的产生背景、开展过程以及其所内含的"改造社会"

---

* 闫美芳，宇都宫大学杂草与里山研究中心讲师、硕士生导师。

的具体理念及其蕴含的可能性进行考察分析。

2. 前期研究及相关研究综述

据卢永妮的整理，日本的有机农业从兴起至今共经历了四个时期：1935－1979 年为起步期，其中岗田茂吉（1882－1955）与提倡"自然农"的福冈正信（1913－2008）起到了推动作用；1980－1988 年为发展期；1989－2005 年为政府重视期；2006 年至今为政府迅猛推动期。卢永妮同时提到，日本有机农业的真正兴起是在 20 世纪六七十年代。起先日本政府于1961 年颁布了被称为"农业宪法"的《农业基本法》，并鼓励农民大量使用农药化肥，这些举措在提高农业生产效率的同时，也导致了一系列"农业公害"问题的发生，如耕作的农民出现身体不适、市民集体食物中毒等。在此情况下，为寻求"食品安全"，日本市民开始警醒，并在各地相继开展了消费者主导的"农药公害回避"型有机农业运动。比如，1971 年，农山渔村文化协会理事一乐照熊号召成立以有志于有机农业的生产者、消费者、研究者为组成中心的日本有机农业研究会，推行以生产者和消费者"面对面相互信赖"的"产销提携"关系。① 由此可见，卢永妮定义的"农药公害回避型"有机农业运动就是本文具体考察的提携型有机农业运动。

不过需要补充的是，提携型有机农业运动于 20 世纪六七十年代在日本登场的社会背景，包括但不仅仅局限于《农业基本法》实施后大量依赖化肥和农药所带来的农业方面的弊端。众所周知，日本在 70 年代以前，靠工业化实现了经济的快速发展，但一味追求经济利润的工业化所引起的水俣病等环境污染问题也促使人们反思什么是真正的发展和富足。

著名的"内发型发展"提倡者——鹤见和子，回顾她在熊本县的水俣市采访经历时指出，当时日本全国各地有许多志愿者来到水俣病地区做义务工；比如在水俣病患者杉本荣子生病卧床以后，杉本要求帮她种地的志愿者在耕种的时候避免使用农药。其原因一方面是因为杉本作为化学物质（水银）的受害者，她不想使用农药这种跟水银一样会对食物链产生不良后果的、成分不明的化学物质；另一方面是因为自己耕种的农产品会通过市

---

① 卢永妮：《日本有机农业的推进及启示》，《山东农业大学学报（社会科学版）》2015 年第2 期。

场传递到消费者手里，自己也会沦为加害者。另外，水俣病公害者受到社会关注以后，水俣地区先也后出现了"相思社"、"反农药生产者联盟"，以及实践无农药农业的"乙女塚农园"；这些团体试图通过将安全的农产品直接销售给消费者，从而达到跟消费者"面对面的交流"的目的。①

通过鹤见的考察我们发现，日本六七十年代的无农药、有机农业运动与水俣病等公害问题息息相关。而重视跟消费者"面对面的交流"的提携型有机农业运动则在六七十年代被贴上"反社会"的标签，当然这是与该运动诞生时的社会大环境密不可分的。在当时，水俣病患者将排污企业（日本氮肥公司）告上法庭时，曾喊出"今天，我们站出来正式反抗国家权力"的口号②，虽然这背后更多的是民众对日本政府在当时无视公害问题而一味追求经济发展的抗议。但是诸如 60 年代后期在千叶县开展的大型的反对建设成田机场的运动，反对方为了获取每天的粮食来源，在机场周边扎根开展的三里塚有机农业运动③，也确实带有明确的"反政府"成分。

当然，日本环境社会学从运动初就关注提携型有机农业运动并不仅仅因为它是一个新生事物，而是因为日本有机农业运动本身蕴含着"重新认识社会"、"改造社会"的价值理念。日本的环境社会学者也抓住了这一点，他们在解析有机农业运动本身的特点的同时，也从有机农业运动的推动者—消费者与农业生产者这两个角度，对城市和农村关系，以及农村内部人际关系的变化进行了关注。

3. 研究目的

（1）政府主导的产业型有机农业

日本的有机农业运动截至 1989 年之前一直是一种民间行为，直到 1989 年，日本农林水产省正式设置公立的"有机农业对策办公室"，标志了官方

---

① 〔日〕鹤見和子：「多発部落の構造変化と人間群像—自然破壊から内発的発展へ」色川大吉編『水俣の啓示』，筑摩書房，1983，222－232 頁。

② 〔日〕鹤見和子：「多発部落の構造変化と人間群像—自然破壊から内発的発展へ」色川大吉編『水俣の啓示』，筑摩書房，1983，204 頁。

③ 〔日〕船戸修一：「有機農業と生産者の観察力—成田・三里塚『循環農場』の事例から—」，『年報社会学論集』，2004（17）。

推广有机农业的开始。而 1992 年该省又推出"环保型农业的推广政策",将有机农业与减少农药用量的环保型农业相结合,并在该政策的指导下制定了 JAS 有机、环保农产品认证制度。其后 1999 年日本农林水产省修改 JAS 法,明确了认证标志,规范了有机食品流通市场,规定了不符合有机认证的食品在流通时禁止标注"有机"字样。到 2006 年,日本政府又出台了《有机农业推进相关法》,以法律的形式明确了有机农业的定位。这跟上文卢永妮整理的政府重视期与政府大力推进时期完全吻合。

但是,即使在 1999 年日本政府制定了《日本有机食品生产标准》后,未取得 JAS 有机认证的农民以及有机农田的耕种面积居多。下面的表1① 与图1② 的两组数据可以证明这一点。

表 1　日本的有机农户数量

年度	2006	2007	2008	2009	2010
JAS 认证有机农户	2258	3319	3830	3815	3994
未认证有机农户	6506	6726	7151	7508	7865

资料来源:《2010 年世界农林业年鉴》。

说明:2010 年度有机农业基础数据来源于规格课。

在后面的考察中,本文将日本政府推行的 JAS 认证的产业型有机农业,与具有市民运动根基的提携型有机农业运动进行了区别。根据日本农林水产省的官方资料,日本有机农业的特点是,有机农户占少数(仅为 0.5%),并且未通过 JAS 认证的农户占绝大多数,这与上面的表 1 数据完全吻合。至于为什么会出现这种情况,在本论文下面的章节里,将具体展开讨论。

(2)提携型有机农业运动

日本提携型有机农业运动的推动主体——日本有机农业研究会对有机农产品的定义是:"有机农产品,是指从生产到消费过程中不使用化肥、农药等合成化学物质;不使用生物药剂、放射性物质、转基因种子以及转基因作物等物质,尽量做到区域内自产自销,力求以用尊重大自然本身生产

---

① http://www. maff. go. jp/j/council/seisaku/kikaku/organic/01/pdf/data6–1. pdf(2019 年 5 月 8 号阅览)。

② http://www. maff. go. jp/j/seisan/kankyo/yuuki/attach/pdf/29yuuki–2. pdf(2019 年 5 月 8 号阅览)。

有机农业的耕种面积

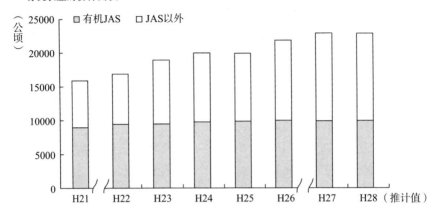

图 1　日本有机农业的耕种面积

资料来源：日本农林水产省食品制造课统计数据，农业环境对策课整理。

说明：＊非有机 JAS 的耕种面积中，2009 年与 2010～2014 年、2015～2016 年调查数据的推算方法不同。

＊＊2016 年的有机 JAS 耕种面积数据与 2015 年一致，该数据为推算值。

力的方式生产出来的农产品。"①

　　日本有机农户从事提携型有机农业最大的特点是，其不以追求"有机"这一附加值所带来的经济利益为目的，他（她）们甚至抵制将有机农产品视为"商品"。日本的有机农业运动试图通过有机农业这一形式，克服因一味追求经济利益所产生的社会弊病，重构人与人、人与社会、人与自然的"有机的关系"。日本的提携型有机农业运动之所以能够做到这一点，并能够超然于纯粹的经济利益之外，是因为它是建立在城市消费者与农业生产者的"提携"关系之上的。

　　"提携"，简单来说是指消费者与生产者需要在互相信任的关系上去互相支持，力求共存共荣。关于"提携"，日本有机农业研究会总结出的十条原则具体如下：

　　　1. 生产者与消费者不仅停留在商品买卖的关系，要建立友好互助的"有机的关系"

① 〔日〕日本有機農業研究会編『有機農業ハンドブック』，農山漁村文化協会，1999，338 頁。

2. 生产者和消费者相互协商，计划生产

3. 生产者应消费者要求所生产的农产品，消费者必须全部接收

4. 本着互惠互利精神决定农产品价格

5. 加强交流，增进信赖

6. 农产品最好由生产者或消费者自行配送

7. 运动团体须民主运营

8. 重视学习

9. 运动团体的规模因地区和人数而定，增加团体数量，增进相互合作

10. 朝着理想，共同前进，不懈努力

为了做到以上几点，增进双方的合作，深化"提携"关系，城市的消费者需要严格要求自己，时常去生产者的农场体验农业苦乐、分担农耕者的压力。这种消费者的举措又被称为"援农"（en-no），但是城市的消费者为什么要如此让步来推动提携型有机农业运动呢？

（3）消费者的主导地位

日本的提携型有机农业运动是在城市消费者的倡导下开展起来的。在20世纪70年代有机运动创立初期，不仅空气污染问题严重影响着城市人口的生活质量，含有农药残留的农产品也充斥着市场，情况不容乐观。为此，在厨房掌勺的家庭主妇们和一部分因子女深受过敏性皮肤病折磨而痛苦的妈妈们便开始向往获得能让她们放心的食品。但是城市消费者和农产品生产者之间横亘了太多的商品批发商，由此在绝望之际为了寻求安全食品的消费者们组织召开了学习会、集体下乡亲自去说服农民为他们生产安全食品。[1] 但是因为当时的农民都已经习惯了用机械作业，以及工业化农业的高产与稳定，他们对消费者们所提出的风险性较大的有机农业并不感兴趣。

而城市消费者则视能否获得真正安全的农产品为关键，因此他们对农民强调，只要农民能够不使用化肥和农药等化学原料从事农业生产，那么在初期实验阶段农民因没有收入或收入较少造成的损失他们将与农民共同

---

① 〔日〕安全な食べ物をつくって食べる会编『村と都市を結ぶ三芳野菜—無農薬·無化学肥料30年』，ボロンテ出版，2005。

承担。同时为了保证从事有机农业生产农民的收入和生活水平，消费者同样承诺了农产品价格由农民自己决定。这些消费者的让步，在以上的提携十条里面都有体现。而为了能够做到这几点，有些消费者还自发组织起来，创建了自己的购买体系。

例如，笔者调查的成立于 1972 年的"所泽生活村"就是 70 年代城市消费者为了购买安全放心的"有机农产品"而自发组建的民间团体。该团体是由家庭主妇白根节子（故人）带头发起的，最初名称为"所泽牛奶友之会"。白根是一位拥有两个孩子的妈妈，她之所以发起该团体的主要原因是因为她的女儿就读小学校时，当时的电视里天天爆料学校配餐所供应的牛奶质量存在问题。为此白根通过动员跟她住同一楼区里的家庭主妇们前往报纸上报道的先进奶牛场考察，创造了购买放心牛奶给孩子们饮用的可能。根据会员们的描述，白根很有社会活动能力，她自己打印宣传单，在她住的楼区里挨家挨户敲门走访，由此获得的会员最多时达到 300 多家，不过其中 95% 以上的会员是家庭主妇，上班族占的比重则较少。后来，她们的集中采购又从牛奶扩展到有机蔬菜、有机大米。以至持续到了今天，采购的有机农产品多达 300 种以上。①

如上所述，70 年代，日本城市消费者为了摆脱食品公害的困扰，获得真正安全的农产品，自发组织起来跟农户打交道。在当时，像"所泽生活村"这样的消费者组织在购买有机农产品时，下达订单、分销、核算等各个环节所产生的支出都是其成员义务承担。消费者的这些不计经济利益的行为，包括后来固定下来的去农户家体验、支援农业的"援农"，其意义已远远超出了其最初为获得安全农产品这一目的。而之所以这样做的最终目的是力求同农民建立超然于经济利益之外的"有机的关系"。

也就是说，1999 年日本政府正式确立有机农产品认证制度之前，提携型有机农业运动能够持续 20 多年的时间，与消费者的努力是分不开的。城市消费者在获取安全农产品的过程中，重新审视了被现代流通体系割裂的消费与生产、城市与农村的关系。而通过提携型有机农业运动，他们体会到了建立与生产者不计金钱利益、重建共存共荣关系所需要的付出，以及抗争隔离他们关心的食品流通体制中的艰辛与最终获得成功的喜悦。

但是，消费者主导的提携型有机农业运动虽然极力克服了工业化农业

---

① 对"所泽生活村"的采访调查从 2018 年 11 月至 2019 年 3 月。

中包含的消费者高于生产者、支配生产者的"不平等"关系，并且为此甚至约法三章，创立"提携"十大原则。然而，在提携型有机农业运动的开展过程中，消费有机农产品的城市消费者优越于农村有机农民的"不平等"体系却也不自觉地被重新构筑。以下我们将把目光转向从事有机农业生产的农民，考察其症结所在。

4. 提携型有机农业运动对农民与传统村庄的影响

（1）生活在农村社区与城市消费者夹缝之间的有机农户

提携型有机农业运动在日本的兴起并不能仅仅归功于城市消费者单方面的推动，同时更离不开"新式农民"的积极响应。所谓的"新式农民"，简单来说是指从事提携型有机农业生产的农民。他们世代生活在农村社区里，其父辈是深受工业化农业影响的现代农民。"新式农民"们不顾村里父老的反对，转行投身于有机农业。

对于农村土生土长的"新式农民"来说，从事提携型有机农业，其影响不仅在于引进新式农业这件事情本身，同时也是对村里父辈一代以及既有权威的挑战。在日本有机农业运动史上比较有名的山形县高畠町农民的实践，便证实了这一点。山形县高畠町的有机农业运动是农民自发组织的。[①] 该地区的青年团具有组织学习会的传统，他们通过组织学习会等形式逐步认识到20世纪60年代日本政府推行的工业化农业的弊端。例如，靠机械化、化肥、农药喂养的工业化农业迫使农民为这些物资负债累累，工业化农业并没有改变他们冬季远离妻小长期外出打工的命运等。而且日本政府1970年为了维持大米价格，通过推行农田调整政策限制水稻的种植面积，来束缚农民的手脚、影响他们的种田积极性。如此种种理由促使农民开始探索如何挣脱工业化农业，创立新的农业方式。

1973年，山形县高畠町青年团有机会听取筑地文太市（日本有机农业研究会发起人之一）讲解有机农业的相关知识后备受鼓舞，于同年自发组织了高畠有机农业研究会，正式开始了有机农业的相关实践。但是，不使用化肥、农业、除草剂，全靠人力的有机农业，在他们的父辈眼里，几乎

---

① 〔日〕青木辰司・松村和则編『有機農業運動の地域的展開―山形県高畠町の実践から―』，家の光協会，1991。

是在重复过去他们体验过的需要在泥土中滚爬而且消耗体力的原始农业。其他一些村民嘲笑这些挑战有机农业的"新式农民",说他们是在搞"勇气农业"(日语中"有机"和"勇气"发音相同)。

另外,在以水田耕种为主的农村社区里从事农业往往离不开其他村民的帮忙和协作,而"新式农民"却因从事有机农业有时不得不公开地与其他村民针锋相对。譬如 20 世纪七八十年代工业化农业全盛时期,日本各地都引入飞机喷洒农药,力求做到省时省力。飞机喷洒覆盖的区域较广,这对分布在各村落的有机农民而言非常不利。但是因为飞机喷洒得到了当地大多数农民的支持,因此占少数的有机农民考虑到需要在村子里继续生活下去的现实,并没有大张旗鼓地反对,有的只是在自家地头插旗帜以示反对。但在城市消费者看来,村里有机农民的这些行为则太显懦弱,他们主张有机农民应该向推行飞机喷洒作业的农协和地方政府提出公开抗议。如上文提到的"所泽生活村"的会长白根节子,当时就带领她的会员来到高畠町,躺在喷洒农药的飞机前,试图阻止飞机起飞;因为她们采购的有机大米 100% 来自这里。

此外,由于当时大家对"有机农业"的认识仅仅停留在不使用化肥、农药、机械等表面抽象的理念上,在最初的试行阶段,从事有机农业的"新式农民"付出了巨大的体力和心血。如不用化肥,就需要养牲畜获取有机肥;禁止使用农药,就需要农民自己去捉虫子等。因而,从事"提携型有机农业"的农民多采取小规模式综合经营。而且,从事有机农业,能否收获,收获多少,影响的不仅仅是"新式农民"的经济收入问题,还会直接影响到他们全家人的生活乃至生存问题。同时,根据"提携"的理念,生产者为了能跟消费者保持"面对面的沟通",需要将农产品送货上门;为了将新鲜的蔬菜等农产品及时送达消费者手中,他们不得不深夜出发开车几小时送到城里,由于睡眠不足和过度劳累,有的甚至倒在了送货的路上。①

根据"提携"十原则,消费者充分顾及生产者的初期经营困难,通过将农产品定价权返还给农民等方式,力求重建双方的互动关系乃至双方所背负的城市与农村的关系。但是,正如长期关注山形县高畠町事例的环境

---

① 需要补允的是,这种有机农民将新鲜农产品送货上门的"面对面的沟通"行为,随着日本宅急送在 2000 年以后的普及,除了近距离的配送以外,几乎消失殆尽。

社会学者松村和则所言，"提携"只是"神话"，它的原则是在城市消费者主导下创立的，它本身隐含着漠视农民生活空间（包括他们在传统村落中的处境）的陷阱。

在提携型有机农业运动开展过程中，消费者所关注的是获取真正安全的农产品，他们虽然也深入农村"援农"，但是这种"援农"也不过是蜻蜓点水似的，由于城市里工作的需要，大多数只能周末"援农"，而且有许多消费者以"孩子小需要照顾"、"没有下过地"等理由为借口避而远之，结果导致长期坚持"援农"的也就固定到消费者组织里的领导等个别人。但是从事提携型有机农业生产的农民却不管周末城里来不来"援农"的人员，都不得不起早贪黑下地劳动。因为不能喷洒除草剂等农药，他们需要比其他从事工业化农业的村民付出更多的体力劳动。由此原本日本的提携型有机农业所标榜的理念："超越工业化农业""自给自足""重建消费者与生产者、社会上人与人之间的有机关系""共存共荣""共担风险"等在执行过程中却成为消费者套在从事有机农业的农民脖子上的枷锁。

不过，在日本从事提携型有机农业的农民，除了在农村土生土长、受有机农业理念的感化开始转行的"新式农民"以外，还有出生在城市，考入大学获取高学历以后，主动放弃城市里的高薪工作，携妻儿迁移到农村，加入到农业生产的行列的"回归田园的新式农民"。笔者自 2003 年以来采访调查的茨城县八乡地区的有机农业运动就是其中最具有代表性的事例之一。①

（2）转入传统村落社区从事提携型有机农业的"外来户"

八乡地区的提携型有机农业运动开始于 1974 年，是由东京的消费者组织发动的。当时，日本大学生经历了 1968 年起源于东京大学的反对大学体制的罢课运动，以及反安保条约运动后，部分大学生对进入企业当一名温顺的公司职员失去了兴致，他（她）们向往基于自我独立的"共产"生活。于是不受体制约束、能跟自然打交道并将无农药的新鲜蔬菜直接交给消费者的"共产"组织，在东京周边地区应运而生。他（她）们因为行事激进与反对体制，往往被贴上"赤色（共产党）"的标签，当然，其中也不乏真

---

① 阁美芳：「有機農業運動における提携の現代的位相—茨城県八郷町を事例として」，『年報筑波社会学』（16），2004。

正的共产党人士。

八乡地区的这一"共产"消费者组织通称为"鸡蛋协会"。"鸡蛋协会"在八乡地区购买了自己的农场，出资召集常住农场的工作人员从事农业生产。其中就有这样一个典型的人物：U，毕业于东京农业大学。他考入大学的时候，学生运动已经接近尾声，但是他还是受到了学生运动氛围和思潮的影响。他在大学期间去水俣市考察，接触到了因身体弯曲变形不能正常行走的水俣病患者以及他（她）们的无农药农业，深受启发。大学毕业以后，他报名来到八乡"鸡蛋协会"农场，并成为常住农场的有机农业生产者代表之一。但是这些常住农场的生产者代表不久便也遇到了八乡地区飞机喷洒农药等问题，他们不但因集体到当地政府抗议而遭到周围村民的白眼，还为此夹在了城市消费者和本地其他村民中间，与山形县高畠町地区的有机农民一样左右为难。

到了1980年，常住农场的生产者代表U一家脱离农场，加入到八乡地区的寿村（化名）以从事有机农业，他力图以自己的实践证明有机农业在传统村落中推广的可能性及可行性。但是在寿村，U不但是外来户，而且村里其他村民都是依靠机械化和农药、化肥耕作；因此刚开始U在村里很受排挤。同时，在日本，即便是一般的外来户要想在村里扎根也需要"祖孙三代"的努力，更何况像U这种带有激进想法的外来户。所以，U在开始的几年里只能默默地跟在其他村民后面，主动参加村里的红白喜事和日常交往，而像除草、清理沟渎等集体劳动都要争先去干。

但是，就在U一家人的努力渐渐得到了村里人的认可，与村里乡亲融洽相处时，U又面临了新的考验。原来，寿村的山地被征用以建设高尔夫球场，而U的宅基地和农田也在征用范围之内。按照有机农业的理念，有机农业与大量喷洒农药的高尔夫球场是格格不入的，千叶县三芳村的有机农民曾在东京消费者的支持下，抵制村里山地被高尔夫球场征用，保住了他们多年耕种的有机农田。但是，U却妥协了。因为在村里的后山建高尔夫球场是寿村村民的集体决议，如果他独自为了有机农业而跳出来反对，那么自己为融入村里所作的一切努力就会付之一炬。

不过，U的让步和妥协也得到了其他村民的理解，他们开始将自家的旧机器折价给U，有的将自家产的小麦贱卖给U让他养鸡等。寿村村民虽然认为坚持有机农业的U是个"固执的家伙"，但是他们看到U并不将自己的见解和农业经营方式强加于他们，在农业经营上也比较卖力，反而称赞他是

"耕作的能手"。

U 所做的这些努力都是为了探求如何融入农村社区生活，以及在与当地农民同等的环境中，寻找实践提携型有机农业的可能性。然而，U 一家人在"鸡蛋协会"农场的经历，也让他们认识到提携型有机农业运动中存在的消费者对生产者指手画脚的现实。因此，U 脱离农场之后，开始重视寻找理解自己耕作理念的消费者，通过跟他们保持"援农"、送货上门等"提携"面对面的交流与沟通，力求实现自身与消费者的真正平等关系。

之后有一部分城市里向往有机农业的年轻人陆续到 U 家里来进修学习，而之前跟 U 一样常住"鸡蛋协会"农场的生产者们也走出了农场，进而融入八乡地区的其他村庄。由此渐渐的有机农业在八乡地区慢慢得以被认可。特别是在 1997 年，八乡当地农户加入率 100% 的农业生产者合作协会（简称八乡农协）在自己的直销箱里引入了有机蔬菜，受到了其城市消费者的青睐。1999 年，八乡农协正式设立有机农业栽培部，不仅吸收了地区原有的有机农民为会员，还设立了有机农业研修制度，培育新成员。如此一来，倘若有人想在八乡地区进修有机农业，除了可以找 U 等原有的有机农民以外，还可以选择八乡农协的研修制度进行学习。此外，八乡农协原有的销售体系也为刚刚从事有机农业的年轻人提供了一定的销售保障。

（3）从事提携型有机农业的"外来户"在农村社区的定位

如上所述，起始于 20 世纪 70 年代的八乡地区提携型有机农业运动，在 U 等先驱的努力和当地农协的推动下，获得了较快发展。农协培养会员时，要求他们必须接受政府的有机 JAS 认证。而跟八乡农协保持一定距离的 U 等提携型有机农民，则都是自己寻找"提携"消费者，他们并不通过 JAS 认证，而是通过"面对面的沟通"建立的信赖关系直销有机农产品；这两者的方式截然不同。

同时，提携型有机农业作为新生事物，与推广工业化农业的农协以及耕作现代农业的农民在生产和发展理念上也存在着格格不入之处。比如，从事有机农业的"新式农民"多为外来户，没有自己的祖传土地，只有跟当地村民融洽关系才能租借到土地。在日本，土地为个人的私有财产，但农田因为其水利以及耕作上需要大家互利互助等集体性行为，赋予了土地"村落总有"的性质。因此，即使是自家土地的出租买卖，有时也需要咨询同村其他村民的意见。除此之外，日本二战后破除封建制度、进行土地改革时，曾经出现过地主和雇农争抢插秧的现象。因为地主们熟知，日本自古就有耕作权优越于地权的见解；即使是自己拥有该土地的地权但是如果多年没有耕种，在地皮划分时也会于己不利。正是由于这些日本固有的历史和社会背景，像出租土地这样的简单行为在日本有时也难以轻易实施。这也造成了从事有机农业生产的外来户租借土地困难的问题。这种情况不仅在笔者调查的八乡地区，在整个日本都很普遍。

而通过观察这些在八乡地区落户的有机外来户会发现，当地村民租借给他们的多是没有经过土地调整、无法靠水利或机械化耕作的相对劣质的土地。有机农民耕种靠雨水浇灌的梯田，或耕种当地村民因经济收益低而抛弃的地表不平整的旱田。从这些耕地租借的情况也可以看出，有机外来户入住八乡地区的背后，是"村庄歧视"的存在，即有机外来户甘于被当地村民视为村里的"二等公民"。

但有意思的是，U 等有机外来户，对原住村民的"村落歧视"不以为然。他们说，他们租借的那些靠雨水浇灌的梯田，以及当地村民因经济收益低而抛弃的地表不平整的旱田，都远离当地村民的农田，因而不会受村民农药喷洒的影响，正有利于有机农业。也正是当地农民与"回归田园的新式农民"农业价值观的截然不同，也才使得八乡地区有机在"村庄歧视"中能不断壮大。截至 2019 年 3 月份，据笔者调查，到八乡地区定居从事有机农业的已超过 40 户。这个数字，在日本各地农村多因人口递减问题而头痛的今天，不仅仅表明了八乡地区农业的欣欣向荣，也为日本农业、农村的未来发展方向提供了参考系数。[1][2]

5. 结语

提携有机农业运动与政府公认的 JAS 认证型最大的不同是，它是靠生产者与消费者"面对面"交流维持信任关系所维系的。即便是在政府推动的产业型有机农业不断壮大的今天，日本"提携型有机农业运动"也并没有失去它存在的社会学意义。

比如，2011 年 3 月 11 日东日本大震灾以及福岛核电站事故后，笔者采

---

[1] 闫美芳：「新規参入する有機農業者と既存村落との共存可能性－茨城県石岡市八郷地区の取り組みを事例として」，『ソシオロジ』54 巻 2 号，2009。
[2] 对茨城县八乡地区的社会调查时间为 2003 年 6 月至 2019 年 3 月。

访调查的茨城县有机农户首当其冲受到了极大的影响。不但其生产的农产品跟普通农户一样被禁止上市，就连一直以来靠消费者与生产者面对面交流维系的基于双方"信赖"关系的有机农产品产品"安全"，也受到了新的挑战。因为出于对安全的顾虑，许多消费者都纷纷转向从关西地区购买有机农产品。笔者震灾后，2011年6月到茨城县八乡地区采访调查时了解到，八乡地区的有机农户2011年"3·11事件"以后平均丢失了30%的客户，有两户刚刚起步的年轻夫妇放弃了从事有机农业，另外还有一对从事有机农业的年轻夫妇搬到了没有核辐射污染的长野县。

不过，让笔者颇有感触的是，即使是面对核辐射污染的挑战，提携型有机农业运动的绝大多数都没有放弃：茨城县九成以上的有机农民并没有放弃继续从事有机农业生产，而且与他（她）们"提携"的许多城市消费者也没有完全放弃继续食用茨城县的有机农产品①。不仅如此，提携型有机农业运动的双方还将抗争的矛头进一步指向日本原子发电股份有限公司旗下的位于茨城县东海村的第二原子发电站，诉讼运动一直持续到今。像这样站出来力图为"改造社会"进行"抗争"的，不仅包括在茨城县从事提携型有机农业的生产者和与他（她）们"提携"的城市消费者，还包括受核辐射影响最严重的福岛县、千叶县、栃木县、山形县等开展提携型有机农业的生产者和与他（她）们"提携"的城市消费者。

日本环境社会学者桝潟俊子曾这样总结日本的提携型有机农业运动：有机农业追求的不仅仅是超越现代农业耕种方法的技术性问题，也不仅仅是单纯的强调禁止使用农药与化学肥料，它的生产方式与生产技术中还包含"物质、生命循环的原理"。通过"提携"的方式，消费者试图跟有机农民构筑"基于生命原理"的人与人之间的友好互助关系，而不是单纯基于"经济原理"的商品买卖关系。正因为日本的提携型有机农业运动扎根于生命原理，在开展的过程中，不仅仅影响了日本的农耕技术、生活方式、资源利用问题，还涉及环境污染、地域社会振兴、核辐射污染等更广阔的领域，它是消费者跟农民通过"提携"过程进行的，是对近代化、产业化以及个人生活方式的深刻反省和不断改造自我的运动。②

---

① 当然，"提携"双方并没有盲目地相信食品安全。比如，八乡地区的有机农户"3·11事件"以后，自掏腰包到筑波大学、生协等机构测试核辐射污染程度，在确认食品安全后，才开始向"提携"消费者配送农产品。

② 〔日〕桝潟俊子：『有機農業運動と〈提携〉のネットワーク』，新曜社，2008。

可见，提携型有机农业运动内含的是：改造社会，反对仅仅将农产品视为商品，以及重建人与人、人与自然、人与社会关系的运动理念与思想。"提携"为以日本市民为主体的有机农业运动铸魂，是日本有机农业运动不断壮大的思想动力。通过本文的考察也可以看到，提携型有机农业运动所提倡的反对将农产品视为商品的理念，与日本政府推动的最大限度增加农产品附加值的产业型有机农业是格格不入的。提携型有机农业运动，一直坚持"农产品＝生命之源"的底线，不管是城市里的"提携"消费者，还是在农村社区土生土长的"新式农民"，以及那些从城市携妻带子"回归田园的新式农民"；他（她）们的实践中都包含有反对将食品工业化、商品化、"去生命化"的思想。而且，正因为提携型有机农业具有"改造社会"等深度的思想和理念，在社会问题萌生的时候，才会随之生成"抗争"的市民草根力量，以及探问"何为发展，何为富足，何为正确的社会走向"的市民主体。

Environmental Sociological Study of the Organic Agriculture Movement （*Teikei*） in Japan： from a case study between Organic Farmers and Consumers

Abstract：In the 1960's，Japan was faced with serious environmental pollution，such as *Minamata*disease. The Organic Agriculture Movement in Japan started in the 1960's，which took a unique form，*Teikei* （an alternative distribution system between farmers and consumers based on mutual understanding）. *Teikei*also promoted a new form of social system.

Form 1989，the Japanese government began to promote organic agriculture，and some researchers think it's the continuation of the Organic Agriculture Movement （*Teikei*）. In this paper，the organic agriculture promoted by the Japanese government in which the producer must receive organic certification from JAS is considered as organic agriculture （*agri-business*）. As added value of the organic product is the foremost pursuit of the organic agriculture （*agri-business*），I consider that we should distinguish the two "organic agriculture movements". The organic agriculture (*Teikei*) suggested the reconstruction and the re-discover of thesociety. This conclusion is based on a case study between organic producers and consumers in Japan.

Keywords：the organic agriculture movement；*Teikei*；the organic agriculture movement （*Teikei*）；the organic agriculture movement （*agri-business*）

明治时期日本女子中等教育制度特点解析

——以《高等女学校令》为中心

伍　涵　何　玮[*]

【摘　要】1899 年《高等女学校令》的出台对明治时期日本女子中等教育制度的形成起到了举足轻重的作用，同时也对贤妻良母女子教育理念的确立起到了推波助澜的作用。本文聚焦《高等女学校令》，分析其诞生的历史背景，考察其规定的课程内容，并将其课程设置与面向男子的一般中学校的课程设置进行对比研究，探讨《高等女学校令》中隐含的男女教育的差异性，解析了明治政府试图通过女子教育赋予"女性"的社会性别角色。

【关键词】《高等女学校令》　贤妻良母　女子教育　社会性别

1. 引言

贤妻良母女子教育理念是近代日本女子教育的指导思想。它虽包含一定的封建色彩，但对近代日本女子教育的发展有着不可或缺的重要作用。同时，贤妻良母女子教育理念对于近代日本女性形象的塑造也产生了巨大影响。1899 年 2 月，明治政府针对女子中等教育，颁布了名为《高等女学校令》的法令。该法令对于贤妻良母女子教育理念的形成具有标志性意义。

据笔者所知，针对《高等女学校令》本身开展的研究十分有限。因此，本文聚焦《高等女学校令》，对近代日本贤妻良母女子教育理念的内容进行

---

* 伍涵，华东理工大学外国语学院日语语言文学专业在读硕士。何玮，华东理工大学外国语学院副教授，主要从事中日思想文化比较研究、社会性别研究及近代女子教育。

考察，并试图探究明治政府对"女性"这一社会性别角色的书写。

由于篇幅所限，笔者仅对相关的主要研究进行梳理。最早关注该问题的是日本学者深谷昌志。1964 年，他在《贤妻良母主义的形成过程——以高等女学校令为中心》一文中，首先介绍了 19 世纪 90 年代的女子教育论，追溯了贤妻良母主义出现的源头，认为《高等女学校令》的发布标志着贤妻良母女子教育理念的确立。同时，他着重分析了《高等女学校令》颁布后日本全国女子中学校的设置情况，考察了贤妻良母女子教育理念向日本全国渗透的状况。① 1998 年，梅村佳代在《高等女学校成立的思想基盘——以女子教育论分析为中心》② 一文中，整理分析了 19 世纪 90 年代的女子教育论，并将女子中学校和一般中学校的课时数进行对比研究，但并未据此进行深入考察。

中国学者张德伟、徐蕾在 1996 年《日本儒教的贤妻良母主义女子教育观及其影响》一文中，首次对日本的贤妻良母女子教育理念进行解析。在该文中，作者概览了日本从明治时期到二战结束后的女子教育观，分析了儒教色彩浓厚的贤妻良母主义随着时代的发展充实自身内涵并不断指导女子教育的过程。③ 李卓在《近代日本女性观——良妻贤母论辨析》一文中，分析了贤妻良母主义的发展历程，并考察了其具体内容，在此基础上探讨了中日贤妻良母主义的根本差异。④ 胡澎在《从"贤妻良母"到"新女性"》一文中着重分析了贤妻良母主义对近代日本社会的影响，并指出了这一教育思想的进步性和局限性。⑤

总的来说，《高等女学校令》的颁布对于贤妻良母女子教育理念的形成具有标志性意义，但聚焦该法令的研究十分有限。因此，本文着重探讨《高等女学校令》所规定的具体内容，据此剖析近代日本贤妻良母女子教育理念的特点，并追问日本明治政府对"女性"这一社会性别角色的塑造。

① 深谷昌志：『良妻賢母イデオロギーの形成過程——高等女学校令を中心として』，『東京教育大学教育学研究集録（通号 3）』，東京：東京教育大学大学院教育学研究科，1964，第 47–59 頁。
② 梅村佳代：『高等女学校令成立の思想的基盤——女子教育論分析を中心として』，『教育と思想（日本女性史論集 8）』，東京：吉川弘文館，1998，第 159–194 頁。
③ 张德伟、徐蕾：《日本儒教的贤妻良母主义女子教育观及其影响》，《东北师大学报（哲学社会科学版）》1996 年第 4 期，第 88–92 页。
④ 李卓：《近代日本女性观——良妻贤母论辨析》，《日本学刊》2000 年第 4 期，第 80–96 页。
⑤ 胡澎：《从"贤妻良母"到"新女性"》，《日本学刊》2002 年第 6 期，第 133–147 页。

2. 贤妻良母女子教育理念诞生的时代背景

1868 年后，进入明治时代的日本开始积极学习西方文明，谋求发展。为了实现"富国强兵、殖产兴业、文明开化"的总目标，明治政府积极引入和学习西方的教育制度，实行教育改革，以培养人才建设国家。明治政府于 1872 年 8 月颁布日本首个规定近代学校制度的教育法令——《学制》。《学制》中明确规定："自今以后必令一般人民、豪门贵族、士农工商及女子，邑无不学之户，家无不学之人。"① 由此能够看出明治政府试图推广学校教育的决心。1899 年 2 月，明治政府颁布《高等女学校令》，首次区别于面向男子的一般中等教育，特别规定了面向女子开展中等教育的具体内容。

随着时代的变迁，贤妻良母女子教育理念的内涵也在不断发生变化。其基本内容，是指培养堪当丈夫的好妻子、孩子的好母亲的女性。然而，在《高等女学校令》颁布之前，明治政府对女子教育采取的是顺其自然、任其发展的态度，并未对女子教育进行特别的明文规定。因此，《高等女学校令》的颁布，对贤妻良母女子教育理念的诞生具有标志性意义。明治政府为何开始重视并着手发展女子教育？其时代背景为何？

2.1 中日甲午战争、日俄战争的影响

1894 年 7 月开始的中日甲午战争持续了近一年的时间，以中国的战败告终。1904 年开始的日俄战争更是持续了一年多的时间，虽然日本最终取得胜利，但战争给日本社会带来了巨大的冲击。由于中青年男性被大量派往战场，导致留守家中的只剩下女性、老人和孩子。在一个家庭中，养育孩子、照顾老人的重任落到了女性身上。而没有接受过教育的女性缺乏培养孩子的能力，并且无力支撑艰难的生活。为了保障战时人才培养不出现断层，给予女性生活的信念，普及女子教育成为明治政府刻不容缓的战争对策。②

① 日本文部科学省：《学制百年史》，2019 年 2 月 20 日，http://www.mext.go.jp/b_menu/hakusho/html/others/detail/1317943.htm。

② 参考深谷昌志『良妻賢母イデオロギ‐の形成過程——高等女学校令を中心として』，『東京教育大学教育学研究集録（通号 3）』，東京：東京教育大学大学院教育学研究科，1964，第 50 页。

另外，中日甲午战争后，日本民众普遍认为中日两国教育普及的差距是导致战争胜败的原因之一。[①] 教育的普及与国家的发展息息相关，这一思想在日本国内蔓延开来，使得日本政府开始重视原本被忽视的女子教育，并深化女子教育改革。此外，日本在中日甲午战争后，与中国签订《马关条约》，获得了2亿两白银的巨额赔偿金。这份赔偿金的大部分被用于军备扩张，但明治政府于1899年3月出台《教育基金特别会计法》[②]，其中规定政府应从赔偿金中拿出1000万日元用作教育经费，这大大促进了日本国内各项教育事业的发展，其中也包括女子教育。

2.2 修订不平等条约带来的影响

进入明治时代后，明治政府开始着手修订江户幕府与西方诸国缔结的不平等条约。日本政府不但要废除屈辱的条约，同时也要争取与西方国家同等的国际地位。这一过程历时40年之久，其主要成果包括以下两点：一是成功废除了治外法权，从1899年开始，停止划分外国人居留地，外国居民开始与日本居民混居在同一片生活区域；二是于1911年取得了关税自主权，日本从此成为名副其实的独立国家。[③]

修订不平等条约后，按照规定，外国人可以在日本居住、自由出行、进行经济活动，这使得大量外国人涌入日本，给日本社会带来了冲击。外国人的宗教信仰是否会对日本天皇至上的国体产生不良影响？当时的社会舆论对此产生了非常激烈的讨论。基督教信徒积极开展布教活动，导致日本国内的基督徒不断增加。倘若基督教信仰进一步渗透，日本国民的精神世界会不会被其侵占？日本是否会在不知不觉中从内部被逐步瓦解？这些担忧使得日本国内人心惶惶。没有受过教育的女性判断力相对低下，更容易成为基督徒。而当女性成为基督徒时，其子女也会在潜移默化中受到基督教的影响。因此，发展女子教育是修订不平等条约后的必

---

① 李卓：《近代日本女性观——良妻贤母论辨析》，《日本学刊》2000年第4期，第83页。

② 日本文部科学省：《教育基金特别会计法》，2019年2月20日，http://www.mext.go.jp/b_menu/hakusho/html/others/detail/1317649.htm。

③ 维基百科：条约改正，2019年2月20日，https://ja.m.wikipedia.org/wiki/%E6%9D%A1%E7%B4%84%E6%94%B9%E6%AD%A3。

然结果。①

另外，在《高等女学校令》颁布以前，由于没有正式的法令规定，女子中学校的规格没有明确标准，数量上也屈指可数。当时能够称得上是女子中学校的，日本全国仅有 136 所。其中公立学校仅有 23 所，而基督教女子学校有 71 所，占比高达 52.2%。② 在外国人大量涌入日本的情况下，基督教学校的数量会进一步增加。而基督教女子学校的教学以基督教教义为基础，培养出的女学生也基本会成为基督徒。明治政府对此状况不得不采取措施，要将女子教育掌握在政府可控的范围之内。通过政府控制下的女子教育，充分激发女性的国粹主义和忠君爱国思想，培养其民族意识。因此，制定针对女子教育的明确法令，成为明治政府必不可缺的重要举措。

2.3　工业革命的发展

19 世纪末期，日本的工业革命开始于棉纺织业。随着轻工业的发展，工厂对女性劳动力的需求不断增加。

表 1　明治 30 年代至大正时期女性就业率

单位：%

西历	年代	10 – 14 岁就业率	15 – 19 岁就业率
1898	明治 31 年	47.39	85.74
1899	明治 32 年	46.76	65.72
1900	明治 33 年	46.24	65.65
1901	明治 34 年	45.75	65.56
1902	明治 35 年	45.07	65.45
1903	明治 36 年	44.28	65.36
1904	明治 37 年	43.56	65.31
1905	明治 38 年	42.41	65.26
1906	明治 39 年	41.69	65.21

---

① 深谷昌志：『良妻賢母イデオロギーの形成過程——高等女学校令を中心として』，『東京教育大学教育学研究集録（通号 3）』，東京：東京教育大学大学院教育学研究科，1964，第 51 頁。

② 深谷昌志：『良妻賢母イデオロギーの形成過程——高等女学校令を中心として』，『東京教育大学教育学研究集録（通号 3）』，東京：東京教育大学大学院教育学研究科，1964，第 51 頁。

续表

西历	年代	10－14 岁就业率	15－19 岁就业率
1907	明治 40 年	41.46	65.13
1908	明治 41 年	40.01	65.04
1909	明治 42 年	36.32	64.86
1910	明治 43 年	32.37	64.77
1911	明治 44 年	31.14	64.63
1912	大正 1 年	30.61	64.49
1913	大正 2 年	30.37	64.36
1914	大正 3 年	30.22	64.25
1915	大正 4 年	30.14	64.17
1916	大正 5 年	29.99	64.12
1917	大正 6 年	29.04	64.07
1918	大正 7 年	27.62	63.97
1919	大正 8 年	26.56	63.81
1920	大正 9 年	25.53	63.61

资料来源：根据梅村又次等：《労働力（長期経済統計 2)》，東京：東洋経済新報社，1988，第 82 页，表 9－3，学歴層有業者の推計：（B）女子整理。

表 2　明治 30 年代至大正时期女性劳动力总数

单位：人

西历	年代	女性劳动力总数
1906	明治 39 年	9920100
1907	明治 40 年	9963600
1908	明治 41 年	9982400
1909	明治 42 年	9944600
1910	明治 43 年	9905600
1911	明治 44 年	9886600
1912	大正 1 年	9891000
1913	大正 2 年	9906300
1914	大正 3 年	9916600
1915	大正 4 年	9923000
1916	大正 5 年	9988000
1917	大正 6 年	10031600
1918	大正 7 年	10039000

续表

西历	年代	女性劳动力总数
1919	大正 8 年	10034700
1920	大正 9 年	10270400

资料来源：根据梅村又次等：《劳働力（長期経済統計 2）》，東京：東洋経済新報社，1988，第 204 - 207 页，表 8，男女·産業別内地人有業者数，1906 - 1920 年整理。

19 世纪 90 年代（明治三十年代）开始，不同年龄层的女性就业率就已然居高不下（见表 1）。按照年龄区分，10 - 14 岁的女性就业率虽然在大正时期有所下降，但在明治后期基本稳定在 40% 以上，而 15 - 19 岁的女性就业率更是保持在 65% 左右。可以说处于这两个年龄层的女性，半数都参与了社会工作。女性劳动力总数也逐年增加（见表 2）。进入社会工作的女性数量的不断增长，反映了日本社会对于女性就业的包容度提高，以及女性就业积极性的高涨。

概言之，市场对女性劳动力的需求，打破了传统女性局限于家庭的活动范围，她们开始走出家庭进入社会，女性就业成为普遍的社会现象。女性就业率的增加，提高了女性具备基本知识素养的社会需求，进一步推动了女子教育的发展。

不仅如此，随着工业革命的发展，日本社会需要的职业种类也丰富多彩起来。从接线员、保姆、店员等职业到教师、医生等专业工作，女性职员都不断增加。这些职业要求女性具备基本的识字和计算能力，教师和医生等工作更是要求更高的知识水平。总的来说，工业革命带来了女子劳动力数量的增多和女子职业种类的丰富，女子教育也相应发展起来。另外，在战争的影响下，丈夫被派往战场，独自留守在家的女性需要靠自己养家糊口。为了维持生活，她们不得不抛弃原来的生活方式，进入社会工作。女性"被迫"进入社会，知识成为必备的素养，这同样促进了女子教育的发展。

总之，在上述时代背景下，明治政府需要大力发展女子教育。出台相关法令，已然成为刻不容缓的必然举措。

3. 《高等女学校令》的颁布及内容

3.1 《高等女学校令》的颁布

1885 年，森有礼出任日本首任文部大臣。森有礼非常重视国家发展与教育之间的关系，他曾在教育方针相关意见书中强调，"当今我国若欲同列国不相上下，永固伟业，必令国民志气得到培养发展，此乃根本之法"①。森有礼主张重视教育是为了国家的发展和繁荣昌盛。同时，他也非常关心女子教育的振兴，其目的同样在于国家兴盛和富强。1887 年秋，森有礼在一次演说中谈道："国之富强根本在于教育，教育之根本在于女子教育。勿忘女子教育之成败关乎国家之安危。女子教育最为紧要之目的在于培养其顾念国家的精神。"② 这次演说充分体现了森有礼对女子教育的重视。翌年，森有礼在东京高等女学校毕业典礼上的演讲中再次强调，国民的性格和智慧与其母亲的养育息息相关。为了培养"贤良的慈母"，国家必须大力发展女子教育。③ 然而，1889 年，随着森有礼的辞世，高等女学校相关法案的制定也就此被搁置。直到 1891 年，文部省颁布《中学校令改正案》，首次规定"女子中学校旨在为女子提供必要的中等普通教育，属于一般中学校的一种"④。它虽然是第一个对女子中等教育进行规定的法令，却并未对授课内容、教育年限等进行具体阐述。1895 年，文部省颁布《高等女学校规程》，其中规定了女子中学校的学科设置、科目内容、教育年限等内容，但没有涉及科目内容的深浅、学校的建设标准等，此后也未再进行补充说明。因此，《高等女学校规程》的颁布未能对女子教育产生实质性的推动作用。

1899 年 2 月，文部省颁布《高等女学校令》，并在同年 2 月颁布《高等女学校编制及设备规则》及《高等女学校学科及其程度相关规则》，对女子中学校的学科设置、科目内容、教育年限、教员聘用、学校建设等细节部分进行了详细的补充说明。1901 年 3 月，文部省再次颁布《高等女学校令施行规则》，对学科设置和科目内容进行了小规模的调整。这些补充细则共同构成了《高等女学校令》。

---

① 日本文部科学省：『森文相と諸学校令の公布』，http://www. mext. go. jp/b_ menu/hakusho/html/others/detail/1317609. htm，2019 年 2 月 20 日。
② 日本文部科学省：『森文相と諸学校令の公布』，http://www. mext. go. jp/b_ menu/hakusho/html/others/detail/1317609. htm，2019 年 2 月 20 日。
③ 日本文部科学省：『森文相と諸学校令の公布』，http://www. mext. go. jp/b_ menu/hakusho/html/others/detail/1317609. htm，2019 年 2 月 20 日。
④ 文部省教育調査部：『高等女学校関係法令の沿革』，東京：文部省教育調査部，1941，第 23 页。

3.2 《高等女学校令》的主要内容

《高等女学校令》的第一条规定了女子中学校的教育目的："女子中学校旨在为女子提供必要的中等普通教育。"① 法令及其补充细则具体规定了女子中学校的资金补助来源、位置选取、学科教材、人员编制、职员俸禄、学校设施、学校停办等各项事宜。学校面向的教育主体是学生，课程设置是学校教育中最为重要的环节。因此，本节将对《高等女学校令》所规定的学科设置及科目内容进行具体分析。

《高等女学校令》中规定，女子中学校为 4 年制，每年的教学周期在 40 周左右，每周限制在 30 课时之内。女子中学校的必修科目包括 12 门课，分别是修身、国语、外语、历史、地理、数学、理科、家务、裁缝、绘画、音乐、体操。针对各个课程的具体内容，《高等女学校令施行规则》中也做了具体阐述。值得一提的是，修身、历史、家务、裁缝这四门课程的内容颇具特色。

修身课程的教学内容是"以教育敕语的主旨为基础，培养学生的道德思想，陶冶学生的情操，旨在授与中等以上社会的女子以必要的品格。推行并嘉奖实践躬行，培养学生日常生活中佳言善行的基本道德。必令学生深刻认识自己于家庭、社会和国家的责任及义务"②。修身课程主要是为了培养学生的基本道德修养，同时，课程内容中强调了教育对象是中等以上阶层的女性，由此可以推断，接受女子中等教育的女性也集中在这个阶层。而"必令学生深刻认识自己于家庭、社会和国家的责任及义务"也是修身课程的重要组成部分。这反映出明治政府有意识地培养女学生的忠君爱国意识和对家庭及社会的责任感。历史课程旨在"授以学生历史上的重大事件、社会的变迁、文化的由来。必详细阐释我国的发达来自于国体的特殊性"③。历史课程中，除去一般的历史知识外，对于日本"国体"的强调引

---

① 文部省教育調査部：『高等女学校関係法令の沿革』，東京：文部省教育調査部，1941，第 23 页。

② 文部省教育調査部：『高等女学校関係法令の沿革』，東京：文部省教育調査部，1941，第 23 页。

③ 文部省教育調査部：『高等女学校関係法令の沿革』，東京：文部省教育調査部，1941，第 23 页。

人关注。日本的"国体"特指日本国天皇至上的政治体制。① 通过历史课程强调日本政体的特殊性，宣传天皇至上主义，从小培养女性的国粹主义思想，也成为女子教育的具体实践环节。家务课程旨在"授以家务整理上的必要知识，培养其勤勉、节俭、有序、周密、清洁的美德"②；裁缝课程旨在"授以裁缝相关的知识技能，同时培养其节约利用的习惯"③。这两项注重生活实践的课程，在教授家务整理、穿针走线等成为贤妻良母所必需的基本知识之外，再次强调了勤勉节俭等美德的重要性。可以看出，明治政府对于女性的品德培养极为看重。不仅如此，仅针对女性设置家务、裁缝等家政课程，这反映出了女子教育的性别特点。

总的来说，从课程的具体内容可以看出，明治政府重视品德教育，致力于培养学生的忠君爱国思想。此外，特别要指出的是，家务和裁缝课程的设置是针对女性的举措，是贤妻良母女子教育理念的直接反映。

4. 从《高等女学校令》看明治政府对"女性"这一社会性别的书写

4.1 女子中学校与一般中学校的课程比较

尽管家务课程和裁缝课程反映出当时女子教育的性别特点，但要具体分析其区别于男子教育的差异性和特征，必须将女子中学校与一般中学校的教育规定进行对比研究。

1891 年颁布的《中学校令改正案》中规定，一般中学校的办学宗旨是"旨在为男子提供必要的中等普通教育"④。这与《高等女学校令》中规定的办学目的仅一字之差，使得两条法令之间更具可比性。本文选取 1901 年 3 月颁布的《高等女学校令施行规则》与 1901 年 3 月新颁布的《中学校令

---

① 维基百科：『国体』，https://ja. m. wikipedia. org/wiki/% E5% 9B% BD% E4% BD% 93，2019 年 2 月 20 日。

② 文部省教育调查部：『高等女学校关系法令の沿革』，东京：文部省教育调查部，1941，第 23 页。

③ 文部省教育调查部：『高等女学校关系法令の沿革』，东京：文部省教育调查部，1941，第 23 页。

④ 日本文部科学省：『中学校令施行规则』，http://www. mext. go. jp/b_ menu/hakusho/html/others/detail/1318035. htm，2019 年 2 月 20 日。

施行规则》，并抽取其中关于课程设置的规定，对二者进行对比分析。

首先，女子中学校与一般中学校的修业年限分别为 4 学年和 5 学年。其次，修身、国语、外语、历史、地理、数学、理科、家务、裁缝、绘画、音乐、体操这些课程，作为女子中学校必修科目的 12 门课，从整体结构而言，可以分成"通识教育"、"专业教育"和"家政学教育"三部分（见表3）。而一般中学校的课程中不包括家务和裁缝这两门"家政学教育"课程，同时增设博物和法制经济这两门"专业教育"课程（见表4）。

表3　女子中学校的课程设置状况（周课时数）

单位：课时，%

课程名称		四年修业年限内周课时数合计	合计	比例
通识教育	1. 修身	8	32	28.57
	2. 绘画	4		
	3. 音乐	8		
	4. 体操	12		
专业教育	5. 国语	22	60	53.57
	6. 外语	12		
	7. 历史地理	11		
	8. 数学	8		
	9. 理科	7		
家政学教育	10. 家务	4	20	17.86
	11. 裁缝	16		
	合计	112	112	100

资料来源：根据文部省教育调查部：《高等女学校関係法令の沿革》，東京：文部省教育调查部，1941，第21页整理。

表4　一般中学校的课程设置状况（周课时数）

单位：课时，%

课程名称		五年修业年限内周课时数合计	合计	比例
通识教育	1. 修身	5	27	18.49
	2. 绘画	4		
	3. 唱歌	3		
	4. 体操	15		

续表

课程名称		五年修业年限内周课时数合计	合计	比例
专业教育	5. 国语	33	119	81.51
	6. 外语	34		
	7. 历史地理	15		
	8. 数学	20		
	9. 博物	6		
	10. 物理化学	8		
	11. 法制经济	3		
合计		146	146	100

资料来源：根据日本文部科学省：《中学校令施行规则》整理，http：∥www. mext. go. jp/b_ men-u/hakusho/html/others/detail/1318040. htm，2019 年 2 月 20 日。

在女子中学校中，"家政学教育"的设置充分体现了当时女子教育的性别特点。为期 4 年的修业年限中，家务和裁缝两门课程的占比达到了17.86%，这意味着女学生们要拿出将近 1/5 的时间来学习家政课程。这两门家政课程注重实践，结合课程内容中对于勤俭节约等美德的强调，可以看出培养一个具备基本家政技能，并且懂得如何持家的贤妻良母，是中等女子教育中非常重要的组成部分。同时，开办家政学课程也是试图在潜移默化中将女性与家政管理之间构架出必然联系，让女性对家庭和育儿自然产生责任感。这是隐藏于"家政学教育"中更为深层的含义。

不仅是不同的课程设置之间存在差异性，针对同一课程，其教育内容的深度和广度方面同样存在明显的性别之差。如表 3、表 4 中所示，女子中学校在 4 年修业年限，共计 112 个课时的情况下，修身课程的周课时数合计有 8 个课时，而一般中学校在 5 年修业年限，共计 146 个课时的前提下，修身课程却只有 5 个课时。从比例上来看，后者甚至少于前者的一半。联系到修身课程的主要内容是培养道德思想，陶冶情操，可见相对男子的品德教育来说，明治政府对于培养女子的身心道德更为重视。

此外，这种性别差异也体现在具体的课程安排上。从授课内容来看，女子中学校的国语课程占据最多课时，紧随其后的就是裁缝课这一家政课程。而一般中学校则是外语和国语课程占了最大比例。国语课程的目的是"旨在培养学生了解一般的语言文章，能进行正确且自由的思考，提高其文学修养和思维能力"，所使用的讲义为当时当代的文章。① 可以说国语课程是学习其他课程的基础。而裁缝课程在女子中学校中占据重要位置，体现出了对于女性来说，家政知识的掌握要优先于其他知识。值得一提的是，根据《高等女学校令》的规定，女子中学校中的外语课程属于"任意科目"，若该女子中学校没有外语教员，则可以不设外语课程。与此相较，一般中学校对外语教育的重视反映出明治政府致力于培养男性的对外交流和社交能力，而这种能力对女性来说则被认为是不必要的。对比来看，这里也蕴含着"男主外，女主内"的贤妻良母主义教育理念。

概言之，女子中学校的课程设置中将"家政学教育"与"通识教育""专业教育"相结合，与一般中学校相比，在教学内容及教学课时数量方面也存在男女差别，这些都反映出当时贤妻良母女子教育理念的特点。而这些特点，同时也包含着明治政府对"女性"社会性别的书写方式。

4.2 明治政府对"女性"这一社会性别的书写

将所有教学科目分为"通识教育""专业教育"和"家政学教育"后，通过女子中学校与一般中学校的课程对比可以明显看出其共性和差异性（见图 1）。从表 3、表 4 中可以看出，修身、绘画、音乐、体操属于"通识

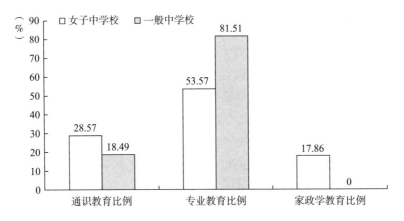

图 1　女子中学校与一般中学校课时数比较

资料来源：根据文部省教育调查部：《高等女学校关系法令的沿革》，东京：文部省教育调查部，1941，第 21 页，及日本文部科学省：《中学校令施行规则》，2019 年 2 月 20 日，http://www.mext.go.jp/b_menu/hakusho/html/others/detail/1318040.htm 整理。

---

① 文部省教育调查部『高等女学校関係法令の沿革』，东京：文部省教育调查部，1941，第 23 页。

教育"，国语、外语、历史地理、数学、理科（物理化学）和法制经济属于"专业教育"，而女子中学校独有的家务和裁缝课程则属于"家政学教育"。

女子中学校与一般中学校的共性表现在占比最高的均为专业教育，而通识教育排在其次。这里面包含着西方教育制度的影响。作为二者之间的共性，普及近代科学知识的专业教育是男女中等教育的重心。另外，两性之间在中等教育方面存在的结构性差异也一目了然。一般中学校的教育对象是男子，其教育科目中不含"家政学教育"，因此，"家政学教育"成为女子中等教育的一大特色。女子中学校中的家政学教育占比接近 1/5，相应地，其通识教育和专业教育的比例也会减少。值得注意的是，从图 1 中可以看出，女子中学校的专业教育的比例低于一般中学校，而通识教育的比例却高于一般中学校。换言之，从通识教育和专业教育所囊括的科目来看，女子中学校中修身、绘画、唱歌、体操的课程占比接近 1/3，专业教育占比一半以上。而一般中学校中，不仅没有家政学教育，而且其通识教育的占比不足 1/5，专业教育的占比超过 4/5。这一差异说明，一般中学校大幅倾向于专业教育课程，作为代价，也降低了男子接受通识教育的程度。与之相较，女子中学校虽然也将专业教育作为核心课程，但同时也没有忽视通识教育课程，甚至有在两类课程之间力求平衡的趋势。从这一现象可以看出，男子对于专业教育需要投入更多的时间和精力，而对于女性而言，通识教育和家政学教育同样是其受教育的核心内容。

通过将《高等女学校令施行规则》和《中学校令施行规则》进行对比，不难看出不论是课程设置、教学内容还是教学课时数和课时占比，都存在不容忽视的男女差别。将"女性"定位于家庭，加强道德教育的同时，向她们普及近代科学知识，这正是明治政府重塑"女性"并赋予她们新的社会性别角色的特点所在。

5. 结语

本文以《高等女学校令》为中心，重新解析了明治时期日本女子中等教育制度的特点。

具体而言，本文首先对《高等女学校令》诞生的时代背景进行梳理，随后着重探讨了其中规定的课程内容。在这一基础上，将《高等女学校令施行规则》和《中学校令施行规则》中的课程设置进行对比研究，剖析该法令中隐含的男女教育之差，并以此为线索，探究了明治政府对"女性"赋予的社会性别角色特点。

1899 年《高等女学校令》的出台，是明治政府首次针对女性出台的中等教育法令，对于日本女子中等教育制度的形成具有标志性意义，同时也对贤妻良母女子教育理念的确立起到了举足轻重的作用。《高等女学校令》诞生的时代背景大体可从三方面来把握。首先，在中日甲午战争及日俄战争的背景下，大量中青年男性被送往战场，教育孩子的重任落在女性肩上。为了保证战时人才培养不出现断层，发展女子教育成为明治政府刻不容缓的战争对策。其次，从 1899 年开始，外国人可以在日本居住、交通、进行经济活动，大量外国人涌入日本，基督教的影响急剧扩张，基督教女子学校的数量也进一步增加。为了抵制基督教在女性群体中的渗透，培养女性的忠君爱国思想，明治政府不得不着手发展公立女子教育。最后，日本工业革命的发展带来了女子劳动力数量的激增和女子职业种类的丰富，为了满足市场需求，女子教育也相应发展起来。

通过《高等女学校令》中规定的课程内容可以看到，修身课程反映出明治政府有意识地培养女学生的忠君爱国意识和对家庭及社会的责任感。历史课程强调了日本政体的特殊性，宣传了天皇至上主义。而仅针对女性设置的家务、裁缝等家政课程，反映出女子教育的性别特点。最后，本文将女子中学校与一般中学校的教育规定进行了对比研究。不同于对"男性"专业教育的重视，明治政府将"女性"定位于家庭，在加强道德教育的同时，向她们适当普及近代科学知识。这正是明治政府重塑"女性"并赋予她们新的社会性别角色的特点所在。

今后，笔者将在上述研究的基础上，对贤妻良母女子教育理念渗透到日本全国的具体过程作进一步探讨。

参考文献

1. 文部省教育调查部：『高等女学校関係法令の沿革』，東京：文部省教育調査部，1941。

2. 深谷昌志：『良妻賢母イデオロギーの形成過程——高等女学校令を中心として』，『東京教育大学教育学研究集録（通号 3）』，東京：東京教育大学大学院教育学研究科，1964，第 47－59 页。

3. 深谷昌志：『良妻賢母主義の教育』，東京：黎明書房，1968。

4. 舘かおる：『良妻賢母』，『女性学研究会編：女のイメージ〈講座女性学 1〉』，東京：勁草書房，1984，第 184 – 209 頁。

5. 梅村佳代：『高等女学校令成立の思想的基盤──女子教育論分析を中心として』，『教育と思想（日本女性史論集 8）』，東京：吉川弘文館，1998，第 159 – 194 頁。

6. 梅村又次等：『労働力（長期経済統計 2）』，東京：東洋経済新報社，1988，第 82、204 – 207 頁。

7. 张德伟、徐蕾：《日本儒教的贤妻良母主义女子教育观及其影响》，《东北师大学报（哲学社会科学版）》1996 年第 4 期，第 88 – 92 页。

8. 李卓：《近代日本女性观──良妻贤母论辨析》，《日本学刊》2000 年第 4 期，第 80 – 96 页。

9. 胡澎：《从"贤妻良母"到"新女性"》，《日本学刊》2002 年第 6 期，第 133 – 147 页。

10. 何玮：《"新女性"的诞生与近代中国社会──兼论与日本之比较》，厦门大学出版社，2017。

An Analysis of the Characteristics of Japanese Female Secondary Education System in the Meiji Era——Focusing on *Secondary Education Law For Females*

Abstract：*Secondary Education Law for Females* is of great importance for the formation of Japanese modern womanhood. Based on the *Secondary Education Law for Females*, this paper analysed the historical background of the values of womanhood. Then in order to explore the difference between educations of females and males, the contents of female'scourses areinspected and compared with those of males' secondary education courses. Finally, this paper probes into the gender features that females were endowed with by Japanese government. The gender features arealso a significant part of the characteristics of Japanese modern womanhood.

Keywords：*Secondary Education Law For Females*；Womanhood；Japan；Females；Gender

日本儒学与怀德堂研究专栏

日本阳明学派与怀德堂诸儒者的思想交杂[*]

高桥恭宽 著[**]　　许家晟 译[***]

【摘　要】本文就怀德堂儒者对中江藤树及其学问作何评价一事，通过三宅石庵（1665 - 1730）与五井兰洲（1697 - 1762）两代进行了分析阐述。石庵对藤树之学的"公道"、"公学"产生共鸣。然而兰洲认为格物致知是儒家思想核心，因此批判藤树不知《中庸》且重视《大学》八纲目之诚意。兰洲将藤树的近于阳明学之立场作为"学派之对立"予以批判。从石庵与兰洲对藤树之学认识及殊异中，可以见到藤树的学问显现为"阳明学派"，进而可知当时"学派形成"的时代变化。

【关键词】中江藤树　三宅石庵　五井兰洲　怀德堂　阳明学

1. 前言—迄今为止的"日本阳明学"研究之大方向—

于中国明代登场的王阳明之儒家学说又被称为"王学"，17 世纪初登陆日本列岛，经理德川时代后成为广为人知的学问。但今天的学术界并不使用"王学"这一称呼，而是称之为"阳明学"，并将其主张理解为"行动之教"。

此一印象之所以成为定论，主要起因于明治时代后期所出现的"阳明学"彰显运动。此一时期的主要出版物有吉本襄的《阳明学》（1896 -

---

　*　日本学术振兴会科学研究费助成事业：基盘研究（C），名称：怀德堂をめぐる学术交流の思想史的研究，研究课题番号：16K02219，主持人：清水则夫。

　**　高桥恭宽，日本多摩大学经营情报学部副教授。

　***　许家晟，学习院大学国际中心 PD 共同研究员，早稻田大学非常勤讲师。博士（文学）。

1900）、东敬治的《王学杂志》（1906 – 1908）等杂志，及井上哲次郎的
《日本阳明学派之哲学》（1900）、高濑武次郎的《日本之阳明学》（1898）
等书籍。

通过上述诸人的彰显运动，德川时代倾心于王学的学者们被分类为
"阳明学派"，而此一理解亦成为共识。尤其是井上与高濑在明治四十年代
前后，以行动之学对"阳明学"进行"再评价"。认为阳明学是幕末维新时
期志士们的思想基础，进而成为明治维新之原动力。此时被重新评价的
"阳明学"之主要理解，便是以"积极的行动能力与对至诚之重视"为特征
的儒学思想。而此一印象一直传承至今。但实际上，阳明学是否确实是维
新之原动力？志士们是否当真以阳明学为治学之中心？今日之学界对此问
题进行重新探讨，并得出难以将幕末诸儒者定性为"阳明学"的一致结论。
但因井上与高濑之彰显，德川时期便传入日本的王阳明之学问，被"发现"
为"日本达成近代化的原因之一"，并因此得以于思想史中确立其位置所
在。亦即"相对于成为德川幕府官学的封建思想之朱子学，以'行动力与
至诚'为特征的'阳明学'成为明治维新时期志士们的思想背景"这一发
展情节，成为研究德川时代"阳明学"的促动因素之一。

如上所述，关于明治后期近代阳明学的出现与展开，近年来的研究逐
渐进展。在近代阳明学研究的最前沿，中日交流的层面，梁启超受到明治
日本近代阳明学的影响一事亦受到重视①。据近年的研究，德川时代所传承
的王学与近代阳明学未必维持着一贯的连续性，同时此一认识已经成为前
提条件。而如今的研究重点，则是井上与高濑"创造"出的"近代阳明学"
该置于思想史的什么位置。

迄今为止，关于德川时代"日本阳明学"的研究，最终目的是找寻出
阳明学者的何等主张成为日本近代化的原动力。然而，随着对被称为日本
阳明学者的诸儒之研究逐步深入，井上与高濑所构筑的所谓"日本阳明学

---

① 如吴光辉：『日本陽明学の「読み換え」』，『北東アジア研究』，浜田：島根県立大学北東
アジア地域研究センター，2009，第 17 号，第 105 – 116 页，李亚：『梁啓超の『幕末の陽
明学』観と明治陽明学』，伊東貴之編『「心身/身心」と環境の哲学』，東京：汲古書院，
2016，第 633 – 650 页，邓红：『梁啓超と「日本陽明学」』，「社会システム研究」，北九
州：北九州市立大学大学院社会システム研究科，2017，第 15 号，第 35 – 48 页等，以梁
启超为中心，中国与朝鲜亦关注的"近代阳明学"的研究逐渐增多。

派",并不像暗斋学派般贯穿整个德川时代。① 研究活跃于德川时代的"阳明学者"时,作为近代化之原动力的"阳明学者"这一视点,反而会导致无法定位"阳明学者"们在江户时代的位置。因此关于各个"阳明学者"个人的研究如何在德川儒学史中定位这一坐标至今未能确立。近年关于德川时期儒学家的研究呈减少倾向。在此状况下需要回到原点,重新审视德川时代儒学家处于何等立场,对什么问题抱有兴趣,即需要社会对儒学家们的评价与儒学家们的问题意识进行重新分析。

而对于日本的阳明学者亦有同样需求。"日本阳明学派"这一框架乃井上哲次郎所提倡。然而王阳明之学术被称为"王学",而遵奉此"王学"并为世间所评价的学者毫无疑问的也确实存在。例如井上及高濑以来,被称为"日本阳明学派之祖"的中江藤树(1608 - 1648),经由种种研究积累,已经有学者论证其思想之核心部分并非阳明学②。但德川时代藤树却受到"考察王阳明之教,追究'性理之极致'及'良知良能'之教"的评价(都之锦《元禄太平记》卷六)。潜心儒学的学者中,既有重视朱子学之儒者,亦必然有遵奉王学之儒者。

然而,迄今为止德川时代的"王学"之士受到何等评价却并未受到关注。因此本文想先就被视为日本儒学界遵奉阳明学之首的中江藤树,于德川时代受到何等评价一事进行阐述。

于此时受到关注的,便是大坂的怀德堂。众所周知,怀德堂是由被称为怀德堂五同志的五名大阪商人共同出资创办。而怀德堂五同志中的三名(中村武右卫门、富永吉左卫门、长崎四郎右卫门),于1731年(享保16年)访问藤树书院,此事藤树书院访问帐记录在册。而为两者牵线搭桥的,便是当时著名的阳明学者三轮执斋(1669 - 1744)③。怀德堂虽以儒学为学

① 关于幕末阳明学与明治阳明学的评价,有荻生茂博:『日本における〈近代陽明学〉の成立』,『近代・アジア・陽明学』,東京:ペリカン社,2008,第414 - 444页,及近年,山村奨『明治期の陽明学理解:社会主義と明治維新との関係から』,『東洋文化研究』,東京:学習院大学東洋文化研究所,2016,第18号,第99 - 118页;山村奨『井上哲次郎と高瀬武次郎の陽明学:近代日本の陽明学における水戸学と大塩平八郎』,『日本研究』,国際日本文化研究センター,2017,第56号,第55 - 93页等,关于近代阳明学实情的考察分析。

② 吉田公平:『中江藤樹と陽明学——誠意説をめぐって』,『日本における陽明学』,東京:ぺりかん社,1999,第49 - 72页。

③ 参阅竹下喜久男編『藤樹書院文献調査報告書』,安雲川町:滋賀県安曇川町安曇川町教育委員会,1993。

问基础，但另一方面对其他思想学风亦十分宽容一事，今日已无须赘。

受怀德堂五同志所聘就任初代学主的三宅石庵（1665 - 1730）虽遵奉陆王之学，同时亦不屏退程朱之说，且折中吸取其他各派学问，并因此被称为"四不像之学（鵺学问）"。石庵将中江藤树的文书等编撰为《藤树先生书简杂著》，并于书中添入自身的《藤树先生书翰杂著端》。且石庵并非仅编辑藤树的文书，而是将《翁问答》亦纳入怀德堂的讲义教材中，由此可见石庵认为藤树之学问对怀德堂的教育来说十分必要。[①] 但石庵究竟被藤树之学的何处所吸引？

首先从石庵的著作中找寻其与中江藤树间存在的思想上之距离感。此处以同属怀德堂的儒者五井兰洲的藤树批判为例，作为石庵的比较对象。五井兰洲是排列在石庵下一代的儒者，因此从中可见即便同为怀德堂，时代与立场之不同亦会导致评价的变化。并冀望能以此为分析探讨思想史领域中藤树学问之意义提供新的材料。

2. 三宅石庵的学问

迄今为止的研究认为，石庵近乎折中学的学问，是基于重视实践躬行的大阪商人之需要。例如对其学问有如此评价："相较学问本身之相容性，更为重视与大阪商人日常生活相关的实践性性格，创造了面向商人的教养型儒学，此事有着重要意义。"[②] 而此处"重视实践躬行"的理解，被认为是石庵向阳明学靠近的重要因素。[③] 创立了怀德堂纪念会的大正年间记者西村天囚（1865 - 1924），也在《怀德堂考》中有如下论述："朱子以学问为先德行为后，陆王以学问为后先尊德性。若要教育每日业务繁忙的商人，先尊德性更为容易接受与理解。"[④]

最后需要补充的是，石庵虽遵奉阳明学，却并未因此无条件肯定中江藤树之学问。石庵于中江藤树文集的序文中作如下论述。

① 『懐徳堂定約』，『懐徳』，大阪：懐徳堂堂友会，1934，第 12 号，17 页。
② 作道洋太郎：『懐徳堂の学問と大阪町人道』，『季刊日本思想史』，東京：ぺりかん社，1983，第 20 号，54 页。
③ 佐藤由隆：『「鵺学問」三宅石庵と陸象山』，『懐徳』，大阪：懐徳堂堂友会，2015，第 83 号，第 31 - 43 页。
④ 西村天囚：『懐徳堂考』，大阪：懐徳堂堂友会，1925，第 24 页。

某人问：藤树先生之学始于朱子学终于王学。今日石庵先生如此遵奉藤树先生之学，是否亦走王学之路。余答之：此亦不过朱陆之辨。不可如此。①

石庵将藤树的主要著作《翁问答》纳入怀德堂指定教材，并校订了藤树文集，以此接触了藤树之学问。因此被疑为支持藤树之学，并进一步支持阳明学。然石庵所摒弃的乃是将朱子学与阳明学划分泾渭，认为此事本身便是将学问私有化的行为。朱子、阳明、藤树所共通的，便是学问之"公"，各自并存互不妨害，任何人皆可学之处。

尽管议论仍不够十分周全，但各自并存互不妨害。此即是君子之心。其学问为天下之公。因此无论袒护朱子学又或偏袒王学，其为一己之私并无二致。朱王藤树三先生之学以何为道？乃克一己之私而同于天下之处。②

石庵重视此学问之"公"，如下事例便是一证。当时，某一名为"柳善"之人请求成立怀德堂之外的学堂。对此石庵留下"柳善"氏若能出于"公心""公道"而建立"公学"，不亦可乎的评语。③ 从此一事例中，亦可看出石庵追求"公道"与"公学"的姿态。

胁田修于研究中指出，上述三宅石庵的"公"，并非得到幕府官方批准的正式学堂之意义的"公"，而是"学问之志，天下为公"之意。④ 石庵的学问观确如胁田所指出的"公学"。但此"公学"的理解早已见于《传习录》，并非石庵之独创。《传习录》中有如下一文，"夫道、天下之公道也。学、天下之公学也。非朱子可得而私也。非孔子可得而私也。天下之公也。公言之而已矣"（《传习录》卷中"答罗整庵少宰书"）。"道"与"学"并非朱熹又或孔子"私有"之物。"公"乃"不属于任何人之物"之意，做

① 三宅石庵：『藤樹先生書簡雑著』，『日本倫理汇編』，東京：育成会，1903，第 1 卷，第 174 頁。
② 三宅石庵：『藤樹先生書簡雑著』，『日本倫理汇編』，東京：育成会，1903，第 1 卷，第 174 頁。
③ 『懐德堂旧記拾遺』，『懐德』，大阪：懐德堂堂友会，1936，第 14 号，第 13 – 14 頁。
④ 脇田修『町人学問としての「公」』，『季刊日本思想史』，東京：ぺりかん社，1983，第 20 号，第 20 – 31 頁。

"共有""公平"之解。

来自《传习录》的"公学"一词，即不偏向于程朱陆王任何一方，"学问"并非某一学派能独占之物。石庵之理解亦与此相同。石庵确实并未祖护阳明学而黜退朱子学。但不偏向任何特定事物这一思维则可以认为是来自《传习录》的影响。

而此一"公学"之视线，亦与给予藤树学问正面评价相关。理由是藤树门下诸学者，都对自身之学问乃"公道"与"公学"一事有着理解。石庵所接触的藤树学问，有着共通之特征。因此下一节中就藤树门下弟子们关于"公道""公学"之论略作展开。

3. 藤树门下弟子们的"公学"

中江藤树自身并无使用"公学"一词的痕迹。但从中江藤树的嫡传弟子渊冈山（1617 – 1687）发言录中"公道""公学"开始出现。

渊冈山于京都设置学馆并讲授藤树之学。其教学不只局限于京都、大坂，甚至扩展到全国范围。当时全国知名的中江藤树之高足尚有熊泽蕃山（1619 – 1691），但相对蕃山以自身独特的经世论为主要理论展开，渊冈山则忠诚地继承藤树之学，并将受众扩展到更大范围。渊冈山将以调整自身之心为中心课题的藤树之学，作为置于具体日常生活中人与人之间关系的修养论进行展开。[1] 受渊冈山教诲的门下弟子活跃于京都、大阪。他们在表现乃师之学时，常会使用"公道""公学"之语。渊冈山的弟子们号称"先师藤树公之学为天下之公学、天下之公道。而今京都渊冈山老师继承先师之学，希冀为万世留传其教"[2]。

此"公道""公学"之初便起自渊冈山。侨居大阪的弟子木村难波（1638 – 1716）记录了关于"公道"的如下叙述。

---

[1] 关于渊冈山的独特性，参考小稿『淵岡山における「藤樹学」の展開』，『研究東洋：東日本国際大学東洋思想研究所紀要』，いわき：東日本国際大学出版会，2018，第 8 号，第 72 – 85 页。

[2] 『岡山先生示教録』卷之七（岡示七－23）。中江藤树弟子们的相关资料，引自吉田公平・小山国三编『中江藤樹心学派全集』，東京：研文出版，2007。引用资料的编号亦根据该书。

冈山先生有言。世间之人所说"公道"，指顾虑周全，处事不僭越，沉静稳重之人，称之为"公道之人"。虽说其意并无不妥，但"公道"之本意，还是汉诗"公道（原文为公行，恐记忆之误，又或借用）世间唯白发，贵人头上不曾饶"之意最贴切。①

据木村难波之说，渊冈山引用许浑"送隐者"一诗来解释"公道"一词。所引诗中"公道"一词为"公平"之意。而世间"公道之人"则指"顾虑周全，处事不僭越"，不存一己之私之意。从两者共通之处，可窥知渊冈山所云"公学""公道"之中心意义，即"不偏不倚"。

受教于渊冈山的木村难波称"先师藤树公所创的心，为天下第一等之公。其教之以当下的良知工夫，纠正因一己之私而导致对公所产生的偏颇"②，认为藤树之学才是"公道""公学"。而如此评价藤树学问的木村难波，有如下关于"公道"的记述。

"学习"为躬行公道之本，但其并非公道本身。唯遵信先师藤树公所创，不为一时之欲或事物所动摇的关键，及保持温和慈爱恭敬之心，此便是所谓"公道之自然"。③

亦即"公道"并非自身强行实践之物。唯相信藤树先生之教诲，不为眼前之欲望所或，又不为事物所局限，持有温和慈爱恭敬之心，便会于不知不觉间与"公道"相吻合。

如上所述，渊冈山及其弟子木村难波对于"公"之理解，便是"公"之实现在于"无强加之意，自然符合之状态"，亦即否定"私"及"我"之处。此公平、公正且不"私有"之处，与石庵对"公"的理解相同。藤树之学与朱子、阳明并称为"天下之公"的评价，乃渊冈山以下藤树后学们之共通目标，同时亦是石庵对之产生共鸣的关键。石庵亦与藤树门下弟子相同，以阳明学为契机，向树立人皆可学不偏不颇的学问之目标迈进。

如上所述，不偏向于朱子学与阳明学任何一方，亦不拘泥于学派，而是重视为所有人开放的"公学"，是对京都、大阪地区藤树之学特色的

---

① 『難波叟議論覚書』上卷（難上—29）。
② 『難波叟議論覚書』上卷（難上—72）。
③ 『難波叟議論覚書』上卷（難上—31）。

评价。

可以认为 17 世纪末至 18 世纪初的京都大阪地区对中江藤树的共通理解便是，将中江藤树视为阳明学受容者的同时，视其为不为阳明学所束缚的、任何人皆可学的追求学问本质的儒学家。

始于三宅石庵的怀德堂之自由学风，传承至江户后期一事自然毋庸置疑，但怀德堂内部亦出现了格外重视朱子学的学者。其中之一便是三宅石庵之后一代中登场的五井兰洲（1697–1762）。

兰洲在怀德堂取得官方正式认可的享保十一年（1726）开始担任怀德堂助教参与怀德堂的教育。但其于 3 年后辞去怀德堂之职离开大阪，为津轻藩所聘担任该藩之藩儒。其后 1740 年再度回到怀德堂，并全力教育培养了后来成为怀德堂代表性儒者的中井竹山（1730–1804）、中井履轩兄弟（1732–1817）。并对仁斋学、徂徕学展开批判，乃是树立怀德堂朱子学的重要人物①。

然而兰洲的批判矛头并不仅指向仁斋与徂徕，同时亦指向藤树。石庵所认同的作为"公学"的藤树之学问，于 18 世纪中期，经由五井兰洲之手受到思想性批判。

下一节中将就兰洲对藤树的批判略作探讨。

4. 五井兰洲之藤树批判

兰洲对藤树学派所提倡的"当下良知"之主张展开正面反驳。藤树以最初的一念发动为"良知"，下一个瞬间（第二念）便混入私意不再为"良知"，即重视最初的纯粹性。而兰洲则对此做如下反驳。

　　余曾闻之，王学者云藤树先生常言当下良知，盖应事说物，其初发一念即良智（原文），不涉第二念，第二念是私意不良知。殊不知常人初一念，皆发自习不与性于若以是为良知发用，其害有不可胜言。第二念苟出于善思则岂得概言？私意妄想由是视之。②

---

① 分析阐明五井兰洲之学问特色的代表性研究有陶德民『懷德堂朱子学の研究』，大阪：大阪大学出版会，1994。

② 五井蘭洲『蘭洲遺稿』乾，大阪市立中之島図書館藏本（下同），75 丁表。

兰洲屏退藤树的出发第一年为"当下良知"之见解。质疑第一念发动的瞬间所存在的纯粹性。发动后之心便混入杂念（藤树称为"意念"）产生偏颇。因此除去杂念（意念）为第一要务。而藤树便引用儒教经典《大学》八纲目之一的"诚意"，以此为轴心主张内心之修养。藤树的学问中心为心之纯粹性这一自知，亦为藤树的弟子们所共有。位于伊势的门人著有《藤树先生学术定论》，将藤树思想与朱子、阳明进行比较，并阐明其独特性。

　　　　本朝藤树先生，深探三代至明朝间诸儒之学问与奥秘，开创全新之学术。而其新起之学术为何物？曰"意者心之所倚也"。此藤树先生之立言，诚简易直截、万世不易之学术。①

　　上文中所引用的"意者心之所倚也"，为藤树《大学解》中之一文。②此为藤树晚年之"诚意"说，与王阳明及王龙溪都不相同的独特学说。五井兰洲所批判的"第一念"之纯粹性问题，无疑是藤树学说之中心部分。

　　兰洲指出藤树之学的问题点在于"今世儒者不知几人为藤树所误、空言主人公不功于身、皆不知中庸之故也"，亦即不知《中庸》之处。因此兰洲评价其为"若藤树虽质美、学则假禅、乃子思性道教之训眃焉"③。兰洲虽亦确实认同藤树之学德，但兰洲认为格物致知才是与老庄禅佛之泾渭的思想核心。因此批判藤树不知《中庸》且重视《大学》八纲目之诚意胜于格物致知，最终与老庄禅佛并无不同。

　　　　老庄之学及佛学，各有与诚意正心修身相类似之主张，但却无与致知格物相类之主张。圣人之道由格物致知自诚意正心习心为入口，自我一身中万物具备。④

　　如上所述，五井兰洲作为朱子学者对藤树思想本身持否定意见。兰洲

---

① 石川某：『藤樹先生学術定論』，『日本倫理彙編』，東京：育成会，1903，第 1 卷，220 頁。1725 年誊清。

② 中江藤樹『大学解』，藤樹書院編『藤樹先生全集』，東京：岩波書店，1940，第二册，42 頁。

③ 五井蘭洲『蘭洲遺稿』乾，73 丁裏。

④ 五井蘭洲『鈎深録』，47 丁裏。关于此问题陶德民已于「1.2.1 蘭洲における『格物窮理』論」（『懐德堂朱子学の研究』，大阪：大阪大学出版会，1994，第 64-73 頁）中指出。

认为"世之为陆王学者多云、人唯有心术而已"①。并称"余每异世之唱陆王学者、口称心术躬行多悖"②。由此可见其将藤树之思想理解为以心术为中心之学问。重视"诚意"说且追求心之纯粹性的藤树之学，确实可称之为"心学"。近年吉田公平将藤树后学们之思想称为"藤树心学"，并强调其作为心学的要素。吉田公平在汇集整理以渊冈山为首的门徒们之资料时，将书名定为《中江藤树心学派全集》（研文出版，2007），其后近年汇总整理会津喜多方的藤树学派资料《中江藤树の心学と会津・喜多方》（研文出版，2018）中，亦将以诚意说为中心的藤树独特的思想世界称之为"心学"。确实，在日本最受瞩目的阳明学中心要素便是"致良知"。而因关注"良知"之机能，阳明心学、进而作为藤树心学于德川时代受到接纳。

然而必须指出，如暗斋学派的三宅尚斋"〇三宅重固读传习录笔记曰。（中略）按朱子解格物曰。即物而穷其理。王氏以玩物丧志讥之。王氏常所恶朱子者专在格物"③ 之批判般，对阳明学轻视"格物致知"的批判，为一般朱子学者之共识。

对藤树诚意说之批判姑且不论，作为"阳明学批判"而言，兰洲并未提出独自性的见解，而是停留在朱陆之辨的层面。但由此可知兰洲对藤树之思想内容有着充分的理解，并将诚意批判等同于阳明学批判，做一并处理。

如上所述，兰洲所批判的藤树思想中，无法找出初代学主三宅石庵作为接纳阳明学之理由的"实践躬行"。确实，藤树门徒渊冈山将藤树之学运用于日常生活中的具体人际关系中。石庵亦对此一思想产生共鸣。然而随着时代迁流，以根据朱子学来实践日常道德为目标的五井兰洲对藤树思想中之"心学"部分进行批判，并认为其并非面向日常实践之学问，自此怀德堂中对藤树之学问不再予以评价。

5. 结语

本文就怀德堂儒者对中江藤树及其学问作何评价一事，通过三宅石庵与五井兰洲两代进行了分析阐述。

---

① 五井蘭洲『蘭洲遺稿』乾，90 丁表。
② 五井蘭洲『蘭洲遺稿』乾，74 丁表。
③ 豊田信貞『王学弁集』，関儀一郎編『儒林叢書』，東京：東京図書刊行会，1027，論弁部卷 4，第 16 页。

毋庸赘言，上述内容为世代不同且思想之指向亦不同的两名儒者所作之评价。两者之见解存有殊异也是理所当然。然而在大坂商人所开创的怀德堂，讲授为世间所期望之儒学的两名儒者对中江藤树的评价之殊异中，可以见到京都大阪地区对中江藤树之学关注度的差异。

　　以三宅石庵为首，造访藤树书院的怀德堂创始者们对藤树的学问给予正面评价。而其背景并非藤树学作为学派学阀，重视类似于阳明学的实践躬行之处。而是认同藤树之学所主张的不偏不倚，人皆可学的"公学"部分。确实，中江藤树作为"将阳明学引入日本的第一人"而广为人知。但石庵并非给予这一事件一般的评价，而是对中江藤树与其门人所寻求的学问之本质产生共鸣。

　　而另一方面，随着时代的迁移，进入 18 世纪后，为儒学诸派学阀林立的时代。自仁斋门下，徂徕学派始，各式学者纷纷自执一说。置身于如此时代中，五井兰洲将中江藤树的近于阳明学之立场作为"学派之对立"予以批判。

　　而此时藤树之学亦已不复元禄时期之盛况，也无作为藤树学派之学者名震全国之人。藤树之著述亦成了古典，受到"藤树先生学王阳明之学，离显达弃外求，其德化使人自发感动。于是世人称之为近江之圣人"（河口静斋《斯文源流》，1758 年刊）[1] 的评价，其作为阳明学接受者且学德高尚这一评价便成为定说。

　　藤树一门则对朱子学产生怀疑并倒向阳明学，由此形成"阳明学派"向心学靠拢。最终五井兰洲因此将藤树之学问从追求实践躬行的怀德堂之学术中剔除。

　　从三宅石庵与五井兰洲对中江藤树之学的认识及殊异中，可以见到中江藤树的学问显现为"阳明学派"，进而可知当时"学派形成"的时代变化。而此般思想史之时代背景的变化，亦可从怀德堂儒者对中江藤树之理解中窥知。

　　如上关于如何评价中江藤树，认识此一评价的方向性之同时，亦可窥见当时给予评价之人的时代特征。而今日作为思想史研究之题材，关注位于最高峰的思想家中江藤树亦有十分重要的意义。

---

　　① 　大田南畝編『三十幅』，東京：国書刊行会，第 3 卷，318 页。

【参考文献】

五井蘭洲：『鈎深録』，大阪市中之島図書館蔵。

五井蘭洲：『蘭洲遺稿』，大阪市中之島図書館蔵。

三宅石庵：『藤樹先生書簡雑著』，『日本倫理彙編』，東京：育成会，1903，第 1 巻。

石川某：『藤樹先生学術定論』，『日本倫理彙編』，東京：育成会，1903，第 1 巻。

大田南畝編『三十幅』，東京：国書刊行会，1917，第 3 巻。

西村天囚：『懐徳堂考』，大阪：懐徳堂記念会，1925。

豊田信貞『王学弁集』，関儀一郎編『儒林叢書』，東京：東京図書刊行会，1027，論弁
　　部巻 4。

『懐徳堂定約』，『懐徳』，大阪懐徳堂堂友会，1934，第 12 号。

『懐徳堂旧記拾遺』，『懐徳』，大阪懐徳堂堂友会，1936，第 14 号。

藤樹書院編『藤樹先生全集』，東京：岩波書店，1940。

作道洋太郎：『懐徳堂の学問と大阪町人道』，『季刊日本思想史』，東京：ぺりかん社，
　　1983，第 20 号。

脇田修：『町人学問としての「公」』，『季刊日本思想史』，東京：ぺりかん社，1983，
　　第 20 号。

下喜久男編『藤樹書院文献調査報告書』，安曇川町：滋賀県安曇川町安曇川町教育委
　　員会，1993。

陶徳民：『懐徳堂朱子学の研究』，大阪大学出版会，1994。

吉田公平：『中江藤樹と陽明学――誠意説をめぐって』，『日本における陽明学』，東
　　京：ぺりかん社，1999。

吉田公平・小山国三編『中江藤樹心学派全集』，東京：研文出版，2007。

荻生茂博：『日本における〈近代陽明学〉の成立』，『近代・アジア、陽明学』，東京：
　　ぺりかん社，2008。

吴光輝：『日本陽明学の「読み換え」』，北東アジア研究，浜田：島根県立大学北東ア
　　ジア地域研究センター，2009，第 17 号。

佐藤由隆：『「鵺学問」三宅石庵と陸象山』，『懐徳』，大阪：懐徳堂堂友会，2015，第
　　83 号。

李亜：『梁啓超の「幕末の陽明学」観と明治陽明学』，伊東貴之編『「心身/身心」と
　　環境の哲学』，東京：汲古書院，2016。

山村奨『明治期の陽明学理解：社会主義と明治維新との関係から』，『東洋文化研
　　究』，東京：学習院大学東洋文化研究所，2016，第 18 号。

山村奨『井上哲次郎と高瀬武次郎の陽明学：近代日本の陽明学における水戸学と大塩

平八郎』,『日本研究』, 国際日本文化研究センター, 2017。

邓红:『梁啓超と「日本陽明学」』,「社会システム研究」, 京都:国際日本文化研究セ
ンター, 2017, 第 15 号。

高橋恭寛:『淵岡山における『藤樹学』の展開』,『研究東洋:東日本国際大学東洋思
想研究所紀要』, いわき:東日本国際大学出版会, 2018, 第 8 号。

Philosophical interaction with Yangming school in Japan and Kaitokudo's Confucianist

Abstract:This paper analyses the characterization and changing image of NakaeToju, who is said to be the founder of Yang Ming School of Japan.

The author observes the transition of the images of NakaeToju from "dutiful son" to "deformed people", "great Confucianist", "past wiseman", then finally "the sage in Ohmi age" and illustrates the reasons of the transition. From what has been discussed, it's undeniable that NakaeToju and the Yang Ming School of Japan founded by him played an important role in the enlightenment of mind and moral construction in modern Japan.

To sum up, this paper reveals the process of the spread and promotion of Yang Ming's Psychology abroad, explores its positive effect on the moral education of Japanese people, and clarifies its value and inspiration for the cultivation of civic morality in China in the new era.

Keywords:NakaeToju;Yang Ming School of Japan;national moral construction

怀德堂朱子学之变迁[*]

——五井兰洲与中井竹山

清水则夫 著[**]　　崔鹏伟 译[***]

【摘　要】本文分析怀德堂朱子学者的两位代表人物五井兰洲
(1697 – 1762) 以及中井竹山（1730 – 1804）针对暗斋学派与徂徕
学派的批判及其背景。明确了兰洲的名分论是自他认识与国内秩
序双方面的道德性实践问题，而竹山的名分论则变成有关国内秩
序与"文"的问题，并且竹山试图通过以"文"内包"道德"的
形式来达成二者的一体化。"文"的崛起不仅限于竹山，可以说是
18 世纪后叶的一个特征。

【关键词】朱子学　怀德堂　五井兰洲　中井竹山

1. 绪言

近世日本思想史一般以儒家思想为中心展开叙述，其通常的观点如下。
17 世纪初，朱子学流行，亦有若干阳明学者活跃；17 世纪末开始，古学派
对朱子学展开批判；18 世纪初头，荻生徂徕提倡古文辞学，批判古学与朱
子学，风靡一世；18 世纪后叶，折中学派与正学派朱子学痛批徂徕；宽政

---

* 本文为日本学术振兴会科学研究费助成事业［基盘研究（C），研究课题编号：16K02219，
主持人：清水则夫］之研究成果（本稿は日本学術振興会科学研究費助成事業（基盤研究
（C）、研究課題番号：16K02219、研究代表者：清水則夫）の成果である）。

** 清水则夫，日本明治大学理工学部副教授。

*** 崔鹏伟，日本早稻田大学大学院文学研究科博士在读、早稻田大学総合研究機構日本宗教
文化研究所助理研究员（RA）。

异学之禁时朱子学被正式采用为幕府教学从而复权。

自荻生徂徕以后到宽政异学之禁期间的朱子学，是理解近世日本思想史的一个重大课题。18世纪前叶诸学派并立，朱子学曾大受批判却在宽政异学之禁时得以复权。其缘由尚不明确。那么，究竟为何曾一度陷入危机的朱子学能恢复势力呢？

为解开这一谜题，本文将关注活动时期横跨18世纪前叶到后叶的朱子学者。因为该时期的朱子学者受到了徂徕等学派的各种批判，自发地去克服朱子学自古便有的缺点，为能适应新状况从而使思想发生了变化。可以认为，正因如此朱子学才有可能在不久之后恢复活力。

本稿将根据这一推想来分析比较，怀德堂朱子学者的两位代表人物五井兰洲（1697–1762）以及中井竹山（1730–1804）针对暗斋学派与徂徕学派的批判。主要目的是考察师徒二人的思想差异及其意义。

关于二人的先行研究绝不稀少，但管见所及，并没有着眼于两者之间差异的研究。上田秋成（1734–1809）记录说："儒者不再令人敬畏，吾生涯之中也。（往昔儒家）纵不擅学问亦或诗文，定也能窥得圣人之片鳞。"[1]秋成青年时期似曾就读于怀德堂，称兰洲为"先生"，因此可以认为"令人敬畏"的儒者是指兰洲。相对的，不"令人敬畏"的儒者应该是指竹山。[2]秋成这句话有反映事实的一面。

例如，二者对他学派的批判是一大差异。兰洲对他学派的批判中有名的是"四学"批判。"四学"指阳明学、仁斋学、徂徕学、暗斋学。兰洲对这些全都持否定态度，追求与之均不相同的"中正"之道。[3]

相对的，中井竹山对徂徕学和暗斋学的批判，有时比兰洲还要激烈，但对阳明学和仁斋学则并不甚警戒。[4] 竹山非是肯定阳明学，却也不掩饰对中江藤树以及熊泽蕃山之才与德的敬意[5]，相比阳明学则更轻视仁斋学[6]。

① 〔日〕上田秋成：『胆大小心録』，载『日本古典文学大系56 上田秋成集』，東京：岩波書店，1959，第287页。引文为译者译，下同。
② 此点已有指摘。参见〔日〕加地伸行等『叢書 日本の思想家24 中井竹山 中井履軒』，東京：明徳出版社，1980，第149页。
③ 〔日〕五井蘭洲：『蘭洲遺稿』乾，大阪市中之島図書館蔵写本，第30页上。
④ 此点已有指摘。参见〔日〕加地伸行等『叢書 日本の思想家24 中井竹山 中井履軒』，東京：第121页。
⑤ 〔日〕中井竹山：『竹山国字牘』上，東京：松村文海堂，1911，第6页上。
⑥ 〔日〕中井竹山：『竹山国字牘』下，第42页上。

其与兰洲的差异十分明了。

针对仁斋学和阳明学的批判之所以变弱，其缘由可以从时代状况来说明。三轮执斋（1669－1744）亡后未有出现知名的阳明学者。

但竹山对徂徕学和暗斋学派一直抱有强烈敌意这一点，貌似脱离了时代状况。18世纪中叶之后批判徂徕的书籍繁多，暗斋学派也处于停滞期。因此可以认为，有特别原因使得竹山执着于它们。再者，二人对徂徕学和暗斋学的态度，细看之下亦有差异。所以，不仅是外在因素，也应考量二人的内在因素。

本稿将关注这一点，在明确二人对暗斋学派和徂徕学派采取何种态度，以及其背景为何之后，考量分析其所代表的含义。

2. 兰洲的"名分论"

兰洲对暗斋学派持批判态度是学界的共同论调。① 但兰洲固然批判暗斋学派的学问态度与人品，却对其名分论抱有强烈关心，思想上也有相近之处。因此，其有认同暗斋思想的部分，这与竹山不同。

兰洲对暗斋学派的批判，常被与其父五井持轩的遗言相提并论。兰洲所撰《持轩先生行状》中传有持轩临终之际所留遗言："谨勿与固乎朱学者会也，唯肆骂詈而止，无益之甚。"② 此处的"固乎朱学者"可以认为是指暗斋学派。该遗言也以不同措辞的形式见于兰洲的其他书简③，其中兰洲所述体验之谈，具体解释说明了何为"固乎朱学"。据说，兰洲在江户与一名朱子学者会话中讲到"朱子亦有千虑一失，不可从者"时，对方回答道"在文公，决无不可者"。怀德堂校风之自由早前已有人指摘过。兰洲与竹山均尊敬朱熹信奉其学说，却不盲信朱熹。④ 对这样的两人而言，暗斋学派

---

① 〔日〕陶德民：『懐徳堂朱子学の研究』，大阪：大阪大学出版会，1994。关于兰洲的研究近年虽有增多趋势，但均未能超越陶氏。陶氏亦强调了兰洲与暗斋学派的差异。

② 〔日〕五井蘭洲：『蘭洲遺稿』壹，大阪市中之島図書館藏写本，第7页下。

③ 五井蘭洲『与服子安書』，中作"慎勿与学朱子执拗问辩，徒起争端而已"。见〔日〕五井蘭洲『蘭洲遺稿』乾，第61页上。

④ 见〔日〕五井蘭洲『与服子安書』，『蘭洲遺稿』乾，第61页下，作"但尊朱，不佞朱，其庶几乎"。又〔日〕中井竹山『竹山国字牘』上，第28页下，作"愚兼有臆见，不从朱说时而有之……如山崎一派，稍有片言只辞犯朱，即怒眼盛气，不待绎其当否，概作异端邪说，愚常笑其陋"。

的态度是难以接受的。

但兰洲对暗斋学派不仅仅只是批判，对其名分论亦给予了一定评价。不但现存的兰洲讲义笔记中，收有暗斋编著的四种书（《伊洛三子传心录》《玉山讲义附录》《仁说问答》《性论明备录》）之讲义，其神道书物的讲义中，亦可以看到暗斋、梨木祐行、玉木正英等人的名字，证明了兰洲曾接触过垂加神道的著作和秘传。关于暗斋晚年倾向于垂加神道一事，兰洲有如下说明。

> 山崎先生主张神道事出有因。孔子述《春秋》以尊崇微弱周王正君臣之名分。山崎先生从此意，欲使天下人知日本天皇百王一世为神孙之事，乃尊崇天皇正君臣之分之意也。其后絅斋先生著《靖献录》，列举古昔忠信之人。此与山崎先生所取之处虽不相同，但列举忠信之人、正君臣之名分、尊崇天皇之意同也。栗山先生著述《保建大记》亦是同一意也。①

兰洲不仅称暗斋为"先生"，还解释说暗斋之所以提唱垂加神道，是在效仿孔子著《春秋》以正名分之举，意在"尊崇天皇正君臣之名分"，浅见絅斋的《靖献遗言》以及栗山潜峰的《保建大记》亦出于相同意图。可说是在拥护暗斋。

一般而言，"名分"与以华夷论为前提的自他认识（日本是否为夷狄）以及幕藩体制下的国内秩序（日本的支配者是天皇还是德川将军）这两个问题相关。兰洲反对视日本为夷狄②，又在国内体制上以天皇为尊③。在这些问题上，兰洲的思想倾向与暗斋学派的普遍认知几乎无异。④

兰洲是神儒一致论者，此点虽也是与暗斋学派的类似之处，但差异亦颇多。例如，兰洲否定垂加神道的过激日本中心主义，同时批判《日本书

---

① 〔日〕五井蘭洲：『鈎針録』，大阪市中之島図書館蔵写本，第 44 页下。原文中"靖献录"之"录"字疑误。当作"遗言"。

② 〔日〕五井蘭洲：『蘭洲遺稿』乾，第 59 页上。

③ 但兰洲亦强调德川将军的存在意义。参见〔日〕陶德民『懐德堂朱子学の研究』第五章；同《超越国粹主义与中华崇拜——对五井兰洲"百王一姓论"的再评价》，《东亚文化交涉研究》第 1 号，2008。

④ 不过暗斋学派一般否定异姓养子，兰洲对之持否定态度。参见〔日〕五井蘭洲『義子論』，『蘭洲遺稿』乾，第 24 页上以后。

纪》亦是不同之处。正如陶氏所强调的那样，对兰洲而言"儒家思想普遍主义理念"与"'大义名分'观念"是"两立"的。① 特别是，儒家思想普遍主义在支撑批判独善其身的日本中心主义的批判，是区别兰洲与暗斋学派的重要差异。

兰洲的神儒一致，实质上可看作是根据儒家思想来解读神道。兰洲在《十厄论》中提到"所谓神道云者，辄先王所以建国正统，而人伦之道已"②，他认为神道是"人伦之道"，本质上与儒家思想是相同的，同时儒家思想之所以很必要的理由在于日本"道素具矣，而教未备"③。即作为"人伦之道"的神道业已存在，而用以完成实践的"教"却不完备。因此兰洲主张"故欲奉神道以知修己治人之方也，莫若先读六经。六经者教之全也。以已全之教，求素具之道，谁谓之不可日本"④，来说明儒家思想的必要性。另外，他批判神道的根本文献《日本书纪》说："舍人王元无卓识，又乏史才。"⑤ 因此称其思想为儒神一致更为贴切。

如此这般，兰洲不可能赞同极端日本中心主义。事实上，兰洲否定松冈雄渊的日本中心主义，但又对其意图表示一定程度的理解。此即是兰洲的"两立"之体现。

> 其书（松冈雄渊《神道学则日本魂》），大略以百王一世为夸张之具，以唐虞禅让、汤武放伐，为父子之衰、君子之贼者⑥。其意非不美也，然不知道不知天，有所倚以肆骂詈而已。……然比之物茂卿、太宰纯之徒，以夷狄待我国自甘者，不可同日而论矣。⑦

虽然以禅让放伐为依据的儒家思想批判在当时并不少见，但坚持儒家思想普遍主义的兰洲并不认同。不过兰洲同时拥戴"大义名分"，评价隐藏在儒家思想批判下的日本赞美意图为"非不美"，"物茂卿、太宰纯之徒以

---

① 〔日〕陶德民：『懐徳堂朱子学の研究』，第 270 页；同《超越国粹主义与中华崇拜－对五井兰洲"百王一姓论"的再评价－》。本稿受陶氏学恩匪浅。
② 〔日〕五井蘭洲：『蘭洲遺稿』壹，第 17 页上。
③ 〔日〕五井蘭洲：『蘭洲遺稿』壹，第 17 页下。
④ 〔日〕五井蘭洲：『蘭洲遺稿』壹，第 17 页下。
⑤ 〔日〕五井蘭洲：『蘭洲遺稿』壹，第 16 页上。
⑥ "君子之贼"四字疑误，邵雍《洪範皇极内篇》中作"君臣之缺"。
⑦ 〔日〕五井蘭洲：『蘭洲遺稿』乾，第 81 页下。

夷狄待我国自甘"不可与之同日而论。① 如陶氏所指摘的那样，兰洲"自我定位在神道轻蔑论者与神道优越论者之间，站在不偏不党的立场"②，"两立"是其自我定位的具体体现。

兰洲所处的神道轻蔑论者（徂徕学）与神道优越论者（垂加神道）相对立的状况，亦是同时期其他思想家所被给予的前提，即使出现与兰洲相似的思想也不奇怪。事实上，与之类似的有三位暗斋学派人物。铃木贞斋（1675－1740）的思想③在诸多方面与兰洲相近，野田刚斋（1690－1768）则受到了贞斋的影响。在那之前浅见䌹斋（1650－1711）亦在身受"儒者"与"神道家"夹击的认知下，提炼了自己的思想④。兰洲的"公平正大"确实值得称赞⑤，但这一名誉亦该授予上述三人。

追根究底，儒家思想普遍主义认为神道可有可无，因此佐藤直方和室鸠巢并不承认神道；而名分论认为儒家思想没用，从松冈雄渊说学习儒家思想经典的目的不过"以充博学洽闻之资，知草木鸟兽之名为期"可以明显看出⑥。这种对立的最终结局是，"'偏袒'本国或者痴迷'异国'的国别二选一"⑦。然而对在日本学习儒家思想之人而言，这些选择项均有不满之处。"两立"正是为了避免二选一而出现的第三个选项。

兰洲之所以没有否定神道，应该与五井家的家学有很大关系⑧。针对徂徕学派的盛行，许多学者曾依据名分论作出反论，然而这些反论容易倾向于日本中心主义，这一点已有指摘⑨。在神道否定论与优越论对立当中，兰

---

① 亦可参见〔日〕五井兰洲『非物篇』，東京：吉川弘文館，1989，第5页。作"称汉为中华，自处以外夷焉。夫吾则不忍也。徂徕固不知名分，又何尤焉"。

② 〔日〕陶德民：『懐徳堂朱子学の研究』，第273页。

③ 参见〔日〕荒木见悟《崎门学者铃木贞斋——一名朱子学者的苦恼与转变》，《日本中国学会报》第37号，1985；〔日〕清水则夫：《铃木贞斋对暗斋学派·仁斋的批判及其"心"的主张》，《日本思想史学》第46号，2014。

④ 参见〔日〕清水则夫「浅見絅斎の神道観と道について」，『日本思想史学』第39号，2007；同「浅見絅斎の「大義名分」の再検討」，『日本思想史学』第48号，2016。

⑤ 〔日〕陶德民：『懐徳堂朱子学の研究』，第282页。

⑥ 『日本思想大系39 近世神道論 前期国学』，東京：岩波書店，1972，第254页。

⑦ 〔日〕丸山真男：『闇斎学と闇斎学派』，载『日本思想大系31 山崎闇斎学派』，東京：岩波書店，1980，第636页。着重号系原文所标。

⑧ 〔日〕五井兰洲：『蘭洲遺稿』壹，8页下；又『蘭洲茗話』上，東京：松村文海堂，1911，第29页。

⑨ 参见德富蘇峰『近世日本国民史 宝暦明和篇』，東京：民友社，1926，第118页。对徂徕学的批判进行过简洁整理的研究，参见〔日〕小岛康敬『徂徕学と反徂徕』，第111页以下，東京：ぺりかん社，初版1987年，增补版1994年。

洲应该是一面继承家学，一面摸索着有别于偏激化垂加神道的相异之道。①

其时兰洲与浅见絅斋、铃木贞斋之间有何影响关系并不明确。② 但无论有无影响，多个人物均出现类似思想这一点都应该引起重视。可以认为这是在同一状况下产生的相似问题意识。

"儒家思想普遍主义"与"名分"的"两立"是一种针对当时朱子学者共通课题的解答，即同时批判以垂加神道为首的儒家神道等所主张的日本中心主义，以及徂徕学派的放荡不轨与中华推崇。其中兰洲依据儒家思想普遍主义来批判部分神道家的日本中心主义，同时又依据名分论来对抗徂徕学派。③

3. 竹山眼中的暗斋学派与"文"

中井竹山是彻底否定暗斋学派的，而且在不承认神道这一点上也不相同。竹山虽然也略通和学，但却批判神道是"巫学"④，当然亦不提倡儒神一致。竹山不承认神道，有可能是因为他没有将"国别二选一"看作问题，且竹山的"名分论"与兰洲亦不相同。

竹山并非轻视名分论。他对足利义满受册封一事持批判态度⑤，对徂徕的批判当中亦有提及名分的用例。不同的是竹山对于"名分"，其重点在国内秩序上，加之他用"文"来涵盖是一重大变化。

竹山亦支持天皇为尊，常批判江户的儒者称为"名分淆乱，称呼舛误，

---

① 三轮执斋亦曾对儒家思想普遍主义与儒家神道进行批判。下述指摘，准确言明了当时的状况。"执斋对'日本魂'的抵触绝非是孤立无援。因为在同一时代存在着朱子学者，与执斋一样，从'道'的普遍主义立场出发，批判偏狭的'神道者'的独善主义。"参见〔日〕前田勉『近世神道と国学』，東京：ぺりかん社，2002，第 261 页。

② 兰洲对《日本书纪》的批判受到了野宫定基的影响。参见〔日〕陶德民『懐德堂朱子学の研究』，第 280 页。铃木贞斋对《书纪》的批判与兰洲相似，但贞斋和野宫定基以及兰洲之间的关系尚未明确。

③ 陶氏指出"批判部分儒者的中华崇拜时所用的……儒家思想普遍主义论理，在此亦转变为批判神道家的论据"，将兰洲与儒家思想普遍主义结合起来进行了说明。参见〔日〕陶德民『懐德堂朱子学の研究』，第 275 页。该指摘十分重要，但并不能成为兰洲提倡神儒一致的理由。应该说兰洲对徂徕的批判以及对神道的拥护，与其名分论有关。

④ 〔日〕中井竹山：『奠陰集』，第 77 页，東京：ぺりかん社，1987。又同：『奠陰自言』大阪大学付属図書館懐德堂文庫蔵，中以游佐木斋为例对神道进行了批判。

⑤ 〔日〕中井竹山：『竹山国字牘』下，第 27 页下。

东儒僻习"①。然而将之付诸实际行动的宝历事件，在竹山却仅沦为批判暗斋学派的一个材料。

> 往岁竹内何某，虽受关东（幕府）惩处，然其人非品行不正之人物。其学术之流弊在于，主张《靖献遗言》，攘臂以横议，引出目前之大害。……总体而言，学者分上之大害，虽不如荻生（徂徕）；然对搢绅尊贵之人，山崎之害甚矣。……学术之选择，应去山崎派，而求朱子学。②

竹山认为"对搢绅尊贵之人"，暗斋学派的危害要超过徂徕学。竹山对暗斋学派的批判似乎受到了宝历事件的影响。竹山向公家高辻胤长提交了《建学私议》，文中是不可能会认同宝历事件的。即使对自己人，竹山应该也会是同样态度。

竹山亦频繁谈论"名分"，在批判徂徕学派的语境中亦有提及。其中受到批判的却并非是徂徕学派的中华崇拜。在写给涩井太室的书信中有以下内容。

> 三纲五常之道最为切要，最不可有紊名失分之事。然时至近世，物、服、太宰等诸儒辈出，大乱名分，大肆颠倒错乱世俗亦未曾失误之事，自甘沦为名教罪人，令人甚不愉快。③

初看貌似寻常批判徂徕学派之文，实则"乱名分"之意不同。通常说徂徕学派错乱名分，是针对其中华崇拜而言。那么竹山所言"大肆颠倒错乱世俗亦未曾失误之事"究竟意指何事？竹山对涩井太室记德川将军为"〇〇宗"以及徂徕学派记作"〇〇庙"，均批判其是"僭乱"之罪。还指出，

> 物氏文中有"宪庙贞享元年"之语。庙号冠以年号，僭乱尤甚。于此大节目，世人之称呼甚为正确，上下统一称之为"公方样""将军

---

① 〔日〕中井竹山：『奠陰集』，第193页。
② 〔日〕中井竹山：『竹山国字牘』下，第41页下。
③ 中井竹山：《答太室第一书》，《竹山先生国字牍》下，第19页上。

样"。自室町氏以来数百年间，终无一人，称将军家为"禁里样"。此
番名正言顺之事，自学者紊乱，成何体统？①

称德川幕府的历代将军为"宗"或"庙"之所以被视为"僭乱"，是
因为这是对天皇不敬的书面表达。然而竹山并非单纯的尊王论者，他认为
这种书面表达"不仅大损江都恭顺之美，且甚触京师之忌讳"，与德川家的
天皇尊重不相符。值得注意的是，"世人之称呼"明明"正确"而"学者"
却将之颠倒错乱这一指摘。写给涩井太室的书信中所说的"世俗亦未曾失
误"，正是此意。

日本的研究，特别是二战前的研究有对立尊王与佐幕的倾向，认为尊
王思想中内包打倒德川家的契机。此处，他们认为安逸于德川家统治的世
人是错误的，最终一部分先觉者出现并提出正确的尊王思想，才引起了明
治维新，而宝历事件也成为称赞的对象。但竹山认为，不正常的反而是学
者，世人对天皇和德川家分别使用"禁里样"、"公方样"、"将军样"之类
的"称呼"是正确的。

涩井太室亦有其主张。他辩解到德川家"非侯非王"②，该观察没错。
所以他在烦恼许久后选择了"○○宗"这一语言表达。但竹山不认可对德
川家使用与皇帝相等的语言表达，认为此种文字选择的恰当与否才是"名
分"问题的所在。

> 不同于华域，世之所称，大都难以即时使用汉文表达。施之汉文
> 则不得不拟定文字。……近儒遴选文字得当者有之，失当者亦有。仆
> 论名分，绝非议论国家。而是议论近儒之得当与否。议论诸儒之得当
> 与否，乃是为了在自己执笔时，能去非存妥。③

竹山所讲的名分，"非议论国家"，乃是出自对"遴选文字"这一实际

---

① 中井竹山：《答太室第一书》，《竹山先生国字牍》下，第 19 页下。
② 中井竹山：《答太室涩井氏　第二书》，《竹山先生国字牍》（手稿本）所收，大阪大学附
　属图书馆怀德堂文库藏。该书简于前揭《竹山先生国字牍》中未收。关于两种《竹山先生
　国字牍》的差异，参见〔日〕田世民『中井竹山研究序説：回顧と展望』，『懐徳堂研究』
　第 3 号，2012。
③ 中井竹山：《答太室涩井氏　第二书》，《竹山先生国字牍》（手稿本）。

具体事物的关心来说明的。这类似于浅见絅斋抨击那些将江户记作"东都"之辈①的例子。然而暗斋学派总体而言，在讨论"名分"之时，从国内和国外两个领域来"议论国家"确定忠诚的对象，并且强调实际行动，甚至激进到会受到幕府处罚的程度。此处的"名分"是指，忠诚这一道德实践问题，兰洲亦有相似之处一事上文已有交代。而竹山则视国内秩序前提下的汉文创作问题为"名分"。

须将之看作一重大变化。在竹山看来，"名分"内包于"文"中，且主要是讲国内秩序问题。竹山对暗斋学派的批判"山崎诸儒，误解程子之说以文章为学者之大禁，甚谬。……实行为主修以文业，学者之理所当然也。岂应禁止"②虽常常被引用，但基于本稿的考察，将之视为单纯的文章创作批判是不恰当的。徂徕学派与涩井太室，因错选文字而被竹山视为错乱"名分"者。即是说，可以认为这是舍弃了暗斋学派的名分论，而宣告了与"文"一体化了的新"名分"。

一般认为，怀德堂"经术"与"文章"并重。上文中探讨过的对于暗斋学派的"文"批判，亦见于竹山的《应宫川贤侯尊命，大书呈上怀德堂诸联附说》③。这是怀德堂该建筑物内所附对联的说明文，其中对"堂联"的解说与上述引文相近。堂联的原文是"经术心之准绳、文章道之羽翼"，竹山的解说集中于下句，对上句的说明仅寥寥数言。他解说到，所谓"羽翼""非辅翼之义，实为鸟翼之翼，喻指使之飞翔之具也"④。彼强调"文章"不单单是辅助"经术"，在传达"经术"方面亦是不可或缺的。如此这般，可以看出竹山的重点反而在于"文"。

"文"本身具有多重含义，至少含有正确的读解能力以及作文（作诗）能力，这两种含义是毋庸置疑的。关于竹山据此来批判徂徕学派，先行研究已有详细的论证。

例如竹山的《非征》，在批判徂徕的《论语征》时，经常提出实证进行反驳。有名例子是，徂徕在为政篇首章的注解以及《辩名》中指出，古语里不存在"身"与"心"相对比的用法。对此竹山列举了《书经》与《诗

---

① 〔日〕浅見絅斎『箚録』，载『日本思想大系 31　山崎闇斎学派』，第 355 页。

② 〔日〕中井竹山：『竹山国字牘』上，第 10 页下。

③ 〔日〕中井竹山：『竹山国字牘』下，第 1 页上以后。

④ 〔日〕中井竹山：『竹山国字牘』下，第 1 页上。

经》中共计十四个用例，来暴露徂徕的主张不成立。①

安永五年（1776）刊行了收有宝历八年（1758）序文的《诗律兆》。竹山在书中记述了近体诗的作诗方法，搜集了以唐为中心、截至宋明的用例，归纳了正确的平仄，并按平仄类型将用例进行了分类整理。此外，将不符合平仄原则的徂徕以及服部南郭所写诗的数量，以"物集○、服集○"的形式特意予以明确标记。由此，明确了徂徕学派诗作的错误所在②。

指摘经书研究与文章创作的错误本是理所当然的。但竹山既已将"文"与"名分"一体化，那么可以推断在其意识中，前文所探讨的各种批判并不仅限于指摘"文"的错误这一层面。

其实，对徂徕的"文"进行实证批判成为可能这一点，与在那之前即使身为批判徂徕的学者亦被其"文"所败这一点，构成了鲜明对比。③ 例如某人曾叹息到"吾党学者，往往固陋不博，文章最拙，故不能与徂徕之徒相抗，是可叹也"，对此三宅尚斋回答道"程朱博学文章，不及欧苏，而道之明，德之贵，天下无有抗之者。道德不系博学文章"④，而室鸠巢反驳道"道在于道德，抑或在于文章？……今单指文辞为道，无异于以玉帛为礼，以钟鼓为乐"。⑤ 垂加神道家的上月专庵著有《徂徕学则辩》一书，然而在读《訳文筌蹄》题言时仍感叹道"徂徕翁日本三千年文章一人"。⑥ 兰洲亦在《蘐园随笔》读语的感想中记到"徂徕可谓能文"⑦，即使是竹山亦多有保留，有承认日本人当中相对而言徂徕之文较优秀。⑧ 徂徕所带来的冲击，比起在思想方面，对"文"的影响则更多。

那么，竹山将"经术"与"文章"一体化，有何意义呢？

三宅尚斋所谓的"道德不系博学文章"是指，放弃以"文"对抗徂徕，

---

① 〔日〕中井竹山：『非征』，東京：吉川弘文館，1988，19 页。又参见〔日〕日野龍夫『江戶人とユートピア』，東京：朝日選書，1977，203 页以后。

② 参见〔日〕矢羽野（古賀）芳枝《中井竹山〈诗律兆〉中的蘐园学派批判》，湯浅邦弘編『懷德堂研究』，東京：汲古書院，汲古書院，2007。

③ 山本北山亦在天明 3 年（1783）刊行的《作诗志彀》中写道"世之学者，於徂徕先生之经义，虽稍有排击者，然于文章，日本开辟以来无一人间然者。纵横虚名于今数十年矣"。参见〔日〕山本北山《作诗志彀》附录，第 66 页上。

④ 〔日〕三宅尚斎『黙識録』為学三，東京：松云堂，1933，第 16 页下。

⑤ 〔日〕室鳩巣：『駿台雑話』，東京：岩波文庫，1936，第 257 页。

⑥ 〔日〕上月専庵『徂徕学则辨』，載『日本儒林叢書』四，东京：凤出版，1971，第 1 页。

⑦ 〔日〕五井兰洲：《与井狩雪渓》，《五井兰洲遗稿》貳，第 28 页上。

⑧ 〔日〕中井竹山：《竹山国字牍》下，第 33 页上。

转而强调"道德"。众所周知，徂徕没后的徂徕学派以诗文派为主体，他们的放荡不羁招来了种种批判，他们的"文"与"道德"毫无关系。与之相应强调"道德"成为反徂徕派的惯用手段，但终究只不过是欠缺了"文"的"道德"。

而且，当"道德"直面传统的名分论所附带的"国别二选一"时，儒者的"文"的存在意义会受到质疑，甚至会有诸如松冈雄渊之类质疑儒家思想价值的危险。为避免这种情况发生，兰洲等人选择了儒神一致论。然而之后兴起的国学派，依据日本古典这一"文"，强调日本的古"道"批判儒家思想，给予了儒家神道与儒神一致论双重打击①。因此，依靠儒神一致论来解决"国别二选一"问题几乎难以实现。

换言之，徂徕学派强调缺乏"道德"之"文"，反徂徕论者强调缺乏"文"之"道德"，国学派强调与儒家思想相异的"文"和"道德"，这导致了儒家思想的"道德"与"文"陷入危机。

自此，将儒家思想之"道德"与"文"再次结合，在"文"上战胜旧朱子学者，在"道德"上战胜徂徕学派，同时能与国学派的儒家思想否定分庭抗礼的时代思想需求产生了。其结果并非儒神一致，而正是在儒家思想框架内将"道德"与"文"相结合的竹山的思想。唯一的问题是"国别二选一"。对竹山而言，儒家思想的意义是不言而喻的，所以其"名分"观并不涉及自他认识。如此来看，竹山将"经术"与"文章"并称，虽表面是并称，而实质上则是将重点放在"文章"上的一体化。

至此兰洲与竹山二者的思想差异已然明了。虽然兰洲和竹山对暗斋学派与徂徕学派均持否定态度，但其支撑理论却有如上变化。兰洲以儒家思想普遍主义与名分论这两点为依据进行了批判，竹山则是通过"文"来进行批判。

开头探讨过的上田秋成言论的后半部分，在异本《胆大小心录》中记作"学问虽好，然伦性堕而无规律"②。当"文"含括了名分论时，道德性实践则退居幕后。儒者"不再令人敬畏"是理所当然的，应该说秋成是正确的。

---

① 竹山和本居宣长同为享保 15 年（1730）出生。
② 〔日〕上田秋成：『胆大小心録』，第 380 页。

4. 结论

以上探讨了五井兰洲和中井竹山对暗斋学派、徂徕学派的批判及其背景。明确了兰洲的名分论是自他认识与国内秩序双方面的道德性实践问题，而竹山的名分论则变成了有关国内秩序与"文"的问题，并且竹山试图通过以"文"内包"道德"的形式来达成二者的一体化。"文"的崛起不仅限于竹山，可以说是 18 世纪后叶的一个特征。

活跃于江户菊町学问所的服部栗斋（1736 - 1800），一般被后世定位为暗斋学派，但他于 14 岁时拜入了五井兰洲门下，与竹山也私交甚笃。赖杏坪为栗斋所写的墓志表明，鉴于部分暗斋学派有"舍文说理"的弊害，栗斋转而以文义来断义①。

如本稿所述，徂徕学流行之后，深化了"文"与"道"的分裂。因此竹山和栗斋各自尝试去予以克服。可以认为正是这些变化，对之后的朱子学复权起了重要作用。兰洲和竹山的差异，可以看作是反映这种变化的一个事例。

至此遗留的问题在于折中学派与正学派朱子学。它们采取了区别于竹山的形式来使"文"与"道德"两立，进而对徂徕展开了批判，并于 18 世纪后叶达到隆盛。我们有必要追究其与竹山共通之处以及相异之处。不弄清楚这一问题，就无法完全明确朱子学复权的缘由。此外，异学之禁与"文"之间的关联也有待更加详细的分析。这些将是笔者今后的课题。

【参考文献】（按出版年代顺）

德富苏峰：『近世日本国民史　宝历明和篇』，東京：民友社，1926。

日野龙夫『江戸人とユートピア』，東京：朝日選書，1977。

加地伸行等：『叢書　日本の思想家 24　中井竹山　中井履軒』，東京：明德出版社，1980。

丸山真男：『闇斎学と闇斎学派』，載『日本思想大系 31　山崎闇斎学派』，東京：岩波書店，1980。

---

① 《日本道学渊源续录》卷五，載《楠本端山・硕水全集》，苇书房有限会社，1980，第675 页。

荒木见悟:《崎门学者铃木贞斋——一名朱子学者的苦恼与转变》,《日本中国学会报》第 37 号,1985。

小島康敬『徂徠学と反徂徠』,東京:ぺりかん社,初版 1987 年,増补版 1994 年。

陶德民:『懐徳堂朱子学の研究』,大阪:大阪大学出版会,1994。

前田勉:『近世神道と国学』,東京:ぺりかん社,2002。

矢羽野(古賀)芳枝:《中井竹山〈诗律兆〉中的蘐园学派批判》,湯浅邦弘編『懐徳堂研究』,東京:汲古書院,2007。

清水則夫:『浅見絅斎の神道観と道について』,『日本思想史学』第 39 号,2007。

陶德民:《超越国粹主义与中华崇拜——对五井兰洲"百王一姓论"的再评价》,《东亚文化交涉研究》第 1 号,2008。

田世民:『中井竹山研究序説:回顧と展望』,『懐徳堂研究』第 3 号,2012。

清水則夫:《铃木贞斋对暗斋学派·仁斋的批判及其"心"的主张》,《日本思想史学》第 46 号,2014。

清水則夫:『浅見絅斎の「大義名分」の再検討』,『日本思想史学』第 48 号,2016。

A Change of the KaitokudoNeo-Confucianism: GoiRanshu and NakaiChikuzan

Abstract:This article examinesGoiRanshu 五井兰洲(1697 – 1762)and NakaiChikuzan 中井竹山(1730 – 1804)'s criticism of the Kimon 崎門 school and the Sorai 徂徠 school and also their philosophical background. Both of them based on *Meibun* 名分(moral obligations of character)thought. Ranshu interpreted it as the issues of moral practice about national identities and domestic political order. Nevertheless,Chikuzan emphasized that *Meibun* was the political and moralistic rulesreflected in Chinese composition and discussed by Japanese people. Thus,Chikuzan changed *Meibun* to a literary problem. The rise of *Bun* 文(literature)was not only athought of Chikuzan,but also a salient feature of Japanese intellectual history in late eighteenth-century.

Keywords:Neo-Confucianism;Kaitokudo;GoiRanshu;NakaiChikuzan;literature

怀德堂与西部诸藩的儒者[*]
——以龙野藩为中心

浅井雅 著[**]　许家晟 译[***]

【摘　要】本文试图通过分析以大阪的半官方学堂怀德堂为中心展开的西部日本儒者间之交流，来探寻解决这一 18 世纪日本儒学问题的线索。具体内容为分析怀德堂极盛时代的学主中井竹山（第 4 代学主，1730－1804）及其父甃庵（1693－1758）、弟履轩（1732－1817）这一人才辈出的中井家与龙野藩之间的关系，并进一步阐明在此学者集团基础上更广域性的横向联络网。其中主要以龙野藩儒者（藩儒）股野玉川（1730－1806）为中心进行分析。

【关键词】儒者间之交流　怀德堂　龙野藩　股野玉川

1. 引言

"如何评价徂徕学登场后的学术界，是近世日本思想史中尚未解决的一大问题。"[①] 本文试图通过分析以大阪的半官方学堂怀德堂为中心展开的西部日本儒者间之交流，来探寻出解决这一 18 世纪日本儒学问题的线索。具

---

　　* 本文为日本学术振兴会科学研究费助成事业［基盘研究（C）、名称：「怀德堂をめぐる学术交流の思想史的研究」、研究课题番号：16K02219、主持人：清水则夫］之研究成果。
　 ** 浅井雅：日本神户大学国际文化学研究推进中心协力研究员、博士（学术）。
　*** 许家晟：日本学习院大学国际中心 PD 共同研究员，早稻田大学非常勤讲师、博士（文学）。
　　① 真壁仁：『德川後期の学問と政治』，第 526 页。

体内容为分析怀德堂极盛时代的学主中井竹山（第 4 代学主，1730 - 1804）及其父甃庵（1693 - 1758）、弟履轩（1732 - 1817）这一人才辈出的中井家与龙野藩①之间的关系，并进一步阐明在此学者集团基础上形成的更为广域性的横向联络网。其中主要以龙野藩儒者（藩儒）股野玉川（1730 - 1806）② 之日记（《日记》《内省日记》《幽兰堂年谱》），及幽兰堂相关资料（皆为龙野市龙野历史文化资料馆所藏）为中心进行分析。

2. 前期研究及相关研究综述

在以武士为主要支配阶级的近世日本，儒学并非从一开始就受到欢迎。然而18 世纪初期后，武士们除了军人战士的属性之外，添加了和平时期的官僚属性，因此武士社会中也开始提倡"儒学的必要性"，于是儒学便被纳入幕府与诸藩的教学政策中。

18 世纪儒学与儒者为诸藩所逐渐接纳，出现巨大变革的时代，但以丸山真男的《日本政治思想史研究》③ 为首的近世日本儒学与儒者的研究，却主要关注所谓"最高点的思想家"，以近世前期特别是对朱子学之接受直至徂徕学流行为止的时期为主要侧重点，并未对18 世纪予以关注。

当然，在 20 世纪 80 年代后期，辻本雅史④、赖祺一⑤及小岛康敬⑥等指出，18 世纪后期对徂徕学持对抗立场的学者渐增，而朱子学则作为道德之学受到重新评价。但此类先行研究之成果主要侧重于儒学在武士社会中所受到的"活用"一事。同时此类研究的方法实际上与过去并无不同，所论及的内容也主要是以对思想家的言论分析为主，将当时的代表性人物的思想抽取出，以此突出当时儒学所处的状态。

---

① 位于现日本兵库县西南部。宽文 12 年（1672）肋坂家第 3 代户主肋坂安政自信浓国饭田转封至此。此后肋坂家直至幕末为止一直负责统治这一 5 万余石的领地。肋坂家本为外样大名，于天和 3 年（1683）成为愿谱代大名，其后则正式成为谱代大名。

② 担任龙野藩历代藩儒的股野家第二代户主。

③ 丸山真男：『日本政治思想史研究』，東京：東京大学出版会，1952。

④ 辻本雅史：『近世教育思想史の研究』，京都：思文閣出版，1990。

⑤ 賴祺一：『近世人にとっての学問と実践』，『日本の近世』，東京：中央公論社，1993，第13 页。

⑥ 小島康敬：『徂徠学と反徂徠』，東京：ぺりかん社，1994。

另外，近年对个别儒学思想的研究中，天保年间（1831－1845）之后儒者们受到重视的时代的研究①受到关注。

3. 研究目的

儒学在武士社会中传播的过程仍未获得十分清楚的分析。不局限于"学派"或"藩校"，不是从"点"而是从"面"上来俯瞰 18 世纪儒学时，对徂徕学兴盛至藩校创立时期的研究史至今仍存在沟壑，几乎互不相关，需要打通双方的隔阂。因此本文将从多方面视角对 18 世纪儒者的活动进行考察，分析探讨当时学者的人际网络。

到目前为止的研究中关于藩儒间的人际网络已有论述。例如对传记之研究及关于藩政改革之研究中便可窥其一斑。② 另外文化史研究中虽亦有详细论述③，但此类研究仅局限于城下市街又或其周边地区的网络。而本文则试图以怀德堂与龙野藩儒股野玉川为中心，并以此为例探明更为广域性的藩儒间之人际网络。

本文具体构成如下。第 4 节中阐明怀德堂与龙野藩之关系，并在此基础上于第 5 节中关注龙野藩儒股野玉川在 40 岁后拜入玉田默翁的虎溪精舍门下，分析玉川如何在此深化自身之思想。进而于第 6、7 节中探讨股野玉川在故乡及江户，通过学问所构筑的与其他各藩、其他地区的学者间人际网络具体为何物。最后经由此一过程，完成本文的撰写，即从整体性角度上揭示诸藩的藩儒间文化交流网络的实际内情及其扩展的历史性意义。

---

① 高山大毅：『暴君と「士風」：古賀侗庵再論』，『駒澤大學文學部研究紀要』，東京：駒澤大學，2018，76 号。中村安宏：『檢閲と幕府儒者：天保改革の文教政策』，『歴史』，日本宮城県：東北史学会，2018，130 号等。

② 『龍野と懐徳堂——学問交流と藩政』（【参考文献】一覧所載）。真壁仁：『徳川後期の学問と政治』（【参考文献】一覧所載）。小関悠一郎：『「明君」の近世——学問・知識と藩政改革』，東京：吉川弘文館，2012 等。

③ 岸野俊彦：『幕藩制社会における国学』，東京：校倉書房，1998。竹松幸香：『加賀藩文化ネットワーク——近世後期の儒者・金子鶴村の事例』，『ヒストリア』，大阪：大阪歴史学会，1998 年 9 月，161 号等。另关于文人（知识分子）人际网络的研究，可参照梅村佳代『日本近世民衆教育史研究』，234－278 頁，千葉県：梓出版社，1991。岡村敬二『江戸の蔵書家たち』，東京：講談社選書メチエ，1996 等。

4. 大阪怀德唐与龙野藩之关系

将怀德堂建于大阪尼崎町，并担任第 2 代学主的中井甃庵及其子竹山、履轩，乃是代代担任龙野藩医的龙野中井家之旁系分家。① 中井家原为大阪市井医师，后于宽文六年（1666）受当时担任大阪城代加番的肋坂家之招出仕，并于肋坂家转封时一同移居龙野，且是有 130 石至 250 石俸禄破格待遇的藩医之家。该家系中有宝永三年（1706）移居至大阪的怀德堂第 2 代学主中井甃庵（忠藏，时年 14）及其祖父养仙（昌伦）、父玄端（昌直）等。但另一方面，甃庵的兄弟姐妹中有数人依旧留居龙野，并于其后亦维持着与龙野的关系②。

同时龙野藩的儒者与怀德堂中井家之间亦有密切关系。龙野藩儒藤江熊阳（1683－1751）为当时知名学者，甃庵之子竹山、履轩亦于归乡之际受其亲炙③。另外，藤江家第三代户主龙山（1726－1797）乃是原为甃庵之兄，后成为柳生家养子的柳生权藏（武助）之次子，受藩主之命作为养子进入藤江家，因此实际上与竹山、履轩兄弟乃是堂房兄弟关系。而中井竹山与龙野藩儒股野龙溪（1690－1755）之嗣子，后成为龙野藩儒的股野玉川不仅同为藤江熊阳之弟子，亦同时生于享保十五年（1730），相互之间有着非常密切的交往。因上述缘故，怀德堂与龙野藩儒之间有着学问上的相互交流。而竹山亦与股野玉川的人际网络的形成有很大关联。将第 7 节中亦会提及的细井平洲及其门徒高山彦九郎、广岛藩之藩儒赖春水介绍给玉川的正是竹山。将下一节中登场的玉田默翁介绍给玉川的则是怀德堂学子稻垣子华（1723－1797）。

关于龙野藩与怀德堂中井家的关系，首先要提及的便是元文三年

---

① 关于中井家，据『諸氏略系』（たつの市立龍野歴史文化資料館蔵），小堀一正、山中浩之等：『叢書　日本の思想家 24　中井竹山　中井履軒』、（【参考文献】一览所载）。『龍野と懷徳堂——学問交流と藩政』、（【参考文献】一览所载）。竹下喜久男：『近世の学びと遊び』、（【参考文献】一览所载）。

② 竹下喜久男：『近世の学びと遊び』，第 74 頁（【参考文献】一览所载）。山中浩之：『龍野藩藩政改革と儒学者たち——二つの事件を中心に』，『龍野と懷徳堂——学問交流と藩政』（【参考文献】一览所载），第 60－62 頁中亦有相关记载。

③ 据『奠陰集』卷九，（懷徳堂記念会『懷徳堂遺書』，東京：松村文海堂，1911），『先君子貽範先生行状』。

（1738）10 月，中井甃庵向龙野藩第 4 代藩主安兴（1717 – 1747）呈上的意见书《中井忠藏差上候书付》。据山中浩之的研究，龙野藩采取财政紧缩的改革政策时①甃庵亦发挥了一定程度的作用。此书便是改革实施后上呈之物。此书中甃庵向藩主安兴谏言"戒情欲"，"必须将因游乐宴会而松弛的心情重新振作起来，因此需要博览经书、诗文、历史纪录以及军事书、太平记、（源平）盛衰记等，且不是自己一人阅读，更需要组织集体阅读讨论。并认为一边饮酒一边将自己的想法与他人探讨才是藩主最具亲切感的情趣"②。山中同时指出，于此一改革开始之际，即享保 20 年（1735）及其后之延享三年（1746），龙野藩两处藩儒之家③的第一代藤江熊阳与股野龙溪各拜领 100 石新增俸禄一事，亦有相关关系。亦即藤江熊阳与股野龙溪成为龙野藩儒一事，也与中井家有关。

在呈上《中井忠藏差上候书付》36 年后的安永三年（1774）5 月，中井竹山向龙野奉行呈上了《社仓私议》一书。④陷入困境的龙野藩财政于安永年间（1772 – 1781）愈发恶化，竹山上呈的《社仓私议》乃是将藩财政偿还与社仓（中国宋代学者朱熹所创立。以向穷困人士低息提供米粮或资金，及万一发生饥荒时的各项准备为主要目的而设置的谷仓及贮藏法）同时运营的救济方案。竹山于此文中强调"社仓必须基于儒学精神，以儒者为中心进行运营"。而同一时期龙野藩的儒者们亦对藩主上呈了封事（除君主以外任何人都无法获知内容的密封上书）。此封事中被认为有"关于人才登用之意见"一文，包含龙野藩的财政收支健全化在内的藩政改革，不仅有龙野藩诸儒之参与，同时可证明怀德堂中井家亦起到相当程度的作用。

---

① 山中浩之：『龍野藩藩政改革と儒学者たち―二つの事件を中心に―』，『龍野と懐徳堂――学問交流と藩政』（【参考文献】一览所载），第 62 页中认为，"享保年间所发生的龍野藩藩主暗杀未遂事件"的根本原因，来自财政紧缩政策改革所产生的对立。

② 山中浩之：『龍野藩藩政改革と儒学者たち―二つの事件を中心に―』，『龍野と懐徳堂――学問交流と藩政』（【参考文献】一览所载），第 63 页。

③ "藩儒之家"乃宇野田尚哉于「儒者」（【参考文献】一览所载，21 页）一文中所述之概念，诸藩于"十八世纪后期以后，作为藩政改革之一环，采取以儒学对家臣进行教化为目的的政策（藩校设立等），而此时为了推行这一政策时常会登用新的儒者，其结果"便是这些儒者之家系在"此后一直延续至废藩为止"。

④ 《社仓私议》及关于龙野藩之社仓问题，据山中浩之：『龍野藩藩政改革と儒学者たち―二つの事件を中心に―』，『龍野と懐徳堂――学問交流と藩政』（【参考文献】一览所载），第 64 页，及同『龍野版社倉の実施と小西惟沖』（【参考文献】一览所载）。

然而，因此后所发生的国枝士谦处分事件①，《社仓私议》中所提议的社仓未能于安永年间在龙野藩实施。同时事件发生之际，竹山亦与龙野藩相关人员取得联络，并将情况传递至高山彦九郎处。②

作为第一代龙野藩藩儒被登用的藤江熊阳及股野龙溪，以及龙溪之子股野玉川均出自古义堂门下。③ 然而因与怀德堂中井家有上述关系之故，玉川嗣子顺轩及藤江龙山嗣子梅轩均拜入竹山门下，为龙野藩藩校设置尽心尽力的小西惟冲及其父尚德亦就学于怀德堂。有研究指出惟冲至少在宽政二年（1790）至同四年（1792）间寄宿于怀德堂。④ 受怀德堂熏陶的小西惟冲最终于文化十四年（1817）率先主张实现《社仓私议》中所提出的社仓构想⑤，并于文政三年（1820）付诸实施。此时的记录被汇总为《社仓笔记》传承至今。

5. 龙野藩儒股野玉川与玉田默翁之关系

不知是否因上述怀德堂与龙野藩之关系，龙野藩儒股野玉川于 40 岁后开始进一步深化自身的思想。生于"藩儒之家"的玉川本授业于作为"藩儒之家"户主的父亲股野龙溪及其同僚藤江熊阳（舅父），又与同辈切磋琢磨，后于延享二年（1745）16 岁时获招出仕。同时 20 岁后数年间自龙野藩政府处获得游学的机会，前赴京都古义堂游学，积累了身为"藩儒之家"继承人的学识与能力。在此期间，玉川 20 岁时便受命担任龙野藩邸内的主厅讲经，宝历五年（1755）26 岁时继承家业，之后一直因公往来于龙野与

---

① 安永 9 年（1780）读书指南国枝士谦因上书中的内容而受到处分，此一处分波及藩内数十人，其后于天明二年（1782）六月十八日国枝士谦自杀。另，关于为何会受到如此处分的理由至今不明。

② 上呈"关于人才登用之意见"的安永三年十二月，高山彦九郎在玉川宅逗留了 5 天，可见彦九郎亦对龍野藩藩政的将来十分关心。国枝士谦处分事件之后，彦九郎前往大阪的竹山处拜访并询问具体消息（据『高山彦九郎日记』第 2 卷、〈【参考文献】一览所载）。

③ 关于玉川之经历及求学过程，参见拙文『藩儒の修学過程と公務——龍野藩儒股野玉川を主な事例として』（【参考文献】一览所载）。

④ 『龍野と懐徳堂——学問交流と藩政』（【参考文献】一览所载），第 82 页。另，竹下喜久男：『近世の学びと遊び』，第 77－78 页（【参考文献】一览所载）中，指出玉川弟子之中亦有 2 人拜入怀德堂门下。

⑤ 近邻的姬路藩亦有饰西郡大庄屋衣笠弥惣左卫门等，向姬路藩家老河合道臣（寸翁）提议建设类似于社仓的构想，并在此际接受附近庄屋及富裕人士的捐赠，最终于文化六年（1809）前后成立了固宁仓。

江户之间。① 在股野玉川本籍所在地及江户两地，皆有与玉川密切往来的学者，而其中又特别受到关注的，便是玉川 40 岁之后深化自身思想之际所邂逅的玉田默翁。本节主要关注此点，来分析玉川如何深化自身之思想。此处使用《内省日记》［明和四年（1767）五月至明和八年（1771）七月，玉川 38 - 42 岁］与玉田默翁相关史料。

玉田默翁② ［元禄十年（1697）至天明五年（1785）］ 一家于永禄年间（1558 - 1570）自饰西郡玉田村迁至播磨印南郡志方细工所村。祖父正信生于元和六年（1620），后成为该村村长。正保二年（1645）正信受命开发虎溪（此时细工所为幕府直辖领地），元禄五年（1692）时则将一切交予嫡子成绍，与幼子六郎左卫门义道一同隐退虎溪。此时一同隐退虎溪的幼子六郎左卫门义道便是默翁之父，因协助父亲正信开垦新田而受到当时该地领主大久保的赞许，并于其后担任包括细工所村及野尻新田在内的播磨印南郡志方大庄头，默翁为其次子。默翁祖父原为行医之人，其父亦于京都佐藤直方，三宅尚斋处修习暗斋之学。默翁同样好学，赴京都就学于三宅尚斋。其后志方虽成为一桥家领地，但与大久保家（小田原藩主）的关系也一直延续了下来，默翁亦作为学者受到聘用，并因此滞留江户六七年。

其后默翁返乡于野尻新田开设私塾虎溪精舍，从事乡里子弟的教育。不仅乡邻子弟，更有许多周围地方的学者亦造访虎溪精舍③。为庆祝默翁 80 大寿而编撰的《虎溪寿集》中，包括玉川在内，联名者有玉川之子顺轩、儒者藤江龙山及其子梅轩、儒者石原竹里、读书指南国枝士谦，此外尚有侍医松尾玄通等龙野的好学之士。

关于玉田默翁与股野玉川的关系，可追溯至明和六年（1769）。此时已年过 40 岁的玉川经由安志藩儒稻垣子华，拜入玉田默翁的虎溪精舍门下（此时默翁 70 岁出头）获授暗斋之学。顺便一提的是，稻垣子华④于享保八年（1723）生于美作国吉野郡田殿村。就学于怀德堂后成为安志藩学问所

---

① 关于玉川之经历，据股野玉川墓碑铭（龙野市龙野町片山小宅寺）、『諸氏略系』（たつの市立龍野歴史文化資料館蔵）、市古贞次等编『国書人名辞典』（【参考文献】一览所载）等。

② 据『増訂印南郡志』，川島右次『股野玉川翁』，市古贞次等编『国書人名辞典』（皆见【参考文献】一览）。

③ 与明石藩儒梁田蜕严有所往来，浦上玉堂及姬路藩儒合田丽泽为其门人。

④ 据家臣人名事典编纂委员会编『三百藩家臣人名事典』（【参考文献】一览所载）安志藩、稻垣子华事项。

教头、顾问。子华与默翁相同，也未能成为"藩儒之家"，最终于宝历四年（1754）以照料老父为名辞官归乡。①

在受教于默翁的这一时期（明和四年左右开始），玉川在龙野藩内亦积极上呈封事，可见其想成就一番事业之决心。玉川之师藤江熊阳于宝历二年（1752）身故，宝历五年父亲股野龙溪撒手人寰。同时龙野藩第8代藩主安实亦于宝历九年（1759）以15岁之龄夭折，第9代藩主安亲②［宝历九年（1759）袭封，天明四年（1784）致仕，文化七年（1810）卒］乃是从胁坂家旁系（一角氏③）处过继而来的养子。综上背景，宝历九年时，玉川之师与父皆已不在人世，其教育培养的藩主亦早逝。另外，新藩主设置了与藩财政分离，另行运作的"私库"，无论藩财政如何窘迫，又或给领地人民带来何等负担，"私库"却始终维持着充分的资金。不仅财政政策自相矛盾，人才登用方面也只启用能满足藩主之人，结果藩主周围④只见阿谀奉承之辈。⑤ 山中论述称"玉川师事默翁的具体理由虽然不明，但至少其体弱多病加之内心所怀不安是重要因素"⑥。确实，《内省日记》中关于疾病的记载很多。但从玉川即便抱恙在身也依旧积极上呈封事的行为来看，很难认为其师事默翁是出于个人理由（疾病）。毋宁说玉川如前所述般忧心藩政，因此出于无论如何想要重建藩政之故而师事默翁。且实际上玉川之后亦有数名龙野藩儒拜入默翁之门。

从默翁的著作及玉川的手抄本中可见默翁对玉川的影响之大。默翁著作多半经由玉川手抄本才得以流传后世，其中特别重要的有论述关于修养

---

① 子华因此孝行于明和元年（1764）受幕府与当地代官嘉奖。『稻垣浅之丞純孝記録』详细记录了当时的情况，并于明和二年由怀德堂编为『子華孝状』出版，被视为怀德堂彰显孝子运动的开端。

② 实为堀田加贺守正陈（1709–1753，近江宫川藩第3代藩主）第四子。

③ 山中浩之：《龍野藩藩政改革と儒学者たち一二つの事件を中心に一》，『龍野と懐德堂——学問交流と藩政』（【参考文献】一览所载），60–63页中认为，享保时期胁坂正支与一角家发生了差一步便出现"内部纠纷"的事件。并自此与一角家绝缘。

④ 山中浩之：《龍野藩藩政改革と儒学者たち一二つの事件を中心に一》，『龍野と懐德堂——学問交流と藩政』（【参考文献】一览所载），63–64页。此一状况是根据藤江贞藏所著《梅轩独语》（成书年不详）而来。其后第9代藩主安亲在位期间发生了国枝士谦的处分事件。

⑤ 玉川之日记《幽兰堂年谱》始于宝历十年（1760），而该日记本身便可能是新藩政开始后玉川与藩主间抗争的记录。

⑥ 山中浩之：『龍野藩儒股野玉川「内省日記」』（二）解题，（【参考文献】一览所载）16–17页。

的《天人一说》①。该书中有"万物伸长成就皆由天",而人的行为同样出于"受自天之性",主张修养才是关键。又有"小儿如一张白纸,因环境教育影响能变好亦能变坏",且"本心之失皆由恶习而来"。可以认为玉川于默翁处习得暗斋学派的此一基于身心修养的伦理性实践能力。同时,为使"良习"能对社会带来正面影响,玉川于明和九年(1772)编撰了《孝妇鸣盛编》并为之赋写赞辞,又在安永年间(1772–1781)推行私塾教育,一方面谋求社会教化,另一方面试图以此反馈藩政。②

默翁之身份地位止于上层平民,而玉川虽亦出自上层平民(玉川之父为平民)却持有武士身份。但此后默翁不但向大久保家推荐玉川担任该藩的江户进讲,更为玉川与诸多其他各藩或地区的学者间之交流起到重要的桥梁作用。而关于玉川与其他各藩及地区的学者间之交流将在下一节中详述。

6. 玉川滞留龙野时期之人际网络

本节主要就龙野藩儒股野玉川与其他各藩、地区学者间之人际网络中,播州一代及美作、备前等濑户内地区的网络进行分析。资料主要采用《内省日记》《幽兰堂年谱》等日记类著作,及玉川所著《孝妇鸣盛编》。

玉川于明和五年(1768)踏上了前往美作、备前的旅途。《内省日记》中记录下了此次旅行中拜访的人物。三月十三日前往拜访三日月藩儒船曳文阳(图书)、十五日造访安志藩儒稻垣子华、十六日于津山藩士箕作净庵处下榻,其后又探访了冈山藩士汤浅常山(新兵卫)、藩儒万波俊休(甚吉)。上述诸人于此后,不仅在各自所属之藩参勤交代之际路过龙野藩时亦至玉川处拜会,同时在玉川自身因参勤交代而赶赴江户之时也会在江户与玉川进行交流。史料中可获知的有交流人物如下。

---

① 本书底页有玉川抄写于明和六年,其后小西尚德抄写于明和七年之记录。

② 然而国枝士谦处分事件之际,玉川自身亦为「安永十年辛丑二月十八日有罪蒙谴命被除内拜之典」(据『諸氏略系』人部之二、「股野」项)。不仅玉川,藤江军治及二人之嗣子藤江贞蔵、股野嘉善亦被命"闭门"(山中浩之:『龍野藩藩政改革と儒学者たち——一つの事件を中心に—』,『龍野と懐徳堂——学問交流と藩政』(【参考文献】一览所载),第65 页。

（一）姬路：藩儒伊藤兰斋等

（二）赤穗：藩儒赤松沧洲、赤松兰室、藩医大川畊庵、神吉东郭、淮田道瑛等

（三）三日月：藩医船曳文阳等

（四）佐用：菊池正因（其后为作州久世藩儒）等

（五）安志：藩儒稻垣隆秀等

（六）津山：藩士箕作净庵等

（七）冈山：藩士汤浅常山、藩儒万波俊休、近藤西涯、井上四明等

　　赤松兰室为赤松沧州之长子，赤穗藩校博文馆也经由其手建设完成。汤浅常山之子明善历任冈山藩町奉行、寺社奉行，乃冈山藩藩政改革的中心人物之一。其中值得一提的是，因龙野藩读书指南国枝士谦有一时期曾随赤松沧州游学，故日记中可见到玉川与赤穗藩儒间往来频繁，著作中亦多见赤穗藩儒之名。如前述《孝妇鸣盛编》的序文便是赤松沧州作著。

　　如上所述，以播州一带为中心的濑户内地区的学者间，形成了以学问、地缘为主的文化性关系。而其基础部分之一，便是来自包括儒者、医师在内的学者间之血缘关系、姻亲关系。以下略举具体事例。如前所述，大坂怀德堂中井甃庵、竹山、履轩父子、赤穗的市井医师中井氏①，皆为历代效力于龙野藩之藩医、龙野中井家之旁系。以此中井家之血缘为基础，形成了以龙野为中心的自大阪怀德堂至赤穗间的人际网络。而赤穗藩医大川家与三日月藩医船曳家之间亦有血缘关系。由船曳家过继至大川家的养子，便是赤穗藩儒赤松沧州②，而沧州与三日月藩医船曳文阳为舅父与外甥之关系③。如此这般藩儒、藩医间形成了浓密的血缘关系、姻亲关系，而此事亦对学者间人际网络形成起到了一定程度的影响。

---

①　『龍野と懐德堂——学問交流と藩政』，第 54 页及第 57 - 59 页（【参考文献】一览所载）中论述了，中井甃庵之弟中井玄端（？ -1720）第五子常庵（文之）（1694 - 1734）于享保元年（1716）时一起与父亲一同迁至赤穗，并在同处行医。后中井玄端死于赤穗，并下葬赤穗兴福寺。

②　因大川氏、舟曳氏两家一并出自赤松氏，因此沧州于著书立说时自称赤松。

③　『赤穗市史』第 2 卷，487 页（【参考文献】一览所载）。

7. 玉川滞留江户时之人际网络

本节主要对参勤交代时玉川随藩主一同前赴江户之际，与其有所往来的其他各藩、地区之学者进行分析。

首先要举出的便是与高山彦九郎［延享四年（1747）至宽政五年（1793）］间的私人关系。彦九郎于安永年间数度造访江户及龙野，并在玉川处留宿了数日。[①] 理由之一便是与中井竹山间的交流。如前所述，国枝士谦处分事件时，竹山便将龙野藩的情况传递给高山彦九郎。

其次玉川与细井平洲及师从平洲的久留米藩校教授桦岛石梁，以及日向延冈藩宾师南宫大湫、中津藩儒仓成龙渚、丹波篠山藩松平家世子傅兼侍读松崎观海等非朱子学系统的学者间亦有交流。上述诸人中，细井平洲参与了米泽藩的藩政改革，改革内容之一的新设藩校兴让馆之理念便是出自其手。平洲于此后进而参与了尾张藩藩校明伦堂之建设。而桦岛石梁于江户拜入平洲门下，后返乡着手重建久留米藩校"明善堂"。

另外，玉川在江户亦与就学于大阪并与中井竹山等有来往的广岛藩儒赖春水、昌平黉教官尾藤二洲、萨摩藩校教授赤崎海门等正学派，上总饭野藩儒服部栗斋、土佐藩校教授役箕浦江南等崎门学派等朱子学系统的学者有所交流。且玉川抄写的著作中有不少西山拙斋或尾藤二洲等正学派学者之著作。其后赖春水在广岛藩禁止其他流派之学问，推行藩之学制统一。尾藤二洲于宽政异学之禁后担任昌平坂学问所指导教学。赤崎海门成为藩校造士馆之教授，晚年受幕府儒者柴野栗山推荐，于昌平坂学问所讲解经学。服部栗斋于宽政初年自老中松平定信处获赠江户麴町的土地，并于此开设麴溪书院教授众多门徒。第 5 节中所提及的，玉川从玉田默翁处学得之思想及从其自身著作《孝妇鸣盛编》中所见的社会教化运动结合来看，可以认为玉川自身之立场与上述诸学者十分接近。

然而，玉川在江户与非朱子学系统之学者及朱子学系统之学者双方都有着交流往来。且这些学者不仅在江户，更于参勤交代途中至龙野造访玉川。但日记中无论江户还是龙野，都只记录了拜访或来访者之名，因此相互之间具体交换了何等消息，至今无法获知。但是否可以认为，儒者之间

---

① 此事于《幽兰堂年谱》及高山彦九郎日记的两处记录中皆可获证。

有着18世纪中后期的中期藩政改革这一共同的时代性课题，并以此为前提展开对藩士及庶民的教育、教化。因此当时之学者对学派的意识并不甚强。

最后，于总结本文之前，对岩槻藩、广岛藩、松江藩藩儒的人际网络之事例略作探讨。因篇幅所限，此处无法具体展开。但与上述三藩相较，可发现龙野藩藩儒并无松江徂徕学派般明显的学派意识，因此藩内并未形成徂徕学派。同时也不同于广岛藩儒赖春水般以正学派自任。如前所述，从玉川的网络及其活动内容来看，怀德堂及正学派的人脉占到相当大的比重，通过朱子学系统的学问进行社会教化的姿态十分明显。此虽因与龙野藩处于朱子学兴隆的西部日本有关，但在赖春水于广岛禁止异端之学，并最终从西部日本影响到江户时，即便处于如此环境中，龙野藩仍然没有形成明确的学派。综上所述，虽无法自龙野藩的情况看出江户与地方间之联动性，但参考其他诸藩事例可知，人与人、书与书，尤其是学者间之人际网络会对思想倾向带来影响。

8. 结语

综上所见，本文对以股野玉川为中心的人际关系、藩儒们的文化性人际网络进行了具体分析，并对其扩大所包含的历史性意义进行了考察。

玉川作为与怀德堂关系密切的龙野藩藩儒之继承人，一方面深化朱子学系统之思想，另一方面通过学问与其他各藩、地区之学者建立联系。并构筑了与播州一带及美作、备前进而至大阪的学者间基于学问、地缘、血缘之关系，于参勤交代造访江户时，与非朱子学系统及朱子学系统的学者间亦建立了跨学派性关系。在此关系的背景下，玉川与这些儒者一同面对藩士教化、庶民教化这一18世纪中后期共同的时代性课题。

然而，广岛藩通过人际网络获取对正学派朱子学之需求，松江藩则通过人际网络获取对徂徕学之需求，且以此对藩士之学问及藩的教学政策产生影响。但龙野藩却并无如此明显的思想倾向，这可以说是龙野藩的一大特征。从总体来看，玉川虽因与怀德堂之关系，无论在江户还是在本乡，与朱子学者之交流都占较大比重，且于此环境下展开倾向于朱子学系统的社会教化运动，思想上亦靠近朱子学系统。但却并不似广岛藩般推行朱子学之正统化。玉川与其说是立场明确的思想家，不如说是教育家，而此亦是龙野藩特征之一。然而即便如此，亦可得出如下结论。不仅龙野藩，其他诸藩之事例中，与其他各藩、地区学者间之人际网络，都对各藩之教学政策的展开及思想形成起到了重要作用。

【参考文献】（按出版年代顺）

川島右次：『股野玉川翁』，『兵庫史談』，神戸：神戸市談会，1943 年 12 月、1944 年 2 月，第 197、198 号。

千々和実、萩原進編『高山彦九郎日記』，東京：西北出版，1978，第 2 巻。

『赤穂市史』，赤穂：赤穂市，1983，第 2 巻。

『増訂印南郡志』，神戸：兵庫県印南郡役所，臨川書店，1985。

家臣人名事典編纂委員会編『三百藩家臣人名事典』，東京：新人物往来社，1987 – 1989。

市古貞次等：『国書人名辞典』，東京：岩波書店，1993 – 1999。

小堀一正、山中浩之等：『叢書　日本の思想家24　中井竹山　中井履軒』，東京：明徳堂出版社、1980。

『龍野と懐徳堂――学問交流と藩政』，龍野：たつの市立龍野歴史文化資料館，2000。

竹下喜久男：『近世の学びと遊び』，京都：思文閣出版，2004。

山中浩之：『龍野版社倉の実施と小西惟沖』，加地伸行博士古稀記念論集『中国学の十字路』，東京：研文出版，2006。

たつの市立龍野歴史文化資料館図録 37『脇坂淡路守』，日本：龍野市，2007。

宇野田尚哉：『儒者』，横田冬彦編『身分的周縁と近世社会 5　知識と学問と学問をになう 人びと』，東京：吉川弘文館，2007。

真壁仁：『徳川後期の学問と政治』，名古屋：名古屋大学出版会，2007。

山中浩之：『龍野藩儒股野玉川「内省日記」』（二）解題，『研究年報』，大阪：大阪府立大学上方文化研究センター，2012 年 3 月，第 13 号。

拙稿：『藩儒の修学過程と公務――龍野藩儒股野玉川を主な事例として』，『教育史フォーラム』，京都，2013 年 5 月，第 8 号。

"Confucian Scholars of the Kaitokudō and the Tatsuno Domain"

Abstract：This article reexamines the situation of Confucianism in 18th century Japan by clarifying the intellectual exchanges amongst Confucian scholars in western Japan with the Kaitokudō, Osaka's academy. My particular focus is on the relationship between scholars of the Tatsuno domain, especially MatanoGyokusen, and the school's leading Nakai family, Chikuzan, his father Ryōan and his younger brother Riken.

Keywords：Confucian scholars' networks; Kaitokudō; Tatsuno domain; Matano Gyokusen

日本语言与教育

汉日语形容词重叠式主观性对比研究

谯 燕* 芦 茜**

【摘 要】汉日语言中，形容词重叠式均可表示语义程度的加深及主观性的增强。汉语形容词重叠式主观性的强弱和程度的高低不仅在句法功能上有所体现，与重叠形式所具有的量级也有密切关系，而日语的形容词重叠形式相对简单，量级区分不如汉语丰富。汉语和日语的形容词重叠式都能与程度副词共现，但根据重叠式所具有的量级的不同会受到一定制约。

【关键词】形容词 重叠 主观性 量级差异 汉日对比

引 言

汉日语言中，重叠都是重要的语法手段之一。动词、形容词、副词、数词等均可通过重叠的方式表达一定的语法意义，而且词性不同，语法意义也有差别。对此，以往的文献资料中已有诸多研究，如汉语的重叠形式可以表示"数量的增加（名词）、动作的重复或延续（动词）、程度的加强（形容词）"等，日语的重叠形式可以表示"复数、强调、反复"等。

前人的研究成果表明，在汉语的名词、动词和形容词这三大实词中，形容词的主观性最强，而名词的客观性最强，动词居中。日语中也有类似的研究，例如森田良行指出：「動詞と形容詞と比較したとき、形容詞、特に感情や感覚を表す形容詞は、主観的で自分の立場で事態をとらえよう

---

* 谯燕，北京外国语大学北京日本学研究中心教授，研究方向：日本语学、汉日词汇对比研究等。
** 芦茜，广东工业大学讲师，研究方向：汉日语言对比研究，词汇学。

とする傾向がある。」① 可见这种形容词主观性强的观点，汉日语言基本相同。那么，汉日语言中主观性强的形容词重叠后，具有怎样的共性和差异，是一个值得进一步探讨的问题。

一　前期研究及相关研究综述

语言的主观性是近年来汉日语言学界研究的一个热门话题。主观性作为人类语言的一个普遍属性，存在于英语、汉语、日语等世界上许多语言中，而各种语言表达主观性的手段和方法也不尽相同。

沈家煊指出："'主观性'（subjectivity）是指语言的这样一种特性，即在话语中多多少少总是含有说话人'自我'的表现成分。也就是说，说话人在说出一段话的同时表明自己对这段话的立场、态度和感情，从而在话语中留下自我的印记。"②

关于汉语形容词的主观性，"滑溜溜""黑乎乎""香喷喷"等具有鲜明主观性色彩的 ABB 式形容词体现得最为明显，相关研究也非常丰富。这类形容词通过单音节形容词 A 与重叠式后缀 BB 结合等方式，使形容词更具生动性，也更能表达说话人的主观情感和态度，因此被吕叔湘称为"形容词的生动形式"③。不过，ABB 式形容词是单音节形容词与重叠式后缀的结合，不在本文的讨论范围之内。

日语中，形容词句也表现出比较鲜明的主观色彩，有学者把这种主观性称为"评价"。樋口文彦指出：「形容詞が人や物の特性をさししめすとき、さししめされる特性はそれらに客観的にそなわっている特徴としてさしだされる一方で、何らかの基準との比較のなかでとらえられてもいる。この基準と比較することによって、物が他の物との関係の中で持つ意義が明らかにされたり、それが人間の欲求、利害、目的とかかわってもつ意義が明らかにされたりするのだが、このような、物の意義をあきらかにする、人間の意識的な活動を《評価》と呼ぶことにする。」④ 樋口认为形容词在表示人或物特性的同时，也带有人们的愿望、目的等主观态度。西尾寅

① 森田良行：『日本人の発想、日本語の表現』，中央公論社，1998，第 19 頁。
② 沈家煊：《语言的主观性和主观化》，《外语教学与研究》2001 年第 4 期，第 268 页。
③ 吕叔湘：《现代汉语八百词》（增订本），商务印书馆，1999，第 716 页。
④ 樋口文彦：「形容詞の評価的な意味」，『ことばの科学 10』，むぎ書房，2001，第 43 頁。

弥也指出，日语形容词中，许多词是参照某种标准来表示相对的判断和评价，这个标准具有社会公认的、客观的规定，同时也带有个人的、主观的立场。①

汉语中，关于形容词重叠式主观性的研究也非常丰富，比较有代表性的是朱德熙的研究。他指出：“形容词重叠式跟原式的词汇意义是一样的，区别在于原式单纯表示属性，重叠式同时还表示说话的人对于这种属性的主观估价。换句话说，它包含着说话的人的感情在内。”② 此外，朱景松认为制约形容词重叠的因素大致有量、形象性、自控性及词义褒贬等，并且指出形容词的重叠式能激发主体的能动作用。③

相比之下，日语的相关研究文献比较少。桥本四郎指出：「（ク活用形容詞の語幹を）重ねることは、より客観的な情態的意義を内面化して、より主観的な情意的意義へ推し進める過程を示してゐるのではなからうか。」④ 认为「情態的意義」客观性较强，而「情意的意義」主观性较强，形容词通过重叠，使主观性较强的「情意的意義」外显化。

以上的研究各有侧重，都对汉语或日语的形容词重叠式的主观性进行了一定程度的分析，但汉日语言形容词重叠式所表达的主观性的强弱以及与程度副词的共现等问题，尚有研究的余地。

二　汉日语言形容词的重叠式

汉语和日语中，可重叠的形容词不在少数。在分析汉日语形容词重叠式的主观性之前，我们先对与之相关的汉日语形容词的重叠能力、重叠的语义制约及语义功能进行考察。

1. 重叠能力

为了解可重叠的形容词在汉日语言中所占的比例，我们使用《汉语形容词用法词典》⑤ 和『現代形容詞用法辞典』⑥ 进行了调查。从词条数量上

---

① 西尾寅弥：国立国語研究所報告 44『形容詞の意味・用法の記述的研究』，秀英出版，1972，第 16 頁。
② 朱德熙：《现代汉语语法研究》，商务印书馆，1956/2014，第 35 页。
③ 朱景松：《形容词重叠式的语法意义》，《语文研究》2003 年第 3 期，第 8－11 页。
④ 橋本四郎：「ク活用形容詞とシク活用形容詞」，『女子大国文』1957 年第 5 期，第 10 頁。
⑤ 郑怀德、孟庆海：《汉语形容词用法词典》，商务印书馆，2003。
⑥ 飛田良文、浅田秀子：『現代形容詞用法辞典』，東京堂出版，1991。

看，两本辞典相差不大，前者为 1067 条，后者为 1010 条。从辞典中，我们收集到汉语可重叠的形容词 220 个，约为词条总数的 20%，日语可重叠的形容词 46 个，[①] 不到词条总数的 5%，统计结果表明日语形容词比汉语形容词的重叠能力更弱。

汉语和日语语言类型不同，对形容词的分类也存在差异。[②] 汉语中，感情形容词多被放入状态形容词中考察，而日语中常常被单独作为一类划分出来，而且能以形容词的光杆形式表达说话人自身的情感，主观性较强，受到的限制也比汉语多。通过调查我们发现，汉语中表示感情的形容词重叠的例子非常多，如"高兴""难过""愉快"等，而日语中只有「憎い」等极少数形容词能够重叠，因此，汉日语言形容词的这些差异也一定程度反映在这两种语言的重叠能力上。

2. 语义制约

从以上调查可知，汉语和日语中只有部分形容词可以重叠，说明重叠需要具备一定的条件，如语义条件、语用条件、韵律条件等。其中语义条件尤其重要，许多研究都认为，汉语的单音节贬义形容词在语义上一般不能重叠或很少重叠（朱德熙 1956/2014；朱景松 2003 等）。当然，也并非完全不能重叠，也有一些贬义形容词的重叠式，如"脏脏的""坏坏的"等，而且与单音节形容词相比，"冒冒失失"、"啰啰唆唆"、"慌慌张张"等双音节贬义形容词的重叠式也不鲜见。

为调查可重叠的形容词中，有多少词为贬义形容词，[③] 我们仍然使用《汉语形容词用法词典》和『現代形容詞用法辞典』进行了统计。在收集到的 220 个可重叠的汉语形容词中，贬义词为 36 个，占总数的 16% 左右，46 个可重叠的日语形容词中，贬义词为 10 个，占总数的 22% 左右。可见贬义形容词的重叠能力的确不强，这也符合人们在主观上大多盼望美好事物的意愿，尽量不以重叠的形式加深负面的语义。不过，从数量上看，无论汉

---

① 『現代形容詞用法辞典』中只收录了形容词，而日语形容词重叠式也常作副词，如「深々」「広々」「長々」等，因此，我们也从『岩波国語辞典』（第六版）中收集了形容词重叠式作副词的词条。

② 例如，朱德熙（1956/2014）将汉语的形容词分为"性质形容词"和"状态形容词"，西尾寅弥（1972）将日语的形容词分为"属性形容词"和"感情形容词"等。

③ 是否为贬义形容词，我们参照了『現代形容詞用法辞典』中的「現代形容詞イメージ一覧」中给出的标准。

语还是日语，贬义形容词的重叠式都达到了总数的六分之一或五分之一，似乎也没到可以忽略的地步。

3. 语义功能

汉日语形容词重叠后，语义功能上会出现以下几种情况：①基式①的意义基本没有改变，只是程度量有所增加（例如汉语的"快快乐乐"、"小小巧巧"、日语的「荒々しい」、「くどくどしい」等），这类基式大多义项较少，重叠后义项基本保留下来；②意义有部分改变（例如汉语的"草草"、"干干净净"、日语的「高々」、「寒々」、「うまうま」等），这些改变主要体现在义项的增减和程度量的增加上；③意义已基本改变（汉语的"好好"、日语的「うすうす」等）。汉日语可重叠的形容词基本为多义词，重叠式大多只保留了基式的部分义项，有些还新增了义项。例如：

（1）当我指给她看时，她却只<u>草草</u>一看，便低了头。（彷徨）

（2）刘罗汉大爷<u>草草</u>吃了一点饭，从酒缸里舀了半瓢酒，咕咕咚咚灌下去。（红高粱）

基式形容词"草"表示"草率、不细致"，重叠后作副词时，仍可表示"草率，不细致"（例（1）），除此之外，还可以表示"急急忙忙"的意义（例（2））。后一个义项是基式"草"所不具备的、重叠式所独有的义项。

我们再看日语「高々」的例子。

（3）婦人は背後へ<u>高々</u>と踵を上げて向う へ飛んだ。（高野聖）

（4）考えてみれば<u>たかだか</u>漫画本くらいでなにもあれほどいきり 立つ必要はなかったのだ。（砂の女）

例（3）的「高々」表示"非常高"，程度上比基式「高い」深，例（4）则表示"至多、充其量"的意义，而后者是基式所不具有的、新增加的义项，带有明显的主观评价色彩。

虽然与基式形容词相比，第②类重叠式的义项有所增加或减少，但都保留了基式的部分义项。而第③类形容词重叠式，意义已基本改变，与基

---

① 本文中，把重叠前的形容词称为基式，便于与重叠式相比较。

式语义之间的联系比较模糊。

（5）为什么没有钱呢？因为我没有<u>好好</u>地干。（活动变人形）

（6）深刻になることは必ずしも真実に近づくことと同義ではないと僕は<u>うすうす</u>感じとっていたからだ。（ノルウェイの森）

例（5）的基式形容词"好"的义项很多，而重叠式"好好"所具有的"尽力地、尽情地、耐心地"和"正常、完好"的意义，是"好"所不具备的，语义已基本改变。例（6）的"うすうす"表示"隐隐约约"，也已与基式「薄い」所具有的意义相去甚远，但也能观察到其与基式所表达的程度低、密度小的意义有某种潜在的联系。无论是以上①②③哪种情况，基式形容词重叠后，都会带来主观性的加强及程度量的增加。

重叠并非汉语和日语特有的现象，世界上许多语言中都存在。张敏通过对汉语重叠现象的考察，指出汉语重叠式的构形模式几乎都曾在某些其他语言中出现，表达的核心意义也与某些语言的重叠式所表达的相似。① 因此，汉语和日语形容词重叠式中的有些现象相似也就不言而喻了。

三 形容词重叠式的主观性表达

形容词通过重叠常常可以表示加强语义、强调、描写等语法意义，含有说话人对事物的性质及状态等的认知情感。特别是与基式形容词相比，重叠式更能凸显说话人的主观态度、立场等。我们先比较以下汉语的例子。

（7）姨妈的家，冬天门前挂着很<u>厚</u>的门帘，窗前也挂着很<u>厚</u>的窗帘，地上铺着双层地毯，地毯下还衬着三层厚纸。（安徒生童话故事集）

（8）屋外的阳台上，仍挂着一块<u>厚厚</u>的幕帘。（女记者与大毒枭刘招华面对面）

（9）阿英的脸很<u>红</u>，声音也有点颤抖。（作家文摘/1997）

---

① 张敏：《从类型学和认知语法的角度看汉语重叠现象》，《国外语言学》1997 年第 2 期，第 38 页。

（10）她阖上盒子，收好桑叶，再下楼的时候，她的脸<u>红红</u>的，眼睛亮亮的，而尔旋的眼光，就一直跟着她转。（梦的衣裳）

　　例（7）的基式形容词"厚"指门帘或窗帘的一种特征或状态，这种"厚"是社会公认的一般标准，其通过程度副词"很"的修饰使潜在的程度性明确化，而例（8）的重叠式则侧重表示说话人个人的、主观的看法，是对幕帘厚度的主观描写。例（9）和例（10）也如此，例（9）表达的是说话人对"阿英的脸"的状态的一种描述，而例（10）的重叠式除了表示脸色红之外，还包含了说话人对"她的脸"的一种评价及喜爱、亲热的情感，带有"脸色很好"、"很可爱"等隐含意义。因此，虽然基式形容词也可表达一定的主观性，而重叠式所表达的主观感受更加突出和鲜明，能传达出比基式更强烈的情感信息。

　　日语的形容词重叠后，也大多会表现出说话人的主观态度、情感等。日语的形容词根据词尾变化的种类，可分为「ク活用形容词」和「シク活用形容词」，一般来说，「ク活用形容词」倾向于表示事物客观的性质、状态，而「シク活用形容词」则倾向于表示主观的情感及感受。形容词的重叠式均为シク活用形容词，这一点也可以说明形容词重叠式比基式带有更多的主观成分。例如：

　　（11）僕は能島さんが足ばやに歩くので、咽は渇くし足は<u>痛い</u>し、どうにもついて行けなくなった。（黒い雨）

　　（12）その時だけ、太郎はふと、別れた人への藤原の、低い<u>痛々しい</u>思慕を感じた。（太郎物語大学　編）

　　（13）幸田は砂糖抜きのコーヒーを一口飲んだ。<u>苦い味</u>がした。（強奪箱根駅伝）

　　（14）わたしはサドをこういう風に取り扱うということに、はなはだしい時代錯誤を感じ、<u>苦々しい</u>気持をおぼえます。（渋沢竜彦全集）

　　例（11）的基式「痛い」表示身体疼痛的感觉，重叠式则表示说话人的一种情感，即重叠式承载了更浓厚的主观情感和心理感受。例（13）的「苦い味」表示咖啡味道很苦，而重叠式「苦々しい」则几乎不具有味觉上的语义，凸显出"非常不愉快"等情感意义。

通过以上分析我们认为，与基式相比，形容词重叠式的表义程度更深，说话人的主观态度、情感更强，这一点汉日语言基本相同。如果依据象似性原理来解释，形式的增加反映概念或内容的增加，从这个意义上讲，汉语和日语的形容词重叠是在形式数量上有所增加，正是语言的象似性，导致这种增加带来语义程度的加深及主观性的增强。与汉语不同，日语的一些形容词重叠后已失去了表属性的意义，而主要表示说话人的一种主观感受，这一点与日语「シク活用形容词」倾向于表示主体对客观对象的情感倾向、评价等相吻合。

四 形容词重叠式的主观性强弱及程度高低

如上所述，汉语和日语中，形容词重叠式都带有比较强烈的主观色彩，能通过对事物的形状、特性等的描写、描述，反映喜爱、高兴、怜悯等说话人的主观情感。不过，主观性的强弱或程度的高低，单纯地看一个独立的形容词重叠式很难确定，如果把它放在一定的语境中或不同的句法位置上就比较容易进行比较了。

1. 句法位置

汉语的形容词重叠后可作状语、定语、谓语、补语等。许多研究指出，汉语的形容词重叠式常作状语（朱德熙，1956/2014），或作状语是它主要的语法功能（沈家煊，1999 等）。[①] 朱景松通过调查，分析了汉语形容词的各种句法功能，指出在 2087 个形容词重叠的用例当中，能充当状语的形容词重叠有 1433 个例句，占总数的 68.67%，作定语的 368 个，占 17.68%，作谓语的 171 个，占 8.19%，作补语的 114 个，占 5.96%，作状语和定语的用例占全部重叠用例的 86.35%，说明形容词重叠式的描述功能非常强。[②]

还有一些学者认为，形容词重叠式位于不同的句法位置，程度的高低有所不同。朱德熙（1956/2014）指出，形容词重叠式在状语和补语两种位置上表示加重或强调，在定语和谓语位置上表示轻微的程度。[③] 例（15）为形容词重叠式作状语和定语的例子。

---

① 沈家煊：《不对称和标记论》，江西教育出版社，1999。
② 朱景松：《形容词重叠式的语法意义》，《语文研究》2003 年第 3 期，第 12 页。
③ 朱德熙：《现代汉语语法研究》，商务印书馆，1956/2014，第 36 页。

（15）a. 只要<u>薄薄</u>地涂上一层口红，真弓的脸就会显得非常美。（万无一失的谋杀）

b. 只要涂上<u>薄薄</u>的一层口红，真弓的脸就会显得非常美。

与基式形容词相比，例（15）a、b 的重叠式都表示程度的增强，只是作状语时，带有尽量涂薄、不宜涂厚等语义，对"涂"这个动作进行操控的意图非常明显，具有强烈的意愿性和主动性。而作定语时，表示名词"口红"所处的一种的状态。虽然 a、b 均可表达一定的主观评价，但作状语比作定语具有更浓厚的主观色彩。再如以下的例子：

（16）a. 把菜洗得<u>干干净净</u>，把煎饼摊得<u>薄薄</u>的。（读者）

b. <u>干干净净</u>的菜，<u>薄薄</u>的煎饼。

c. 菜是<u>干干净净</u>的，煎饼是<u>薄薄</u>的。

例（16）的 b 和 c 表示"菜"或"煎饼"处于某种状态，而 a 则强调主观上认为把菜洗干净、把煎饼摊薄才更卫生，更美味，因此，虽然形容词的重叠式都表示程度的加强，但相比之下 a 的主观性更强。我们赞同姚占龙的观点，作定语和谓语时表现出的轻微的程度，是句法位置所具有的调量功能所致，而非形容词重叠所表现出来的。①

这种看法也同样适用于日语。日语形容词重叠后也可作状语、定语、谓语等。据我们统计，形容词重叠式全部都可作状语，而作定语和谓语的不到一半，可见作状语也是日语形容词重叠式最主要的功能。

表 1　日语形容词重叠式的句法功能

状语	定语	谓语
46（100%）	21（46%）	19（41%）

（17）a.「やめて」と、彼女はあえぎながら<u>弱々しい</u>声で言った。（青春の門）

b.「やめて」と、彼女はあえぎながら<u>弱々しく</u>言った。

---

①　姚占龙：《现代汉语状态形容词量级差别考察》，《语言研究》2010 年第 4 期，第 36 页。

基式「弱々しい」作定语时，主要功能是规定和限制「声」的性质或状态，而用重叠式作状语修饰后续动作、对动作状态进行动态描写时，也带有说话人的一种怜悯的情感，因此，形容词重叠后作状语时程度更高，主观性也更强。

综上所述，汉日语形容词重叠式多作状语，表明基式形容词重叠后，具有了较强的副词性，并且重叠式句法位置的不同导致的主观性强弱及程度高低的不同，可以理解为是句法位置所具有的调节作用。当然，主观性表达比较复杂，主观性的强弱也受多种因素的影响，因篇幅所限，这一点留待今后进一步讨论。

2. 与程度副词的共现

程度性是形容词的重要特征，而程度副词的主要功能就是修饰形容词，日本『国語学大辞典』对程度副词的释义为：「状態性の意味を持つ語にかかって、その程度を限定する副詞。」[①] 形容词重叠后，描写性增强，在与程度副词共现时受到的限制也比较大，很难像基式形容词那样能比较自由地被程度副词修饰。那么，哪些形容词重叠式能受程度副词修饰，或能受哪种程度副词的修饰，我们可以从表量的角度来考虑。

一般来说，形容词重叠之后会带来量的增加或程度的增强，但是并非所有形容词重叠式都是匀质的，姚占龙对汉语的状态形容词量级的大小/高低进行了考察和区分，认为它们大致的量级等级差别为：BABA 式 > BA 式 > AA 式 > AABB 式 > ABB 式 > AA 儿式，指出了不同形式的现代汉语状态形容词与量级存在一种内在的联系。[②]

我们对处于不同量级的形容词重叠式与表示低、高、极限等不同程度的程度副词"有点儿、很、最"的共现情况进行了调查。其中，因为偏正结构的 BA 式形容词（雪白、通红、碧绿等）本身已具有极性意义，重叠后，其程度性已达到极端，因此，重叠式 BABA 式不再受表示极限程度的程度副词"最"的修饰，同时也不能被"有点儿、很"等表示较低或高程度的程度副词修饰，因为彼此在程度量上不兼容。

而 AA 式或 AABB 式形容词重叠式，在状态形容词量级等级的连续统中处于中间位置，量级达不到极端也并非最低，因此可以被程度副词"很"

---

① 　国語学会：『国語学大辞典』，東京堂出版，1980，第 745 页。

② 　姚占龙：《现代汉语状态形容词量级差别考察》，《语言研究》2010 年第 4 期，第 38 页。

和"有点儿"修饰。例如：

（18）其实，作为一个演员给产品树立一个广告形象是<u>很实实在在</u>的事，本来是无可非议的。（人民日报，2000）

（19）老阿奶说的是有点吞吞吐吐，小单巴出现的也<u>有点奇奇怪怪</u>，但只是要姨妈不再提"千万回去"，而是留下话让我"多长双眼睛"这就足够了。（雪驹）

（20）心里想到刚才试穿的情形，脸颊上<u>有点红红</u>的，他对茶房说："我的布鞋呢？你给我拿来。"（上海的早晨）

（21）梁学仁开始显露身手，结果<u>很轻轻</u>一跃而过。（报刊精选，1994）

上述例句清楚地说明，汉语形容词重叠式能否与程度副词共现，与其所具有的量级有很大关系。

日语的形容词重叠形式比较单一，没有汉语那么多类型，几乎都是由形容词词干重叠而成，大多可受表示较低或较高程度的程度副词「少し」或「とても」修饰，但不能受表示极限程度的「最も」修饰。虽然日语的形容词重叠后也表示量的增加或程度的增强，但没达到极限，也只可接受与其量级兼容的程度副词的修饰。例如：

（22）「まあ」と<u>少し</u><u>弱々しい</u>声になる。（父のがんを知った日から）

（23）彼は<u>とても</u><u>若々しい</u>。（青春の門）

（24）次に<u>少し</u><u>長々</u>と引用するものは、〈同じきものの回帰〉と題されて、もっとも早くニーチェのテクストに登場した断片である。（ニーチェの遠近法）

从以上分析可以看出，与日语形容词相比，汉语的显量方式更为丰富。同时，能与程度副词共现的形容词重叠式需要具有量的可变动性，如果达到极限，就难以共现了。

五 结语

语言是社会的产物，在人类社会中起着积极的交际作用。汉语和日语中，形容词的重叠式使用频率非常高，且常常带有说话人的主观情感和立场。汉语形容词重叠式所表达的主观性的强弱和程度的高低不仅在句法功能上有所体现，也与重叠式本身所具有的量级有密切关系，而日语的重叠形式相对简单，量级区分不如汉语丰富。虽然汉语和日语的形容词重叠式都能与表示较高或较低程度的程度副词共现，而不能与表示极限程度的程度副词共现，但汉日语所具有的程度量级存在差异。

例句出处：
汉语：北京大学 CCL 语料库、中日对译语料库
日语：现代日本語書き言葉均衡コーパス（少納言）、中日对译语料库

参考文献

澤田直美：『主観性と主体性』，ひつじ書房，2011。

西尾実ほか：『岩波国語辞典』（第六版），岩波書店，2000。

仁田義雄：「動詞に係る副詞的修飾成分の諸相」，『日本語学』10 月号，1983。

曹金芳：《现代汉语形容词重叠研究概述》，《现代语文（语言研究版）》2006 年第 12 期。

郭志良：《有关"AABB"重叠式的几个问题》，《语言教学与研究》1989 年第 2 期。

申小龙：《试论汉语动词和形容词的重叠形态》，《语文论丛》，上海教育出版社，1983 年第 2 辑。

朱德熙：《语法讲义》，商务印书馆，1982/2007。

A Comparative Study about the Subjectivity of Adjective Reduplication in Chinese and Japanese

Abstract：In both Chinese and Japanese，the reduplication of adjectivessuggests an intensification of semantic meaning and subjectivity. The degree of subjectivity reflected byChinese adjective reduplication is not only shown on syntactic function, but also has close relation with the quantity of reduplication. The adjective reduplication of Japanese is simpler. There are less quantity variation as in Chinese. The reduplication of adjectivesin Chinese and Japanese both can be used with degree adverbs, which are yet restricted by the different quantity of the reduplication.

Keywords：adjective reduplication；subjectivity；difference of quantity；Chinese-Japanese comparison

汉日交替传译过程中的认知因素影响研究[*]

费晓东[**]

【摘　要】本文以高级日语学习者为对象，探讨工作记忆容量与听觉词汇加工速度对汉日交替传译的影响效应。实验结果显示，在汉日交替传译过程中：（1）工作记忆容量与听觉词汇加工速度具有显著的促进性影响效应；（2）工作记忆容量与听觉词汇加工速度相互关联共同发挥作用，而且工作记忆容量的影响效应要大于听觉词汇加工速度的影响效应。在日常的口译教学中，我们应该加强听觉提示信息的加工练习，提高语言信息的听觉加工效率，并注重工作记忆容量的影响效应，实施有针对性的口译指导和练习，切实提高学习者的日语口译能力。

【关键词】汉日交替传译　工作记忆容量　词汇加工速度　日语学习者

引　言

进入 2000 年以后，我国高校日语学科建设发展迅速，最新调查结果指出，高校日语教育已经进入一个新的转型期。为了培养适应新时代发展的日语人才，各高校在加强日语语言基础课程建设之外，都在积极探索建设符合人才培养方案的专业辅修课程。其中，翻译课程建设普遍受到关注。2018 年最新颁布的《普通高等学校本科专业类教学质量国家标准》，对"外

---

　*　本文是北京外国语大学一流学科建设科研项目成果。项目主持人：费晓东。

**　费晓东，北京外国语大学北京日本学研究中心讲师、硕士生导师，主要研究方向有日语教育学研究、第二语言习得研究、第二语言的记忆与加工机制研究。

国语言文学类教学质量国家标准"做出了新的规定。其中，"翻译专业"与"翻译学"分别被列在专业核心课程的外语技能课程和专业知识课程中，并且，翻译专业还可设置本专业特色的核心课程。这些新的规定也突出了"翻译"在外国语言文学教学中的地位。

本文将围绕如何提高中国日语学习者的汉日交替传译水平这一问题，聚焦汉日交替传译过程中的认知因素，通过实证研究探讨汉日交替传译，即从汉语到日语的交替传译过程中认知因素的影响效应，为高校日语教育的翻译教学提供参考。

一　研究背景及研究问题

路邈（2016）对我国 2009－2015 年间的汉日口译研究现状进行了分析，结果显示，汉日口译研究虽然取得了一定的成果，但是与国外以及国内英语口译研究相比，对相关热点问题的研究还存在不足，研究质量也有待进一步提高。因此，掌握国内外口译研究的前沿动向，根据汉日口译研究的现状推进国内汉日口译研究发展，是今后一个重要的研究课题。

国内汉日口译研究，主要探讨口译课程的教学模式。曹大峰、费晓东（2018）的调查中也指出，为了培养应用型、复合型日语人才，国内很多高校都开设了日语口译课程。对于本科阶段的学生来说，因为学习者的日语听、说能力较低，还处在一个能力发展的阶段，导致口译也成为一个较难的科目。因此，如何设置本科阶段的口译课程模式，提高口译课堂的授课效率，切实提高学生的口译水平，是值得我们探讨的重要课题。到了研究生阶段，口译教学的目标也发生了重要变化，培养高层次、应用型、专业化的口译人才是研究生阶段口译教学的重要目标。董英玉、高燕（2017）指出，研究生阶段的口译教学，应该积极探索以口译技能训练为主、语言能力提高为辅的专题训练教学模式。从这些研究的探讨中我们可以看出，做好不同学习阶段的口译课程的定位，保证本科阶段与研究生阶段的有效衔接，是口译课程教学需要研究的一个重要课题。

鲍同、范大祺（2013）探讨了高校学生参加全国翻译专业资格（水平）考试现状，分析了考生在备考过程中存在的一些问题，以及考试过程中的经验和教训。研究指出，考生主要存在听辨能力较低，数据翻译出错率较高，信息翻译遗漏现象较为突出，背景知识储备不足等问题。在备考过程中，考生应该加强上述四个方面的训练，切实提高考试成绩。这些备考的经验和教训，既可以提高口译考试成绩，也可以为口译课堂教学模式的探索提供重要参考。根据不同阶段学习者的特征以及课程安排，探讨高效的课堂教学模式，是口译教学的一个持续性的研究课题。

已有研究就如何提高学生的口译水平进行了大量的探讨，但是，针对口译特征对口译过程的信息加工机制进行实证探讨的研究并不多见。口译过程，从广义角度大致可分为听力理解与翻译产出两大过程。尤其是从第二语言到母语的口译过程，译者首先需要克服第二语言听力难的问题。对日语学习者来说，听力理解已经是日语学习中的一个难点，口译的难度就不言而喻了。

成田一（2015）指出，口译过程是一个多重任务并行加工的、高认知负荷的信息加工过程，这一过程中，工作记忆（working memory）发挥着重要作用。工作记忆作为学习者一项重要的认知能力，与多重任务并行加工的第二语言听力、阅读等密切相关，是学习者充分发挥语言能力的重要支撑。费晓东（2019）通过实证研究指出，工作记忆容量影响日语听力过程中的内容理解程度，工作记忆容量高的学习者能够提高听力过程中信息加工效率。另外，第二语言听力过程中，学习者如何对瞬间听到听觉信息做出快速且准确的理解，也是一项重要的认知能力。张晓东、陈英和（2014）指出，学习者能够快速而准确地加工听觉提示词汇的语音、语义信息，即听觉词汇加工速度与听力过程中的内容理解也有着密切的关系。

那么，作为学习者认知能力的工作记忆容量与听觉词汇加工速度，对日语口译过程会产生什么样的影响呢？本文将首先聚焦汉日交替传译过程，对该问题进行具体探讨。与日汉交替传译相比，汉日交替传译过程中学习者对听力理解的认知压力较小，实验结果可以更好地反映出日语产出过程中的工作记忆容量以及听觉词汇加工速度的影响效应，为今后日汉交替传译研究提供理论参考。

综上所述，本文将通过实证研究具体解决以下两个问题。

（1）工作记忆容量与听觉词汇加工速度分别如何作用于汉日交替传译过程。

（2）工作记忆容量与听觉词汇加工速度如何相互关联，共同作用于汉日交替传译过程。

二 研究方法

1. 受试

国内高校日语本科专业大三学生 68 人（女生 44 人，男生 24 人），平均年龄 20.3 岁，所有受试听力正常。本实验实施时，所有受试的平均日语学习时间为 3 年，日语水平大约为中高级，相当于日语能力测试 N2～N1 水平。所有受试都是从零起点开始学习日语，没有日本留学经历，各项条件在一定程度上保证了受试具有同等的日语语言能力以及相同的日语学习环境和学习经历。

2. 实验设计

实验采取 2（工作记忆容量：大，小）×2（听觉词汇加工速度：快，慢）的双因素组间设计。通过方差分析结果，讨论两项认知因素对汉日交替传译过程中信息加工的影响效应。

3. 研究工具

[口译测试材料] 口译测试材料节选自《新编汉日日汉同声传译教材第二版》（宋协毅编著，外语教学与研究出版社，2011）。测试前，我们对所选材料日语译文的词汇、语法等知识点进行了确认，并通过预备调查对日语译文的难度进行了确认，以保证其难易度适合参加本实验的受试。

[工作记忆容量测试材料] 工作记忆容量测试采用听觉提示版本的测试材料。该测试材料是由松见法男等（2009）在英语研究基础上提出的一套日语版测试。并以在中国台湾地区学习的日语学习者为受试，进行了信度和效度检验，该测试得分高低能够体现学习者工作记忆容量的大小。

[词汇加工速度测试材料] 词汇加工速度测试采用费晓东（2019）中使用的听觉提示的词汇判断作业（lexical decision task）。词汇判断作业的反应时间能够反映出学习者对听觉提示日语词汇的加工速度的快慢。

4. 研究程序

首先进行的是汉日交替口译测试。整个测试材料分三部分依次提示，每一部分录音提示结束后，受试需要将所听汉语内容翻译成日语，整个测试过程不允许做笔记。在征得受试同意的前提下，我们对口译过程进行了全程录音，以备事后确认受试内容翻译的准确性。

口译测试结束后进行了工作记忆容量的测试。测试中，受试将依次完成同时听到 2 个句子、3 个句子、4 个句子、5 个句子的 4 组难度递增的测试。受试在听到日语句子后，需要准确理解句子的意思，并记住句首单词，每组测试对应数量的句子提示结束后，测试受试是否理解了句义，是否记住句首单词。为了能够准确地测试学习者的工作记忆容量，整个测试过程不允许做笔记。

最后实施的是词汇判断作业的测试，词汇判断作业要求受试对听到的日语词汇做出快速而准确的语义理解。词汇判断作业采用心理实验软件 Super-lab（Cedrus，Version 4.0）编程，受试通过电脑键盘做出按键反应，反应时由系统自动生成保存。

所有测试结束后，我们对口译材料的难易度以及受试的日语学习背景等做了问卷调查，以备数据分析参考之用。

三　结果分析

1. 数据整理

汉日交替口译测试参照教材中给出的参考答案进行评分，满分 50 分。评分标准参考刘建军（2009）的标准，即忠实（fidelity）50%、表达（delivery）30%、语言（language）20%，忠实主要包括是否有错译、漏译，表达主要包括明确度、流畅度，语言主要包括语法、选词。为了在一定程度上保证评分的客观性，由包括笔者在内的 3 名教师进行打分，对有争议的口译内容进行协商评分。

我们按照工作记忆容量大小以及听觉词汇加工速度快慢将学习者分为 4 个组，即①［工作记忆容量小词汇加工速度慢］、②［工作记忆容量小词汇加工速度快］、③［工作记忆容量大词汇加工速度慢］、④［工作记忆容量大词汇加工速度快］。对 4 组的工作记忆容量以及词汇加工速度的平均值进行统计分析，保证工作记忆容量大组和记忆容量小组之间有显著差异，工作记忆容量小组之间以及工作记忆容量大组之间不存在显著差异（成绩高低：③＝④＞①＝②）。同样保证词汇加工速度快组与词汇加工速度慢组之间存在显著差异，词汇加工速度慢组之间以及词汇加工速度快组之间不存在显著差异（反应时长短：①＝③＞②＝④）。

上述 4 组的口译测试成绩作为因变量用于方差分析，考察作为自变量的工作记忆容量与听觉词汇加工速度对汉日交替传译所产生的影响。

2. 方差分析结果

2（工作记忆容量：小，大）×2（词汇加工速度：快，慢）的双因素组间方差分析结果如图1所示。工作记忆容量的主效应显著 $[F (1, 64) = 19.79, p < 0.001, \eta^2 = 0.13]$，工作记忆容量大的学习者口译成绩显著高于容量小的学习者。词汇加工速度的主效应显著 $[F (1, 64) = 64.42, p < 0.001, \eta^2 = 0.42]$，词汇加工速度快的学习者口译成绩显著高于加工速度慢的学习者。

主效应结果表明，工作记忆容量和听觉词汇加工速度对汉日交替传译具有显著的影响效应。工作记忆容量大以及听觉词汇加工速度快的条件下，都有助于提高学习者的汉日交替传译成绩，二者对整个口译过程中的信息加工具有促进性效应。以上结果是对问题一的解答。

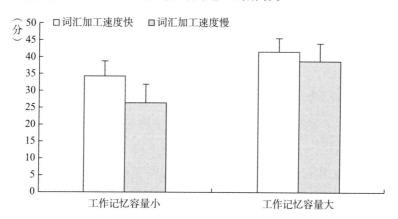

图1　各条件下口译成绩的平均得分及标准差

工作记忆容量×听觉词汇加工速度的交互作用显著 $[F (1, 64) = 4.44, p = 0.039, \eta^2 = 0.03]$，我们对数据继续做简单效应分析。结果显示，对于工作记忆容量小的学习者来说 $[F (1, 64) = 21.49, p < 0.001, \eta^2 = 0.14]$，词汇加工速度快的条件下的口译成绩显著高于词汇加工速度慢的条件下的成绩；对于工作记忆容量大的学习者来说 $[F (1, 64) = 2.74, p = 0.103, \eta^2 = 0.02]$，词汇加工速度快的条件下的口译成绩显著与词汇加工速度慢的条件下的成绩无显著差异。另外，对于词汇加工速度快的学习者来说 $[F (1, 64) = 17.52, p < 0.001, \eta^2 = 0.12]$，工作记忆容量大的条件下的口译成绩显著高于工作记忆容量小的条件下的成绩；对于词汇加工

速度慢的学习者来说 [F （1，64） = 51.35，$p < 0.001$，$\eta^2 = 0.34$]，同样是工作记忆容量大的条件下的口译成绩显著高于工作记忆容量小的条件下的成绩。而且，从效应量 （effect size） 结果上看，词汇加工速度慢的条件下的工作记忆容量的效应更加明显。

交互作用结果表明，工作记忆容量与听觉词汇加工速度相互关联共同作用于汉日交替传译过程。无论听觉词汇加工速度快与慢，工作记忆容量都显示出显著的促进性影响效应，而听觉词汇加工速度只在工作记忆容量小的条件下显示出显著的促进性影响效应，这也说明了，在汉日交替传译过程中工作记忆容量的影响效应更大。这些结果是对问题二的解答。

四　综合讨论

本文聚焦第二语言加工过程中的认知因素，以日语学习者的工作记忆容量以及词汇加工速度为自变量，探讨了二者对汉日交替传译过程的影响效应。结果显示，工作记忆容量与词汇加工速度都对汉日交替传译过程表现出显著的影响效应，二者相互关联共同作用于从汉语到日语的翻译产出过程。以下，我们将根据交互作用的结果，对二者的影响效应做具体讨论。

1. 工作记忆容量对汉日交替传译过程的影响

工作记忆容量大的学习者的口译成绩显著高于工作记忆容量小的学习者，该结果与工作记忆的作用原理一致，说明工作记忆容量大的学习者在听力过程的内容记忆以及口译过程的日语产出的多重加工任务中，能够在一定程度上合理分配有限的认知资源，表现出较高的语言加工效率。

汉日交替传译过程中，因为听力内容为学习者的母语，因此需要分配到听力内容的理解上的认知资源相对较少，小部分记忆容量用于听力内容的记忆上，大部分记忆容量可用于日语产出的翻译过程。听觉词汇加工速度快的条件，词汇加工速度慢的条件下都显示出了工作记忆容量的促进性影响效应。这一结果也显示了，工作记忆容量对汉日交替传译过程的重要影响。另外，词汇加工速度慢的条件下的工作记忆容量的影响效应要大于词汇加工速度快的条件下的影响效应。这一结果表明，当口译过程中的语言信息加工效率较低时，工作记忆容量的影响效应也就越显著。词汇加工速度快的学习者，在将听到的汉语内容口译成日语的过程中不需要消耗过多的认知资源，因此工作记忆容量的作用效应相对较低。然而，词汇加工速度慢的学习者，在将听到的汉语内容口译成日语的过程中需要较多的认知资源作为支撑才能顺利完成口译任务，因此工作记忆容量的作用效应也就相对显著。该结果的讨论，将在以下对听觉词汇加工速度结果的讨论中做进一步探讨。

2. 词汇加工速度对汉日交替传译过程的影响

听觉词汇加工速度快的学习者的口译成绩显著高于听觉词汇加工速度慢的学习者，该结果与 Fei et al.（2016）的结果一致，说明提高听觉词汇加工速度，有助于提高汉日交替传译过程中的语言加工效率。

如上所述，汉日交替传译过程中，因听力内容为学习者母语，因此日语词汇的听觉加工速度将不会直接作用于口译过程中的听力理解部分。也就是说本研究的听觉词汇加工速度的促进性影响效应，直接反映出了口译过程中的日语产出的翻译过程。交互作用结果显示，听觉词汇加工速度的影响效应只出现在工作记忆容量小的条件下。工作记忆容量小的学习者，在执行汉日交替传译这一多重加工任务并行的课题时，可以用来分配的认知资源较少，语言信息加工效率相对较低。在这样的情况下，提高词汇加工速度可以在一定程度上弥补信息加工效率低的问题。工作记忆容量大的条件下，听觉词汇加工速度没有显著的影响效应。这也说明了工作记忆容量大的学习者，在执行本实验的汉日交替传译课题时，有相对足够的认知资源分配到各个加工任务上，听觉词汇加工速度也就没有显示出显著的影响效应。这一点，与上述讨论中提到的工作记忆容量的影响效应大于听觉词汇加工速度的结论一致。也就是说，在汉日交替传译过程中，来自听力内容理解的认知压力较低，交替传译整个过程中语言信息的记忆与口译过程中的信息加工需要更多的认知资源加以支撑，因此，工作记忆容量的影响效应要大于听觉词汇加工速度的影响效应。

3. 认知因素在口译教学上的应用

本研究通过实证分析得出，工作记忆容量与听觉词汇加工速度对汉日交替传译具有显著的促进性影响效应。根据研究结果，我们可以为口译教学以及口译训练提出以下两点参考建议。

（1）加强听觉提示信息的加工练习，提高语言信息的听觉加工效率。已有研究指出，与听觉提示信息相比中国日语学习者更加擅长视觉提示信息的加工，本研究结果显示，听觉词汇加工速度有助于提高口译成绩。从中可以推测，从词汇、语块到短句、长句，然后到文章，提高听觉提示信息的加工效率，既可以提高听力过程的内容理解度，还可以提高翻译过程的产出效率。

（2）注重工作记忆容量的影响效应，实施有针对性的口译指导和练习。已有研究以及本研究结果都显示，工作记忆容量的促进性影响效应贯穿整个口译过程。因此，如何将学习者有限的认知资源合理有效地分配到各个加工任务中就显得格外重要。在课堂上，我们可以使用中国日语学习者工作记忆容量测试材料，对学生的记忆容量有一个大体的把握。对于工作记忆容量大的学习者来说，可以更多地关注数字、接续词等细节内容的信息加工。对于工作记忆容量小的学习者来说，重点把握听力过程与口译过程的关系，不要将仅有的认知资源过多地用于某一个加工任务，导致交替传译整体任务的完成度降低。

结合工作记忆容量与听觉词汇加工速度的研究结果，在口译教学以及口译练习中，有效地导入各种学习策略，充分发挥学习策略的作用，最大限度地提高信息加工效率，可以在一定程度上提高学习者的口译能力，并达到事半功倍的效果。

五　结语

本文聚焦汉日交替传译，探讨了工作记忆容量与听觉词汇加工速度对口译过程的影响效应。根据实证研究的结果，我们提出以下新的研究课题。

（1）探讨多因素影响下的汉日交替传译过程中的信息加工机制。口译过程既包含了理解过程，还包含了产出过程，是一个复杂的认知加工过程。因此，今后研究中应该综合考虑语言能力下的各影响因素，以及认知能力下的各影响因素，建构多因素影响下的汉日交替传译过程中的信息加工模型。

（2）探讨日汉交替传译机制，即从日语到汉语的口译过程中的信息加工机制。日汉交替传译包括第二语言日语听力理解过程与日语到汉语的翻译产出过程，与汉日交替传译相比语言信息加工难度大幅提高。该过程中，包括工作记忆容量与听觉词汇加工速度在内的认知因素，以及学习者的语言能力等有着怎样的影响效应这一问题，也是今后需要加强探讨的重要课题。

参考文献

Baddeley, A. D. , 2003. Working Memory：Looking back and looking forward. *Nature Reviews Neuroscience*, 10：829 – 839.

Daneman. M. , & Capenter, P. A. , 1980. Individual differences in working memory and reading. *Journal of Verbal Learning and Verbal Behavior*, 19（4）：450 – 466.

Fei, X. , Babalola, M. A. , Walter, B. , & Matsumi, N. , 2003. Effects of Working Memory Capacity and Word Recognition Speed on Japanese Listening Comprehension for Chinese Students. T*he Proceedings of the 14th Annual Convention of the Japanese Society for Cognitive Psychology*, 11.

鲍同、范大祺：《高校学生参加翻译专业资格（水平）考试的现状分析——以日语口译实务为例》，《中国翻译》2013 年第 6 期，第 74 – 76 页。

曹大峰、费晓东：《中国高校日语学习环境的现状研究（1）——基于问卷调查的分析结果》，《日本学研究》2018 年第 28 期，第 89 – 108 页。

董英玉、高燕：《日语研究生口译教学模式的研究》，《高教学刊》2017 年 12 期，第 71 – 72 页。

费晓东：《中国日语学习者听力过程中的心理活动分析》，《日语学习与研究》2017 年第 5 期，第 67 – 73 页。

费晓东：《预测意识对日语听力理解影响研究》，《日语学习与研究》2019 年第 1 期，第 69 – 76 页。

高等教育出版社：《普通高等学校本科专业类教学质量国家标准》，高等教育出版社，2018，第 90 – 95 页。

金银姬：《基于日语本科专业口译授课模式研究》，《教育现代化》2017 年第 25 期，第 88 – 90 页。

刘建军：《同声传译中交际策略的使用及其与口译成绩的关系——一项基于学生口译考试语料的实证研究》，《外语界》2009 年第 4 期，第 48 – 55、76 页。

路邈：《日汉口译研究的扩展性观察与对比性思考》，《日语学习与研究》2016 年第 2 期，第 105 – 113 页。

杨雅琳、曹大峰：《中国高校日语学习环境的现状研究（2）——基于深入访谈的分析结果》，《日本学研究》2018 年第 29 期，第 107 – 128 页。

张晓东、陈英和：《记忆成分对二语听力理解的影响研究》，《现代外语》2014 年第 3 期，第 360 – 369 页。

松見法男、福田倫子、古本裕美、邱兪瑗：《日本語学習者用リスニングスパンテストの開発—台湾人日本語学習者を対象とした信頼性と妥当性の検討—》，《日本語教

育》2009 年第 141 期，第 68 – 77 页。

成田一：《翻訳と通訳の脳内処理メカニズム（機械翻訳技術の向上）》，《Japio year book》，2015 年特集・寄稿集編，第 294 – 302 页。

The Effect of Cognitive Factors on the Chinese-Japanese Consecutive Interpretation

Abstract：This study explores the effects of working memory capacity and auditory word recognition speed on Chinese-Japanese consecutive interpretation for Chinese learners of Japanese. The experimental results show that：（1）working memory capacity and auditory word recognition speed have significant positive effects on the process of Chinese-Japanese consecutive interpretation；（2）working memory capacity and auditory word recognition speed are related to each other, and the effect of working memory capacity is greater than the effect of auditory word recognition speed. According to these results, we should do some listening-practices to improve the auditory processing efficiency of language information; and based on the effect of working memory capacity, we should have some practices to improve the ability of consecutive interpretation.

Keywords：Chinese-Japanese consecutive interpretation；working memory capacity；auditory word recognition speed；Chinese learners of Japanese

关于日语"配虑表达"「なるほど」的规约化

李 丹*

【摘 要】山冈（2016）指出日语"配虑表达"（配虑表现）具有规约化特征，即某些特定的日语词汇或语言形式规约化后，原语义淡化甚至消失，形成了固定的语用义的动态过程。本文从语用学的角度对日语"配虑表达"「なるほど」的规约化过程进行了考察。结果显示，其语用义的产生是主体情感反应与合作相互作用的结果。在"要求赞同"的发话功能驱使下，原本作为副词的「なるほど」发生叹词化，以独白的形式传达了应答者的话语意图，发挥了赞同、同感的语用功效。

【关键词】应答话语 叹词化 配虑表达 规约化

引 言

山冈、牧原、小野将副词「なるほど」称作"配虑表达"，并做了详细论述①，具体内容如下。

（1）「彼の背後に黒幕がいるんですよ」「なるほど、そういうことか」

〔発話機能〕《賛同》

---

* 李丹，日本创价大学文学部助教、博士。

① 山岡政紀、牧野功、小野正樹：『コミュニケーションと配慮表現―日本語語用論入門』東京：明治書院，2010，第 199 – 200 页。

〔配慮〕相手に対する賛同や共感を表現する。

「なるほど」は納得する感情を表す副詞であるとされる。もう少し詳細に見てみると、それまで自身が気づかなかった点に合点がいった場合に好んで使われるようである。

(2)「近くに田舎へ帰るので、できるだけ多くの俳人に自筆の句をもらってみやげにしたいというのである。帳面は俳句日記かなんかの古物であったかと思うが、明けて見ると<u>なるほど</u>いろいろな人の手跡でいろいろの句がきたなく書き散らしである。」

このような「なるほど」を《賛同》の発話機能を持つ文において使用すると、相手の意見に対する賛同や共感を表す。

(3)「W51SAは、携帯電話の開閉が楽に行えるよう、「スムーススライド」という機構を採用しております。片手で簡単に開閉が行えるので、大変使い易くなったと思います。」

「<u>なるほど</u>、確かに、片手で簡単に開閉できるので使い易いですね。」

相手の意見に賛同する態度を強調するという点では、一致の原則の「自己と他者との意見一致を最大限にせよ」に、相手の提示した新たな知見に共感したという点では共感の原則の「自己と他者との共感を最大限にせよ」に、また、これまで気づかなかった点に気づかせてくれたという点への賞賛を表しているという点では是認の原則の「他者への賞賛を最大限にせよ」にも沿った使用方法だと考えられる。

笔者对上述内容理解为：(2) 中的副词「なるほど」表达了发话者经客观确认后，事前的猜测得以确认、证实，对现状表示肯定、接受的态度，具有实词的语义。而 (1) 及 (3) 中的副词「なるほど」则表示应答者经内心的主观确认后，认同发话者的观点，传达了赞同或同感的语用态度。也就是说，在表"赞同"的特定语境中，原本具有实质义的副词「なるほど」被赋予了语用义，发挥人际功能。

山冈 (2015：318) 将"配虑表达"定义为：「対人的コミュニケーションにおいて、相手との対人関係をなるべく良好に保つことに配慮して用いられることが、一定程度以上に慣習化された言語表現。」① 笔者将其译为："在语言交际过程中，为力求与对方保持良好的人际关系，经周全思虑后所采用的规约化语言表达方式。"② 另外，山冈（2016：4）论述了 "配虑表现" 的特征，具体内容为：「配慮表現の一つの特徴は、慣習化の結果、当該の言語形式がもともと有する語義が希薄となり、最終的には原義を喪失するということである。慣習化が進めば進むほど動機づけは薄まる。慣習化の度合いには勾配性がある。」③

根据以上论述，我们可以判断，作为 "配虑表达" 的副词「なるほど」也理应具备规约化的特征，其原语义与语用义应是个连续统。然而，规约化的过程及语用义产生的内在机制目前尚不明确，仍有研究空间，因此，本文将针对上述问题进行详细探讨。

一　学界前贤的相关研究

关于副词「なるほど」的用法，学界前贤们取得了较为丰富的研究成果。

西原概括性地将其用法分为确认、同意两种，并指出前者与信息内容本身相关④，后者与表达意图相关；工藤称其为陈述性副词，分为让步、确认或同意两大用法，但都未对其用法进行过详细讨论⑤。

森田指出作为副词，需要具备 "合乎道理的依据和肯定的对象" 的两个条件，并依据两者的关系分为三种情况，具体内容为：「①他から入ってきた知識や他人の意見を追認する場合。「『さっきの千円札はにせ札だったから、ほんものと取り替えてくれ』と言う。よく見ると、なるほど確か

① 山岡政紀：「慣習化されたポライトネスとしての配慮表現の定義」，『日本語用論大会第17回大会発表論文集』，日本語用論学会，2015 年第 10 期，第 315－318 頁。
② 笔者请教过山冈先生本人，「一定程度以上に」是指日语中某些语言表达形式已规约化，而非全部。鉴于规约化本身具有程度上的变化的特点，为防止混淆，「一定程度以上に」暂省略不译。
③ 山岡政紀：「配慮表現の慣習化と原義の喪失をめぐる一考察」，『日本語コミュニケーション研究論集』，日本語コミュニケーション研究会，2016 年第 5 期，第 1－9 頁。
④ 西原玲子：「第二部副詞の意味機能」，『副詞の意味と用法』（日本語教育指導参考書19），東京：国立国語研究所，1991。
⑤ 工藤浩：『副詞と文』，東京：ひつじ書房出版，2016。

ににせ札だ」②現実の状況の中に潜む理にかなった長所に気付いたとき用いる。「車体の色を変えれば、なるほどだれにでも 一目瞭然、行き先をまちがえることもない」③他人の説や主張で提示された理屈に納得する場合。「くわしい説明を伺って、はじめてなるほどと納得しました」。「なるほど」が文頭に来れば、感動詞的役割を果たすようになる。「なるほど、その通りですね」新しい事物に接したときの感動詞と化して、「なるほど、ここがあの有名な鶴岡八幡の石段か!」感動するだけで、理解や納得の裏付けがない。」①

　　森田的研究说明副词「なるほど」具备多项语义，而发生叹词化的③表达接受他人的观点的用法应是其语用用法。笔者查阅了多部日语权威工具书，其中仅有《明镜国语辞典第二版》②将「なるほど」作为叹词单独立项进行了解释，其余的将其列为副词及叹词两项。这说明「なるほど」至今仍存在词类归属问题。关于这一点，《国语学大辞典》有如下记载：「（前略）いわゆる陳述副詞の中でも、文相当のものを導き出すような性質をもつものは、単独で文を成すような性質をも、比較的容易に獲得する。「どうぞ、お入り下さい」の省略を言うより、すでに一つの感動詞と認めてよいかも知れない。特にこのような応接・挨拶の言葉は高速度に慣用化され、応答詞に近接し感動詞にまぎれ込む。「今日は。」はもとより、近頃急に耳につき出した「毎度。」など、そうした位置にあるのだろう。感動詞の以上のような構文論上の性格は、当然感動詞の品詞論上の位置づけの問題でもあって、他品詞と全く切り離した独自の位置を与える考え方と、いわゆる陳述副詞などと同類に括る考え方とが対立している現状である。」③以上论述说明，陈述性副词「なるほど」被用作应答、寒暄时，很容易规约化为具有叹词特征的应答语。

　　土屋指出叹词化的「なるほど」具有"同意"、"同感"的应答作用，语义源于"理解"，"理解"分为解说内容的理解及表达意图的理解，由此我们可以判断出，具有应答作用的「なるほど」的"理解"的语义被附带

---

①　森田良行：『基礎日本語辞典』，東京：角川書店出版，1994。

②　北原保雄：『明鏡国語辞典第二版』，東京：大修館書店出版，2011。

③　国語学会：『国語学大辞典』（渡辺実执笔：200 - 201），東京堂出版，1980。

上了"同意"、"同感"的语用成分。①

　　森山将「なるほど」归为"遭遇新信息应答类型"中的"导入型"（无强化、怀疑），并指出应答者遭遇新信息时，伴随着主体中立的情绪反应。另外，还提及了遭遇新信息时应遵守的应答原则。具体内容为:「新情報遭遇だけを表す応答は新情報提供に対する反応としては優先されない。新情報によってもたらされる状況に関する対処や関係修復的応答、情動的反応の方が優先される。」也就是说，当引发语表示"提供信息"时，作为应答语的「なるほど」第一义仅表示无条件地导入信息，但真正做出回应时需要顾及场面及人际关系，携带主体的语用意图的「なるほど」为优先表达手段。森山的观点与土屋的观点殊途同归。②

　　莲沼考察了自然话语中的副词「なるほど」的应答用法，按照句子类型及意图将引发话语分为三类（認識表明、情報提供、確認要求），并指出「なるほど」的独立成句，与叹词、终助词共现等多种表现手段。其中特别指出当引发话语为"要求确认"时，「なるほど」并不表示"确认"，而表示同意或接受，应将其归为森山（2015）的"遭遇新信息应答类型"中的"强化型"。莲沼的研究暗示我们「なるほど」具有通过强化信息来表达肯定的语用态度的用法，其"同意或接受"的语用义的产生受引发语的制约。③

　　综上所述，前贤们从各个角度对「なるほど」进行了考察，但都缺乏从语用的角度去解释其用法。受前贤研究成果的启发，我们发现，副词「なるほど」的语用功能扩展前的原语义应该是表示主体对未知信息内容的"理解"（经事实确认或内心确认后），而语用义则表示对提示信息内容的行为的"赞同"、"同感"，与言语行为有关并伴随着应答者主体的情感反应。副词的叹词化即语用义产生于应答话语中。本文将以此为线索，考察应答话语中的副词「なるほど」的规约化。

① 土屋菜穂子:「OPI（Oral Proficiency Interview）に見られる聞き手の応答表現「なるほど」について」，『〈小特集〉日本語学・日本語教育』（安田尚道教授退任記念号），青山語文2012 年第 42 期，第 54－68 頁。
② 森山卓郎:「感動詞と応答」，友定賢治編『感動詞の言語学』，ひつじ書房出版，2015，第 53－81 頁。
③ 蓮沼昭子:「自然談話における副詞の応答用法－「もちろん」「たしかに」「なるほど」を例に－」，『日本語日本文学』，創価大学日本語日本文学会，2018 年第 28 期，第 1－26 頁。

二 研究目的及理论依据

本文研究的目的是借鉴语用学等相关理论，对应答话语中副词「なるほど」的规约化过程及语用义产生的内在机制进行考察并解释，具体要解决以下三个问题：①应答者是如何识别发话者的语用意图，继而产生维持良好人际关系的配虑意识的？②应答者策略性地选择语言表达形式所依据的原则是什么？③语用义是如何被赋予应答者主体的情感而发挥人际功效的？本文所援用的相关理论的具体内容如下。

1. 发话功能论

莲沼提到应答话语中的副词「なるほど」受引发话语的制约，那么，应答者识别发话者的语用意图的依据是什么呢？① 山冈从语用的角度阐释了引发话语与应答话语的关系及"赞同"的发话功能应满足的语用条件。② 具体内容如下。

「発話機能は聴者に対して何らかの次の行動への期待を含意している。発話役割で言えば、《要求》は《付与》を期待する。発話機能で言えば、《命令》は《請負》（undertaking）を期待し、《質問》は《答え》（answer）を期待する。それだけでなく、《付与》もまた、それが相手に《受容》されることを期待するといういみでは一種の《要求》的要素を帯びる。つまり、《提供》は《受容》（accept）を期待し、《陳述》は《承認》（acknowledgment）を期待する。このように、第一発話の話者による《要求》発話とその聴者が次に第二発話の話者となって行う《付与》発話とは、一組の緊密な相互交流なのである。後続の話者には、相手の期待に添わない自由裁量もある。以上をまとめたのが［表1］である。このように《要求》と《付与》の組み合わせによって緊密性を保つ発話対を山岡（2008）では「連」と呼んだ。

---

① 蓮沼昭子：「自然談話における副詞の応答用法—「もちろん」「たしかに」「なるほど」を例に—」，『日本語日本文学』，創価大学日本語日本文学会，2018 年第 28 期，第 1 – 26 页。

② 山岡政紀：「日本語疑問表現と会話における発話役割—発話機能論からの考察—」，『語用論フォーラム3』，東京：ひつじ書房出版，2019，刊行中。

表1　基本的発話機能とされる4種の発話機能

	発話役割	発話機能	交換対象	期待される応答	自由裁量による別の応答
（2）A	《要求》	《命令》	品物/行為	《請負》（＝提供）	《拒否》
（2）B	《付与》	《提供》		《受容》	《拒絶》
（3）A	《要求》	《質問》	情報	《答え》（＝陳述）	《忌避》
（3）B	《付与》	《陳述》		《承認》	《否認》

　　《賛同要求》・《賛同》は《主張要求》・《主張》の連の亜種であり、語用論的条件は全く同じである。会話の目的は以下のようにまとめられる。

　　《主張要求》・《主張》

　　会話の目的：世界の現象に対する参与者Bの見解を参与者Aに伝えること

　　語用論的条件：①参与者Bが当該命題を述べる根拠を有していること②当該命題は参与者の立場によって異なるものであること

　　《賛同要求》・《賛同》

　　会話の目的：世界の現象に対する参与者どうしの見解を一致させること

　　《主張》の連と組み合わせると、《主張要求》・《主張・賛同要求》・《賛同》という三発話の連も成立し得る。《主張》の目的は自身の見解を他の参与者に伝えることだが、その見解を一致させるというより高次の目的が加わり、《付与》と《要求》が一体化した《付与・要求》へと昇華することとなる。」

　　上述内容说明，引发话语与应答话语都与言语行为有关。应答话语中既有符合也有不符合发话者期待的话语。当引发话语表示"要求赞同"时，发话者通常希望应答者给予赞同的回应，应答者也应做出相应的反应。即使非明示的话语，如发话者所陈述观点或意见中也暗含"要求赞同"。"连"是会话参与者为了达成共同目的会话单位，因此，会话参与者之间是"合作"的关系。整个交际过程是"要求赞同"行为引导应答者关注话题，理解发话者的意图，并选取适切的语言表达方式传达意图，达到对方准确领会其意图的效果。笔者认为语言表达方式的选取是受上述语境因素制约影响的，即情景语境，但还受文化语境因素制约，比如社会文化规约等。

2. 配虑表达原理

山冈指出"配虑表达"的使用是遵循"配虑表达原理"的，并将副词「なるほど」归为"配虑功能"的下位功能"赞同表达"中，遵循原理中的"赞扬、求同、共感"原则。① 笔者参考山冈等（2010）的记述，将相关原则整理如下②：

是認の原則

（a）他者への非難を最小限にせよ（N）

（b）他者への賞賛を最大限にせよ（P）

一致の原則

（a）自他の意見相違を最小限にせよ（N）

（b）自他の意見一致を最大限にせよ（P）

共感の原則

（a）自他の反感を最小限にせよ（N）

（b）自他の共感を最大限にせよ（P）

"配虑表达原理"是基于英国学者 Brown and Levinson③ 的礼貌策略理论及英国科学院院士 Leech④ 的礼貌原则基础上设立的，是用来维持良好的人

---

① 山岡政紀、牧野功、小野正樹：『コミュニケーション理論から見た日本語—日本語語用論入門』，東京：明治書院，2018，第 147 – 177 页。书中介绍了川村（1991），姫野（2003，2004，2016）的"日本人精神上的利益与负担"，指出与 Leech 的礼貌准则中"策略准则"和"慷慨准则"成反比的配虑表达的原理也存在。也就是说，日本人在接受利益的同时背负着一种精神的负担。

② 日本《汉字语源语义辞典》有如下记载：「【語源】日本語の「くばる」の展開義（気を配る）は漢語の配にはない。【語義】心を行き渡らせる（心を配る、気を配る）意味「配慮・心配」は日本の用法。」可见，「くばる」一词的扩展义为「気を配る」，其释义「配慮・心配」是日语独有的用法。据此，笔者认为「配慮」一词的使用是根植于日本社会文化规约习惯的，字面义可大致理解为"顾及、周全思虑"等，但其内涵及外延还需结合具体的语境加以解释。因此，暂使用原语的中文简体字，本文将「配慮表現」暂译作"配虑表达"。

③ 田中典子訳，『ポライト ネス言語使用における、ある普遍現象』，東京：研究社，2011（Brown, P. andS. Levinson. 1987. *Politeness：Some universals in language usage.* Cambridge University Press）。

④ 池上嘉彦、河上誓作訳，『語用論』，東京：紀伊国屋書店，1987（Leech, G. 1983. Principles of Pragmatics, Longman.）。

际关系的准则。Brown & Levinson 在 1987 年出版的 "Politeness: Some Universals In Language Usage" 一书中, 系统地阐述了其礼貌策略理论。包括三个基本概念: 面子 (face)、面子威胁行为 (简称 FTA)、礼貌策略 (politeness strategy)。本文涉及其中的积极礼貌策略 (用来满足积极面子欲求, 简称 P) 及消极礼貌策略 (用来满足消极面子欲求, 简称 N)。Leech 为了补充合作原则而提出的礼貌原则包括 6 项准则, 本文涉及其中 3 项, 含 (a)、(b) 的次准则。也就是说, 在交际过程中, 应答者选择什么样的语言表达方式是有策略性的。

3. 遭遇新信息应答类型

森山指出遭遇新信息时的应答类型与主体能动的认知反应有关。[①]

具体内容为: 新情報遭遇型応答と感動詞との交渉について、応答者の認知的プロセスに着目すれば、肯定的な方向で新情報に関する情報を参照する場合と、受容において意外感を示す場合、そして、いずれでもない中立的に新情報を導入する場合、という大別して三種類の反応に分けることができる。強化類 (先行情報導入に対して確認や想定などの強化を伴う):「あああ HLL」「本当だ」「ほんと LHH」。意外表示類 (情報導入に対して意外感を示す。懐疑的態度の場合もある):「うそ」「本当?」「はあ?」。導入類 (強化や懐疑はない):「ふうん」「なるほど」「わかりました」「そうか」「ほんとう LHHL」。

以上内容说明, 应答者遭遇新信息后, 会产生各种不同的下意识的情感反应 (肯定、中立、否定), 并以叹词的形式表达出来。

三 考察结果与讨论

1. 规约化的第二阶段

前文我们考察了「なるほど」的原语义表示主体对未知信息内容本身的 "理解", 而语用义则表示对提示信息内容的行为的 "赞同"、"同感", 下面我们将结合具体事例考察其语用义产生的过程。

土屋指出森山 (1989: 79) 在谈到「なるほど」的使用条件即因果关

[①] 森山卓郎:「感動詞と応答」, 友定賢治編『感動詞の言語学』, ひつじ書房出版, 2015, 第 53 – 81 页。

系伦理性（ナルホド が受けるには、情報内容が、因果関係や相互の意味的相関など何らかの意味的関係（論理関係）性を含んでいなければならないという 特別な性質である）時，所举的例文（4）有些牵强，难以给人留下新话题的印象。改写为例文（5）。①

（4）「それは、日本語は漢字があるから 難しいんだ。」
「なるほど。」
（5）「外国人が、日本語は難しいって言ってるけど、どうして日本語は難しいの?」
「それは、日本語は漢字があるから 難しいんだ。」
「なるほど。」

笔者参照山冈（2019：刊行中）的发话功能论，试描绘（5）的会话构造，如图 1。

A：理由をたずねる。《要求》《質問》
B：理由を説明する。《付与》《陳述》・《承認要求》 ⟶ 《主張・賛同要求》
A：納得する。《受容》《承認》 ⟶ 《賛同》

图 1

会话构造中，A 与 B 既是发话者，也是应答者，互相交替进行。A 探寻原因，B 给予解答，B 与 A 是教与被教的关系。依据语用条件，B 的话语暗含"要求赞同"的希求，因此，A 应给予"赞同"的回应，也就是 A 不仅要表达对未知信息理解的态度，还要进一步表明赞同 B 的观点的态度，这样双方才能顺利完成交际。

依据森山的"遭遇新信息应答"理论，当 A 遭遇到未知信息时，会毫无抵抗地将新信息导入大脑，并伴随着些许的感叹与惊讶、中立的反应，形成了 A 对获取的信息内容"理解"的"一次认知语境"。② 然而，B 的暗含"要求赞同"的表达意图引起了 A 的注意，仅表示"理解"的语言表达

---

① 土屋菜穂子：「OPI（Oral Proficiency Interview）に見られる聞き手の応答表現「なるほど」について」，『〈小特集〉日本語学・日本語教育』（安田尚道教授退任記念号），青山語文 2012 年第 42 期，第 60 頁。

② 森山卓郎：「感動詞と 応答」，友定賢治編『感動詞の言語学』，ひつじ 書房出版，2015，第 53‒81 頁。

形式「なるほど」将无法满足双方的积极面子欲求，危及人际关系，需要通过适切的语言形式来减轻面子威胁行为（FTA）程度及由此引发的心理负担，从而维持良好的人际关系。由此形成了 A 欲表达对信息内容"理解"兼"赞同"的意图的"二次认知语境"。A 依据"配虑表达原理"中的"赞扬、求同、共感"原则，主动搜索能够引发 B 产生情感共鸣的最佳关联，节省 B 理解的劳力，以达到 B 认可的语用效果。因为由直接经验获取的信息更具有可信性和说服力，所以"一次认知语境"中产生的「なるほど」的语义凸显，被赋予了"赞同"的语用义。这样，负载着语用义的内含主体积极的情感态度的「なるほど」作为"积极的策略表达"被选择。但当 A 欲借其表达语用态度时，会违反姬野言及的"日语会话中的话者意志或决定权尽量不外显"① 的原则。此时，这"两项原则"构成了矛盾。但广濑、长谷川指出"日语的本质是基于内在的自我意识的，以私有自我为中心的语言，嵌入会话中的表'感叹'的语句，以敞开心扉的方式，传递对对方的信赖与亲密的情感"②。因此，为了通过显示"亲密"来"缩短与发话者之间的心理距离"，最终达到以合作为前提的会话目的，具有"亲密性"的情感反应被优先考虑。独白的表达形式成为优势标志，以此来传达"赞同"、"同感"的配虑效果。在此过程中，「なるほど」兼备原语义与语用义，属于规约化的第二阶段。其语用义的产生经历了应答者的导入信息→储存信息→搜索信息→编辑信息的内心操作过程，是主体情感反应与合作相互作用的结果。

2. 规约化的第三阶段

（6）「W51SAは、携帯電話の開閉が楽に行えるよう、それ「スムーススライド」という機構を採用しております。片手で簡単に開閉が行えるので、大変使い易くなったと思います。」

「なるほど、確かに、片手で簡単に開閉できるので使い易いで

---

① 姫野伴子：「日本語教育と配慮表現（連載）配慮表現からみた日本語⑫」，『日本語』第 17 巻第 3 号，アルク，2004，第 76 - 79 頁。

② 広瀬幸生、長谷川葉子『日本語から見た日本人—主体性の言語学』，東京：開拓社，2010，第 3、157 頁。

すね。」

引用（山冈、牧原、小野 2010：200）

笔者同样参照山冈的发话功能论①，试描绘（6）的会话构造（见图 2）。

応答者：主張や意見を求める。	《要求》《主張要求》
発話者：主張や意見を表明する。	《付与》《主張・賛同要求》
応答者：納得する。	《受容》《賛同》

图 2

（6）是应答者无提供信息的要求，发话者陈述自己的观点，期待对方给予"赞同"的回应的语境。应答者遭遇新信息后，边导入信息边确认、推测，形成了对信息中立评价的"一次认知语境"。然而，发话者的暗含"要求赞同"的表达意图引起了应答者的注意，仅表示自身认识的「なるほど」将无法满足双方的积极面子欲求，危及人际关系，需要采取适切的语言形式来减轻面子威胁行为（FTA）程度及由此引发的心理负担，从而维持良好的人际关系。由此形成了应答者欲表达与"要求赞同"配对的"赞同"的意图的"二次认知语境"。应答者依据"配虑表达原理"中的"赞扬、求同、共感"原则，主动搜索获得发话者认可的最佳关联。经自身再次确认后的信息更具有说服力，因此，"一次认知语境"中产生的经确认、推测获得的「なるほど」被赋予了表示较高评价义的"赞同"的语用义。这样，负载着语用义的内涵主体确认、强化的情感态度的「なるほど」作为"积极的策略表达"被选择。最终，以独白的表达形式，并与「確かに」共现，强化了预想结果与发话者观点一致，传达了"赞同、同感"的配虑效果。（6）中的「なるほど」具有基于表达意图理解之上的"赞同"、"同感"的语用义，属于规约化的第三阶段。

四　结语

本文从语用学的角度对作为"配虑表达"的副词「なるほど」的规约

---

① 山岡政紀：「日本語疑問表現と 会話における 発話役割―発話機能論からの考察―」，『語用論フォーラム3』，東京：紀伊国屋書店，2019，刊行中。

化过程进行了考察，验证了规约化的特征。结果显示，规约化过程分为三个阶段，可概括为原语义淡化，消失，最终形成了固定的语用义的动态过程，具体归纳如下：

第一阶段：原语义表示话者主体对信息内容的"理解"。

第二阶段：原语义淡化，表示应答者主体基于信息内容及表达意图理解之上的"赞同"、"同感"。

第三阶段：原语义消失，表示应答者主体基于表达意图理解之上的"赞同"、"同感"。

通过考察，对第二节中提出的疑问解答如下：①当引发语满足"要求赞同"的语用条件时，应答者将识别发话者的语用意图，继而产生配虑意识。②应答者主体依据"配虑表达原理"，策略性地选择语言表达形式。③在特定的语境中，应答者遭遇新信息时，伴随着主体的情感反应，「なるほど」的"理解"的原语义具备了被应答者选择用于表达意图的语用潜势。

「なるほど」的叹词化即"独白式"的表现形式为优先表达手段，侧重主体情感体验，以被动的低姿态传达了"赞同、同感"的维持良好的人际关系的效果，互动性强，是主体情感反应与合作相互作用的结果。

Theconventionalization of "Considerate Expressions" "Naruhodo" in Japanese

Abstract：Yamaoka（2016）pointed out that "considerate expressions"（Hairyohyogen）in Japanese havethe feature of conventionalization；that is，ady-namic process in which the original meanings of some Japanese words or expres-sions shrink，gradually vanish and eventually transform to their accepted pragmatic meanings. The paper investigates the conventional process of "considerate expres-sions"（Hairyohyogen）"naruhodo"（I see.）from a pragmatic perspective. The results show that the emergenceof pragmatic meanings results from both the subject's emotional reaction and cooperation process. In response to the utterance function of "asking for an approval"，the adverb "naruhodo" turns into an interjec-tion，realizing the pragmatic functions of approval and empathyin a monologic way.

Keywords：Response utterances；interjection；function；considerate ex-pressions（Hairyohyogen）；conventionalization

空间表达语法化前后形式用法的关联性

——以该关联性的影响因素为中心

张希西*

【摘　要】本文以现代日语中的「うえ」的性质特征为出发点，从影响因素入手，考察了「うえ」语法化前后形式用法之间的关联性。在考察中本文基于「うえ」自身的性质特征得出其基本用法为「要素 A + うえ + 要素 B + 谓语」，并提出了影响「うえ」语义用法的三因素为要素 A、要素 B 和谓语，探讨了这三因素对「うえ」的具体影响方式，并从用法关联和时空关系关联等角度具体考察了关联性。

【关键词】方位词　うえ　语义　用法　时空关系

1. 引言

在现代日语中，「うえ」具有如下用法，是空间表达语法化的典型代表之一。

> （1）机の**うえ**に本を置いた。①
> （2）彼らは私たちが勉強している**うえ**で騒いでいる。
> （3）僕の**うえ**に兄と姉がいる。
> （4）仕事の**うえ**で、大きなミスをした。

＊　张希西，大阪大学文学研究科文化表现论博士生。

①　本文将例句中的不同部分用直线、波浪线等不同下划线以及黑体区分表示为「名词 + の + うえ + に + 名词 + 谓语」。

（5）このお店はおいしい**うえ**に、やすい。

（6）すべての条件を承知した**うえ**で、契約を結んだ。

在以上例句中，「うえ」可以前接表示具体事物的名词「机」，表示谓语动作「置いた」所涉及的宾语的空间位置，也可以前接表示人物或者抽象事物的名词等，表示人物之间的年龄地位等社会关系或者事件涉及的某一方面。还可以前接句子，根据该句子的语义，此时的「うえ」或作为空间化的手段表示空间位置、方位等语义，或作为连接词，表示事件之间的逻辑关系等。「うえ」具有如此丰富的语义和用法，这些用法之间有着怎样的关联性，是本文想要探讨的重点。先行研究中对于「うえ」语法化后作为功能词的用法，对于其语法化的语义扩张过程等都有详细考察，但对于「うえ」语法化前后形式用法的关联性，仍有探讨的余地。本文以「うえ」的性质特征为出发点，从影响因素入手，考察「うえ」语法化前后形式用法的关联性。通过对语法化前后形式关联性的考察，不仅可以更全面更清楚地从本质上把握各个形式用法之间的联系，对于日语学习者对这一系列表达方式的掌握，也是有帮助的。

2. 先行研究

从整体上来看，关注「うえ」功能词化用法的先行研究诸多，砂川（2000）、日野（2001）、田中（2004）、马场（2005）、方（2008）（2013）、黄（2014）、安（2016）等从文法化和复句等角度进行了考察。除功能词化用法外，对于其空间语义表达用法作了考察和说明的先行研究有森田（1989）、高桥（2009）、陈（2014）等。钟（2013）、长谷部（2013）、安（2014）、赵（2016）等从认知语言学的角度进行了考察。

森田（1989）将「うえ」的语义分为两大类，前者借助图示根据基准点的不同具体分为方向、位置、阶段、连续语句的"前后"，后者根据使用形式和语义区别划分为「うえに」「うえは」「うえで」「うえ」四种并分别作了说明。

砂川（2000）从表达空间概念的词转化为表达时间概念的附属词这一角度，考察说明了包括「うえ」在内的一系列时间表达的用法和特征。

方（2008）以名词和谓语的搭配特征为关注点，将考察形式限定在

「名词 + うえ + 谓语」上，重点考察了「うえ」等空间表达的后置词用法和接续助词用法，对于这两者的各类用法和语义分布作了详细说明。

长谷部（2013）从句法和认知两个角度对「うえ」的语义用法进行了梳理，将其分为空间名词（实质名词）、形式名词和复合词三类。长谷部考察并总结了「うえ」的空间语义和非空间语义的句法特征，并从认知语言学的角度探讨了二者之间的连续性问题。

黄（2014）主要说明了日语方位词「上」的接续助词用法的由来，提出了「うえ」由方位词演变为形式名词，在承接一个定语修饰时，通过重新分析，形式名词逐渐剥离出定中结构，并通过与助词的结合，形成接续助词这一观点。并表明日语的形式名词大多具有这样的类型学特征。

赵（2016）从认知语言学的角度对比考察了日语和中文中的空间词的语义和功能，总结了二者之间的共通点和区别。赵将「うえ」分为空间语义、非空间语义和表示事件关系的功能扩张非空间用法，借助认知语言学图示，探讨了它们之间的连续性问题。

纵观「うえ」的先行研究，对于其从表示具体空间位置语义的内容语到在句子中起到功能词作用的用法，二者之间有着怎样的连续性这一问题，前人们多借助认知语言学的的观点做了讨论。但认知语言学所考察的是语义上的连续性，借由隐喻等方式实现。长谷部（2013）虽然对比了「うえ」表示不同语义时的句法特征和区别，但在说明连续性问题时，依然站在了认知的角度。认知语言学的方法可以很有效地解释语义的扩张，而本文认为，对于语法化前后形式句法上的关联性的考察，从认知语言学上来看是无法全面概括的，需要从「うえ」本身的性质出发，找出影响其形式语义的因素，再来探讨「うえ」语法化前后形式语义的关联性。

三宅（2005）提出从共时性角度考察文法化现象的可行性，提出了语法化既要承认前后两个形式的连续性，同时也要明确区分二者的标准这一观点，说明了在考察内容词与功能词的连续性问题时，需要从它们之间有效的关联点入手讨论。

因此，本文旨在探讨在空间表达「うえ」的语法化过程中，语法化前后形式如有关联性，其影响因素（即有效的关联点）是什么，它们是怎样对其产生影响的，这一系列问题。本文认为寻找这个有效关联点的出发点为「うえ」本身的性质特征。

3. 「うえ」的性质特征

在现代日语中，「うえ」可以作为实义名词单独使用，如以下两个例子所示。

（7）「風邪だろう。畑ばかり耕していて疲れたんだ。<u>上</u>を脱ぎたまえ。診るだけみよう」医者は聴診器をとりあげた。（冬の旅　立原正秋）

（8）こういった変った性格の人物だから、星の記事が連日の紙面をにぎわしたのも、<u>上</u>からの指示でなく彼の独断だったのかもしれない。（人民は弱し官吏は強し　星新一）

这两个例子中，「うえ」作为实义名词使用，分别指代"上衣"和"上司"。有时「うえ」也可以表示方向而单独使用，如「炎がうえに上る」。但该用法受限制较多，除了一些特定的指代之外罕见其他情形的用法。绝大部分「うえ」都需要对其语义起到补充作用的修饰成分。

（9）a. *<u>うえ</u>に置いた。（修饰成分缺失①）
 b. <u>机の</u>うえに置いた。（具体信息缺失，将什么放在了桌上？）
 c. <u>机の</u>うえに<u>本</u>を<u>置い</u>た。

从例（9）中我们可以得知，一般情况下，「うえ」不仅需要对其语义起到补充作用的前接修饰成分，从表达意思的完整性上来看，还需要表示与「うえ」构成空间相对位置关系的要素，如例子中作为谓语动词「置いた」所示动作的对象的「本」。可以将「うえ」所连接的两个事物看作两个不同集合中的要素，其中，起到决定性作用的是表示「うえ」前接修饰成分的要素。另一集合中的要素起到信息补充的作用，该要素如何作用，还取决于与其共起的谓语。比如，「机のうえ」一般可以表示空间位置、动作

---

① 如果将此句看作是修饰成分省略，即「うえ」的前接修饰成分位于前文之中的话，可以成句，但在没有上下文的情况下难以单独成句。

的作用对象，或者描述的主题等，其不能表示抽象语义是因为前接了表示具体事物的「机」。而上述语义之中，「机のうえ」具体表达哪一项内容，需要信息的补充，例（9）中，是「本」和「置いた」起到该补充作用，共同决定了此句中的「机のうえ」表示空间位置。

由此观察可得，「うえ」的性质特征为：

①「うえ」作为空间表达使用时需要两个共起要素。①

②这两个要素中，一个是表示前接修饰成分的要素，是决定性要素；另一个是借由「うえ」与前接修饰成分要素构成空间相对位置的要素，起信息补充作用。

③共起谓语动词也起到信息补充的作用，具体描述要素之间的空间相对位置。

在下一节中，将具体探讨不同的要素对于「うえ」的语义用法所产生的不同影响。

4. 影响「うえ」语义用法的要素

从上一节中对于「うえ」性质特征的观察可知，作为空间表达的「うえ」一般以如下形式使用。

$$\boxed{\text{要素A}} + \text{うえ} + \boxed{\text{要素B}} + \boxed{\text{谓语}}$$

要素 A 和要素 B 可以分别看作是不同集合中的一个变量要素，通过「うえ」产生关联。根据要素的性质的不同，该关联可以是两物体、两事物或两事件之间的空间、时间、抽象关系或者逻辑关系。但需注意的是，要素 A、要素 B 和谓语并不是一直存在的，以下会详细说明它们的存现情况和条件。上图可以补充修正为如下所示：

---

① 也存在「うえ」与复数事物共起的情况，但一般不出现两个要素同时为复数事物的情况，二者之中的一方可以为复数事物，例如「机のうえに本、リンゴとペットボトルを置いた。」「膝と足のうえに毛布を掛けた。」

根据「うえ」所连接的两要素的具体呈现方式，有以下几种组合方式。

①事物＋うえ＋事物
②事物＋うえ＋事件
③事件＋うえ＋事物
④事件＋うえ＋事件

其中，"事物"可以为具体事物或抽象事物。本文参考国立国语研究所『分類語彙表－増補改訂版』（分类词汇表）中的类别划分，并根据「うえ」的实际使用情况，将前接要素 A 和要素 B 划分为"自然物与自然现象""生产物与工具""身体与身体部分""人类活动的主体""抽象关系与人类活动（精神与行为）"五类。下面将从对「うえ」的语义用法起决定性作用的要素 A 的种类出发，来具体讨论四种形式。

4.1 当「うえ」连接的两要素均为事物时

此时要素 A 和要素 B 一般为表示"自然物与自然现象""生产物与工具""身体与身体部分""人类活动的主体"的名词。「うえ」表示物体、场所之间或者人物等主体、身体（部分）与物体、场所之间的空间中的相对位置关系。谓语一般为表示动作、变化、状态的动词。「要素 A ＋うえ」与「に」「で」「から」「まで」「より」「を」等多种格助词共起，在句中作为格成分表示谓语动词所示动作状态的位置、场所，与谓语动词构成格关系。

（10）「なんだかすごいですね」「朴葉っていうのよ。大きい葉っぱでしょ。この葉っぱの上で味噌を焼くの」（中略）森川が解説者のような口調で言った。（新橋烏森口青春篇　椎名誠）

（11）老師の姿だけが見えないので、思わず首を生垣の上へもたげて見まわした。（金閣寺　三島由紀夫）

（12）男は、砂に刻まれた風紋が見分けられなくなるまで、砂丘の上を歩きまわった。（砂の女　安部公房）

（13）良子は、セーターの上に、チョッキを着て、どこから見ても、その辺のおかみさん族としか見えないような恰好をしていた。（太郎物語大学編　曾野綾子）

（14）ステージの上でジャズが演奏され、裾長いドレスを着た化粧の濃い女たちが、複雑な照明のあるほの暗い部屋のなかを半透明

のように なって 静かに 歩きまわった。（青春の蹉跌　石川達三）

以上为要素 A、要素 B 和谓语都存在的情况。也有要素 A 或者要素 B 不存在的情况。比如，要素 A 可以存在于上下文中，如以下例句。

（15）彼ら は かなり 沖に 泳ぐ 人が 休む ために 浮かして ある 古い 和船のところまでいった。それから 船の 上に、「ちょっといいネエちゃん」が 二、三人 休んでいたので、二人も 上に 上った。（太郎物語　高校編　曾野綾子）

（16）網を 熱くしないで、ぱっと 上へ 切身を 置いたが、太郎は 知らん 顔をしていた。火も 強すぎて、やがて 鮭は 端から 焦げ出したが、太郎は ゆう ゆう と その 匂いを 楽しんだ。（太郎物語大学編　曾野綾子）

这两个例子中，修饰部分具有存在的必要性，但是位于前文中。因此，可以将其移动至「うえ」之前，或者用指示词指代。

（15）'……二人も 船の 上に 上った。
（16）'……ぱっと 網の 上へ 切身を 置いたが、……

当「要素 A ＋うえ」在句中为宾语（如例（17））或者句子的主题（如例（18））时，要素 B 不存在。

（17）机の 上を 片づけた。
（18）ライト に 照らされている ステージの 上は 明かるい。

由以上例句和说明可知，当「うえ」连接两个事物表示其空间关系时，要素 A、要素 B 和谓语与「うえ」的组合方式是多样的。

当要素 A 为表示 “人类活动的主体” 的名词时，需注意，由于人物关系涉及社会关系，因此除了空间语义用法之外，此时「うえ」可以表示人物之间的社会等级关系或者年龄大小关系等。

（19）「私は」と、なおも 院長 はつづけた。彼は普通の会話では「ぼく」と言い、機嫌がよくなるにつれてよく「ぼかあねえ」と言ったが、それは決して軽佻にはひびかず、充分にモダンで 人 の 上 に 立つ者 として可笑しくもなかったのである。（楡家の人びと　北杜夫）

当然，人物关系之间也可以如人物与物体之间、物体与物体之间一样存在空间关系，此时谓语动词和上下文环境起到了信息补充的作用，决定人物之间的具体关系。

4.2　当「うえ」连接的两要素为事物和事件的组合时

在理论上，当「うえ」连接的两要素为事物和事件的组合时，有「事物＋うえ＋事件」和「事件＋うえ＋事物」这两种形式。此时要素 A 一般为表示"抽象关系与人类活动（精神与行为）"的名词。

（20）私は、数カ月前に、仕事 の 上 で、致命的な失敗を犯していた。（一瞬の夏　沢木耕太郎）

（21）（前略）そのガラスの内側に、学部別にずらりと貼り出された補欠入学者の一覧表を、外から見られるようになっていた。ギャラリーは長いし、しかも 学部別の 上、補欠入学なので、それほど人だかりがしている、というふうにも見えなかった。（太郎物語大学編　曾野綾子）

（22）満池谷見下す丘に穴を掘り、行李に節子をおさめて、人形墓口下着一切をまわりにつめ、いわれた通り 大豆の殻を敷き枯木をならべ、木炭ぶちまけた 上 に 行李をのせ、硫黄の付け木に火をうつしほうりこむと、大豆殻パチパチとはぜつつ燃え上り煙たゆうとみるうち一筋いきおいよく空に向い、清太、便意をもよおして、その焔ながめつつしゃがむ、清太にも 慢性の下痢が襲いかかっていた。（火垂るの墓　野坂昭如）

前者如例（20）（21）所示，「うえ」表示从某一个方面来描述某一事件，或者表示累加、叠加。此时，与共起的格助词种类减少，一般为「に」或「で」，格助词可省略，此时「要素 A ＋うえ」的形式相对固定。例

（20）中的「要素 A +うえ」还带有格成分的特征，但要素 B 与谓语融合为一个事件，此时，描述该事件的后续句子整体看作一个完整要素。例（21）中的「要素 A +うえ」已失去了格成分的特征，在句子中担负着连接的功能。

后者如例（22）所示，前接的虽然是表示一个事件的句子，但是具有空间性。从客观事实上来看，在一个抽象事件的基础上描述一个与其关联的具体事物，即「抽象事件 +うえ +具体事物」的模式是很难存在的，因此如果是「事件 +うえ +事物」的组合，前接事件需产生一个空间性的状态或结果。在例（22）中，与要素 B「行李」相关联的是「大豆の殻を敷き枯木をならべ、木炭ぶらまけた」这一系列动作所产生的具有空间性的结果状态。此时，「うえ」可以看作是空间化手段，通过「うえ」的统括，将前接的句子所表示的内容空间化，以便与后续具体事物产生关联。

这些句子中的「要素 A +うえ」虽然还有部分带有格成分的特征，但已不能如例（17）或例（18）那样在句中作为谓语动词的宾语或者句子的主题使用，这也是其形式不如上一节中所示例子那样自由的一个表现，即当「うえ」连接的两要素为事物和事件的组合时，要素 A、要素 B 和谓语与「うえ」的组合方式减少，谓语有时与要素 B 融合为一个表示事件的整体。

4.3　当「うえ」连接的两要素均为事件时

此时要素 A 一般为表示"抽象关系与人类活动（精神与行为）"的词语或句子，要素 B 与谓语融合为一个事件，可整体将其看作一个要素。

（23）必ず生きるという自信を持たせなくてはいけないのだ。一日ごとに衰弱して行く上に治療法がないのだから、食餌と気力で生きてもらうよりほかはない。今が瀬戸際だ。（黒い雨　井伏鱒二）

（24）この食糧は、通信隊と西部二部隊から預かっていたものである。（中略）僕は会社へ電話して富士田工場長の許可を得た上で、会社の倉庫へその夜のうちに運んでもらって預かった。（黒い雨　井伏鱒二）

（25）おそらく康子は賢一郎との間に一定の間隔を保ちながら、しかし或る程度の接触をも保ちながら、様子を見ようとしているに違いない。つまり賢一郎が司法試験に合格するかどうか。それを見定めた<u>上で</u>自分の態度をきめようとしているのではないかと思われた。それは女の打算だった。（青春の蹉跌　石川達三）

此时「うえ」所处的句法环境固定，一般为表示累加、叠加的「要素A＋うえ（に）」形式，或者为表示前提条件的「要素A＋うえ（で）」形式。「うえ」失去空间义和格关系，成为标记主从句所表示的抽象事件之间逻辑关系的接续形式。此时，谓语一般与要素B融合为一个表示事件的整体，两要素与「うえ」的组合方式少。

5. 关于要素的空间性、时间性和要素间的时空关系

先行研究中有一部分考察说明了包括「うえ」在内的一系列时间表达的用法和特征，将「うえ」视为从表达空间概念的词转化为表达时间概念的附属词。本文认为「うえ」表达时间概念的用法并不是从表达空间概念的用法转化而来，而是本来就包含在基本用法之中，时间关系和空间关系（以下统称为时空关系）在不用的语义环境和用法中得到不同的呈现并有一定的共性，从而产生了「うえ」在时空关系表达上的多样化。我们利用本文开头部分举出的几个典型例句来说明这个问题。

（2）<u>彼ら</u>は<u>私たち</u>が<u>勉強している</u>うえで<u>騒いでいる</u>。

需要注意的是例（2）中「うえ」的前接修饰成分的形式为「私たちが勉強している」，不能换言为「私たちが勉強した」。而在上文的例（22）中，「うえ」的前接修饰成分的形式为「大豆の殻を敷き枯木をならべ、木炭ぶちまけた」，可以换言为「大豆の殻を敷き枯木をならべ、木炭ぶちまけている」。

（2）'　＊<u>彼ら</u>は<u>私たち</u>が<u>勉強した</u>うえで<u>騒いでいる</u>。
（22）'満池谷見下す丘に穴を掘り、行李に節子をおさめて、人形蠶口下着一切をまわりにつめ、いわれた通り<u>大豆の殻</u>を<u>敷き枯木</u>を<u>ならべ</u>、<u>木炭ぶちまけている</u><u>上</u>に<u>行李</u>をのせ、（后略）

在这两个句子中，「うえ」可以看作是空间化手段，通过「うえ」的统括，将前接的句子所表示的内容空间化，使其与后续句子所表示的动作或者后续具体事物产生关联。而这一关联的前提是，通过「うえ」连接的二者处于同一时空。例（2）中「私たちが勉強している」「彼らは騒いでいる」这两个正在进行的状态处于同一时空，例（22）中，「大豆の殻を敷き枯木をならべ、木炭ぶちまけた」这一系列动作所产生的具有空间性的结果状态与「行李をのせ」这个动作处于同一时空。例（22）'中的「大豆の殻を敷き枯木をならべ、木炭ぶちまけている」表示的并不是正在进行的动作，而是该动作产生的具有空间性的结果状态，因此可以换言。例（2）'中的「私たちが勉強した」并不能产生具有空间性的结果状态，与后续的「彼らは騒いでいる」产生时间上的错位，该错位导致二者所表示的动作不能在同一空间里产生关联，因此不能换言。这是前接句子中的谓语动词种类的不同造成的差异，关于这一点，今后还会详细考察。

通过以上说明可以得知，在「うえ」表达前后要素间的空间位置方位关系时，借由其连接的二者需处于同一时空。

（1）机の**うえ**に**本**を置いた。

如例（1）中的「机」与「本」也是如此，二者处于同一时空。

我们将"空间性"和"时间性"做如下定义。可以看出，上述例子之中「うえ」连接的两要素均为在一定空间位置且在一定时间位置中的事物、动作、状态等。

【空间性】：在一定空间位置中（的事物、动作、状态等）

【时间性】：在一定时间位置中（的事物、动作、状态等）

那么，当「うえ」连接的两要素是其他情形时，该时空关系如何体现呢？

（3）僕の**うえ**に兄と姉がいる。

（4）仕事の**うえ**で、大きなミスをした。

（5）このお店はおいしい**うえ**に、やすい。

（6）すべての条件を承知した**うえ**で、契約を結んだ。

例（3）中，人物之间的关系脱离了空间性，处于同一时间关系之中，且年龄、地位、等级关系等具有恒常性。例（4）中，「うえ」所连接的抽象事物与事件或两事件之间多处于脱空间性的同一时间关系中，且因要素 A 表示的是持续存在的抽象事物故而具有持续性。当要素 A 与要素 B 表示的是恒常性的事态时，二者之间是脱时空性的，此时该句子常表示评价、判断等意思，如例（5）和例（26）。例（6）中，「うえ」与前接要素一同表示前提条件，前提条件即为在一个事件或事件的一部分状态已经发生的前提之上再发生另一个事件或事件的另一部分。如果将状态的有无、事件的发生与否各看作两个不同侧面，那么「うえ」突出的是状态的存在、事件的发生这个侧面，并将其与后续状态、事件的后续部分或后续事件之间形成状态性质或逻辑上的相关关系。此时「うえ」所连接的事态或事件之间处于脱空间性的持续性时间关系中，如例（6）；或二者之间是脱时空性的纯逻辑关系，如「契約というのは、すべての条件を承知した**うえで**結ぶものだ」。

（26）探偵社は、何ともさびれた感じで、「外見はパッとしません」と、社長に当たる男は認めた。「しかし、事務所の広さ、人数の多さ、そんなものは、真実を探り当てる**上で**、何の意味もありません！」と強調する。（女社長に乾杯！　赤川次郎）

上述不同组合形式中，要素 A 与要素 B 的空间性、时间性不同，借由「うえ」所连接的他们之间的时空关系也是不同的，该时空关系与「うえ」的语义用法相辅相成。

6. 结语

本文以「うえ」的性质特征为出发点，从影响因素入手，考察了「うえ」语法化前后形式用法之间的关联性。在考察中本文基于「うえ」自身的性质特征得出其基本用法为「要素 A + うえ + 要素 B + 谓语」，并提出了影响「うえ」语义用法的三因素为要素 A、要素 B 和谓语，探讨了这三因素对「うえ」的影响方式，并从用法关联和时空关系关联等角度考察了关联性。

关于用法关联，三影响因素与「うえ」在句中的排列组合方式随共起表达的不同而变化。表示空间语义时，要素 A、要素 B 和谓语与「うえ」

的排列组合方式多样，要素 A 或要素 B 有隐在的情况，也少有要素 B 与谓语融合的情况。表示人物主体间的非空间语义（年龄、地位等等级关系）时，排列组合方式减少。表示抽象的位置或范围、累加或前提条件时，排列组合方式固定化，谓语多与要素 B 融合，且不存在要素 A 或要素 B 隐在的情况。

关于时空关系上的关联性，基本用法中包含时空关系，「うえ」所连接的两个或两个以上事物处于同一时空之中。随共起表达及「うえ」语义的不同，该时空关系出现脱空间性、脱时空性等不同变化。

参考文献

安祥希：『「うえに」の内部構造：「うえ」の名詞性と「に」の位置付けを中心に』，《言語学論叢》，筑波：筑波大学应用言語学研究室，2016 年第 9 期，第 28 – 44 页。

黄小丽：《日语方位词"上"的语法化考察》，《外语教学与研究》2014 年第 46 期，第 531 – 542 页。

国立国語研究所：『分類語彙表—増補改訂版』，東京：大日本図書株式会社，2004。

钟勇、井上奈良彦：『日本語における上下メタファーの体系構成及びその特徴に関する一考察』，『言語文化論究』，福岡：九州大学大学院言語文化研究院，2013 年第 30 期，第 13 – 26 页。

砂川有里子：『空間から時間へのメタファー—日本語の動詞と名詞の文法化』，『空間表現と文法』，東京：くろしお出版，2000，第 105 – 142 页。

高橋奈津美：『現代日本語における空間相対名詞の修飾節についての試論』，『京都大学言語学研究』，京都：京都大学大学院文学研究科言語学研究室，2009 年第 28 期，第 185 – 204 页。

田中寛：『形式名詞「ウエ」の意味と機能—累加的な接続成分について—』，『日本語複文表現の研究—接続と叙述の構造—』，東京：白帝社，2004，第 217 – 241 页。

赵无忌：『認知言語学から見た日中空間辞の意味と機能拡張に関する比較研究』，栃木：宇都宮大学，2016。

陈瑞英：『中国語の方位詞「上」と日本語の「うえ」の意味と機能について—空間的用法を中心に—』，『Polyglossia』，大分：立命館アジア太平洋研究センター，2014 年第 26 期，第 79 – 90 页。

長谷部亜子：『多義語ウエの意味の分析：空間名詞・形式名詞・複合辞としてのウエ』，『日本認知言語学会論文集』，東京：日本認知言語学会，2013 年第 13 期，第 63 – 75 页。

馬場俊臣:『接続助詞的用法の複合辞「うえで、うえは、うえに、うえ」―統語的特徴の整理と各用法の関係を中心として―』,『北海道教育大学紀要（人文科学・社会科学編）』,北海道：北海道教育大学, 2005 年第 55 期, 第 27－42 頁。

方允炯:『接続助辞化した「〜うえで」の意味と機能―明治期と現代との用例比較を通じて―』,《일본언어문화（日本言語文化)》,首尔：韩国日本言语文化学会, 2013 年第 25 期, 第 207－223 頁。

方允炯:『空間を表す形式名詞の意味と機能』,大阪：大阪大学, 2008。

日野資成:『形式語の研究―文法化の理論と応用―』,九州：九州大学出版会, 2001。

益岡隆志:『日本語構文意味論』,東京：くろしお出版, 2013。

益岡隆志:『条件表現と文の概念レベル』,『日本語の条件表現』,東京：くろしお出版, 1993, 第 23－39 頁。

三宅知宏:『現代日本語における文法化：内容語と機能語の連続性をめぐって』,『日本語の研究』,東京：日本語学会, 2005 年第 1（3）期, 第 61－76 頁。

森田良行:『基礎日本語辞典』,東京：角川書店, 1989。

例句出处：CD-ROM 版　新潮文库 100 册（1950 年后出版, 除翻译作品之外的 25 部小说）

The Relation between the Basic Usage and the Grammaticalized Usage of Spatial Expressions: An Analysis of Effect Factors

Abstract: This study discusses the relationship between the basic usage and the grammaticalized usage of "ue" (うえ), focusing specifically on how the meanings and usage of "ue" are affected. In the discussion part, based on the basic usage of "ue" and the analysis of the "variable A + 'ue' + variable B + the predicate" structure, this study proposes three effect factors, variable A, variable B and the predicate, investigates how these factors work together to influence the meanings and usage of "ue", and further discusses "ue" from the perspectives of the relationship between the usages and the space-time relationship.

Keywords: spatial relationships; ue; meaning; usage; space-time relationship

日本文学与文化

试论《伴大纳言绘卷》中经说的运用

——伴善男宅邸中的破戒主题

山本聪美 著[*]　马如慧 译^{**}

【摘　要】在本文中，笔者着眼于出光美术馆所藏《伴大纳言绘卷》中关于伴善男宅邸内日常用具场景的描绘，通过图像学分析方法，指出此场景可解读为佛教中的破戒。笔者认为，伴善男宅邸中的酒具及日常用具场景与《二河白道图》及《六道绘》等中世佛教说话绘画中所描绘的破戒主题有互通之处。由此进一步推断，在《伴大纳言绘卷》的制作与鉴赏过程中，体现了强烈的以因果报应为基调的佛教伦理与秩序。

【关键词】伴大纳言绘卷　后白河上皇　佛教说话画　六道绘　经说绘卷

1. 引言

2019 年 2 月 26 日，笔者曾于北京日本学研究中心举办的以"画笔描绘的物语——绘卷研究入门"为主题的国际学术论坛（该论坛为北京日本学中心与日本国文学研究资料馆联合策划）上，作了题为"绘卷入门——物语绘卷的色彩与形式"的演讲。彼时，笔者论及在绘卷这一由文字与画面复合而成的复合媒体中，能够发现原典（例如：佛教经典及由此衍生的说话文学，或者《源氏物语》等世俗文学）与绘卷中的文字及画面之间存在

---

　*　山本聪美：日本早稻田大学教授。

　**　马如慧：北京外国语大学博士研究生。

着怎样的相关性。在该演讲中，笔者以平安时代的作品，如《地狱草纸》及《病草纸》等经说绘卷，或是《源氏物语绘卷》等物语绘卷为例，讲解了绘卷并非单纯将原典图像化，而是将原典进行解读与编辑的二次创作。

与此同时，以研究生为主的参会者们用流畅的日语提出了许多有关绘卷的创作与鉴赏的历史背景、与文学的关系等本质性问题，令笔者收获颇丰。若能通过当日的演讲，激发熟悉中国古典文学及佛教经典且研究经验丰富的中国学者对日本绘卷的研究兴趣，想必能够促进绘卷创作背景研究的长足进步。

为激发中国学者的绘卷研究，本文将以平安时代末期的作品《伴大纳言绘卷》为例，分析该作品与可称为其创作背景的佛教经典与佛教说话绘画之间的关系。希望大家可以将本论文作为从文字与图像的相关性中解读作品深意的一个案例，加以参考。

《伴大纳言绘卷》是以平安时代初期实际发生的政变为题材的绘卷作品。该政变史称应天门之变，根据《日本三代实录》的记载，其起因是贞观八年（688）三月十日皇宫应天门失火事件。紧接着，同书记载道：同年八月三日，大宅首鹰取检举大纳言伴善男及其子为纵火犯。九月二十日，伴氏父子及被牵连的纪夏井等人被流放。有学者认为，该事件是以伴善男及纪夏井为代表的平安初期崭露头角的新官们与以藤原良房为代表的门阀贵族的斗争为背景的①。事实上，自此以后，伴氏和纪氏在官场中彻底失势，藤原北家确立了其在朝廷内的势力。应天门之变揭开了此后一直持续至 12 世纪初期的摄关政治的序幕，也是古代史上的一个重要的转折点。

这一事件被改编成说话文学得以传承，12 世纪初期由大江匡房编撰的作品《江谈抄》、12 世纪后期由平康赖编撰的作品《宝物集》中，皆收录了关于应天门之变与伴善男的故事。此外，13 世纪初期的说话集《宇治拾遗物语》中，收录了与《伴大纳言绘卷》中的文字部分基本相同的说话文学作品。这些说话文学作品引起了平安时代末期的贵族们怎样的兴趣，又是怎样被阅读的呢？另外，被改编为绘卷作品又有怎样的意义呢？在本文中，笔者将运用图像学分析方法对图画内容进行解读，从而再次探讨本作品的主题。特别是，笔者将着眼于伴善男宅邸中多种多样的日常用品的描

---

① 神谷正昌：「承和の変と応天門の変―平安初期の王権形成―」，『史学雑誌』111 – 11，2002。

绘，通过与中世的佛教说话画进行比较，阐释该场景可解读为佛教中的破戒。在此基础上，笔者指出本作品的创作目的之一，是表现因果应报这一佛教思想。

另外，以下内容初次发表为日语论文《试论〈伴大纳言绘卷〉中经说的运用——伴善男宅邸中的破戒主题》（《中世绘画的母型Ⅱ》，青简舍，2014）。

2. 与主题相关的诸论点

首先，笔者将整理出与《伴大纳言绘卷》的主题和创作目的相关的先行研究中的主要论点。[①] 在研究史初期，由福井利吉郎提出的"该绘卷是纯粹为鉴赏而创作的"[②] 这一说法，近年来被山本阳子继承[③]。确实，从构图及各个人物的表情区分来看，本作品的完成度极高，可说是一场视觉盛宴。但是，即便其创作的主要目的在于鉴赏，我们还可以提出"为何选用这个主题作为作品的题材"这样的疑问。另外，"文字与绘画的完成度极高"不仅是本作品的特点，也是现存的平安绘卷的共同特点。在平安时代的贵族社会中，如若绘卷这一媒体的整体作用并非"纯粹为了鉴赏"，那么在分析本作品的创作目的时，将其与政治性或宗教性等社会功能相结合论述才更为妥当。

"御灵绘卷说"这一论点在长时间内曾被反复提及。近藤喜博率先提出：本作品是为了平息在流放地抱憾而亡的伴善男的怨念而创作的绘卷[④]。此后，小峯和明通过分析绘卷中的图画及文字，以"绘卷中没有描绘伴善男的面部"、"绘卷文字结尾处的'何其悔恨！'之语体现了对伴善男的同

① 有关《伴大纳言绘卷》的综合研究史，笔者参考了：黑田日出男『謎解き伴大納言絵巻』（小学館，2002 年）、稲本万里子「「伴大納言絵巻」と後白河院」（『イメージとパトロン—美術史を学ぶための23 章—』，2009）、伊藤大輔「「伴大納言絵巻」という神話」（『史潮』新六一，2007，『肖像画の時代』名古屋大学出版会，2011 年所収）。

② 福井利吉郎：「絵巻物概説（下）」，『岩波講座日本文学』，岩波書店，1933；『大和絵の研究』，角川書店，1978 年所収。

③ 山本陽子：「伴大納言絵詞鎮魂説の再検討—脇役の顔貌表現を中心に—」，『明星大学研究紀要 日本文化学部・言語文化学科』13，2005。

④ 近藤喜博：「応天門の火—伴大納言絵詞の性格—」，『美術史』44，1962。

情"、"绘卷被创作之时伴善男被看做瘟神"为论据，正式提出了"御灵绘卷说"这一观点。① 此后，此论点在日本国文学、日本史、宗教史等领域被反复提及。② 近年来，五月女晴惠的论据虽与小峯相异，也同样认为，本作品的创作目的在于将伴善男的灵魂作为王权的守护、救济神而祭祀。③ 此外，也有一些反对意见。关于"绘卷中没有描绘伴善男的面部"这一论据，山本阳子以《北野天神缘起绘卷（承久本）》中，被奉为神明之前的道真的面部也未被描绘为依据，否定了将"是否描绘面部"作为"御灵绘卷说"的论据的观点。另外，关于绘卷文字末尾的"何其悔恨！"一句，鸢尾和宏通过分析平安、镰仓时代文献中"悔恨（くやし）"一词的用例，认为我们无法通过这一词汇解读出平息善男怨念的意思。④ 现如今，我们有必要再次探讨"御灵绘卷说"的论据。

关于本作品的创作背景还有另外一个观点，那就是所谓的"文化霸权论"。该论点的主要内容为：各个时代的当权者，不仅需要掌握军事力量和经济力量，还需要发挥文化的主导权来强化自己的王权。与本作品相关的论点为：将推动本作品创作的主要人物视为后白河上皇，而创作目的在于强化王权或是安定国家。这一论点在近年来受到热议。棚桥光男在《〈梁尘秘抄〉——包括绘卷的文化创作中"场合"蕴含的高度政治性》中率先指出了本绘卷的创作是后白河王权的特征之一。⑤

受到此论点的影响，佐野美登利认为：后白河上皇的绘卷创作中蕴含着文化霸权主义的方面⑥，而本作品的主题是表现出都市中民众所发挥的

① 小峯和明「炎を見る男 絵巻の説話」（『説話の森 天狗・盗賊・異形の道化』，大修館書店，1991），同「宇治拾遺物語と絵巻」（『説話文学研究』21，1986，『宇治拾遺物語の表現時空』，若草書房，1999 年所収），同「御霊信仰論 田楽と御霊絵巻から」（『叢書史層を掘る Ⅳ 供犠の深層へ』新曜社，1992，『院政期文学論』，笠間書院，2006 年所収）。

② 松尾剛次：「『伴大納言絵詞』の「なぞ」を説く―もうひとつの御霊信仰―」（『神と仏のコスモロジー』法藏館，1995），以及注②中提及的黑田日出男的论文。

③ 五月女晴惠：「常盤源二光長周辺制作絵巻物群―「伴大納言絵巻」の制作目的について―」，『鹿島美術研究』20，2003。

④ 鳶尾和宏：「御霊としての伴大納言―今昔・絵巻・宇治拾遺―」，『文学』10‒4，2009。

⑤ 棚橋光男：『後白河法皇』講談社，1995。

⑥ 佐野みどり：「物語る力―中世美術の場と構想力―」，『日本の中世 7 中世の文化と美の力』，中央公論新社，2002。在论文中，该氏具体论述道："我们可以看出后白河上皇所做的绘卷创作和收藏宝藏等行为，是为了行使文化霸权，来达成中央集权。"

"流言蜚语的力量"①。此外，稻本万里子指出，绘卷中描绘了检非违使的强权，这是为了将天皇家的武力视觉化，从而表现出"皇权的表象"。② 另外，池田忍着眼于绘卷完善现实世界的功能，分析道：本绘卷通过描绘王权所面临的危机，旨在将现实社会中的危机转换为可控的状态。③ 佐藤康宏从同样的视角出发，指出该绘卷通过描绘"可控的混乱"和"弱者"，抚慰由于开始动荡的社会秩序和政治权力之丧失而产生的不安感，并将该绘卷的创作目的上升到后白河上皇"维持京城秩序"的手段上来。④ 如上所述，学者们开始从本作品的创作目的是为了以某种形式增强后白河王权这一视角出发，重新探讨本绘卷的主题。

基于近年来的研究动向，伊藤大辅再次讨论了《伴大纳言绘卷》中的说话文学构造。其研究结果是：本作品表现出了作为超自然存在的"天"所统辖的平衡了德治与法治的律令制国家的理想状态。而关于其创作目的，伊藤论述道："当政者率先亲自创作了解释德治主义和劝诫思想的绘卷，通过表明公正的社会规范来呼吁社会广泛支持，以求恢复王权的向心力。"⑤ 在本绘卷是以强化王权为目的创作的这一论点上，伊藤的论述与从前的学者别无二致。但是，伊藤认为绘卷创作的时期的王权的存在方式，并非是后白河上皇的个人专制统治，而是由支持后白河政权的各大权贵的集体意志构成的集体权力结构，这个论点可算新颖。

如果我们按伊藤所提出的观点来理解后白河政权的特征的话，绘卷这一媒体的社会功能也随之变化。也就是说，我们可以认为，各大权贵创作出以《伴大纳言绘卷》为首的一系列绘卷，期待其能够具有调整分崩离散的多元化权力构造，团结价值观各异行动分散的异类成员，缔造出共同认识的功能。换言之，在本绘卷的文字和绘画中，交织着平安末期的贵族社

① 佐野みどり：「絵巻の時間と空間—信貴山縁起絵巻と伴大納言絵巻—」，『中世日本の物語と絵画』，放送大学教育振興会，2004。

② 稻本万里子：「描かれた出産—「彦火々出見尊絵巻」の制作意図を読み解く—」，『叢書文化学の越境9 生育儀礼の歴史と文化』，森話社，2003。

③ 池田忍：「王権と美術 絵巻の時代を考える」，『日本の時代史8 京・鎌倉の王権』，吉川弘文館，2003。

④ 佐藤康宏：「都の事件—『年中行事絵巻』・『伴大納言絵巻』・『病草紙』—」，2001－2003年度科学研究費補助金研究究成果報告書『描かれた都市 中世絵画を中心とする比較研究』，2004，『講座日本美術史（六）』，東京大学出版会，2005年所収。

⑤ 伊藤大輔：「「伴大納言絵巻」という神話」，『史潮』新六一，2007，『肖像画の時代』，名古屋大学出版会，2011年所収。

会所共有的，或者说对政治来说有必要共有的社会共识和道德理念，乃至信仰等要素。这个论点开阔了我们的视野。

关于本绘卷用说话文学的构造试图表现的价值观，伊藤详细地指明为"作为超自然存在的天所统辖的平衡了德治与法治的律令制国家的理想状态"。此论点着眼于蒙受不白之冤的登场人物源信通过向上天祈祷而获得了朝廷的赦免这一绘卷中间部分的情节，将此情节定位为《伴大纳言绘卷》的核心情节，具有一定的说服力。但是，假设本绘卷的创作动机可追溯到集体权力构造的存在，那么本作品所表现出的社会秩序便不应该被限定为"律令制国家的理想状态"这一种社会秩序。也就是说，我们是否可以认为，本作品包含了在先行研究中被论述至今的"美化天皇家的武力、王权的危机""平息伴善男的怨念""纯粹的鉴赏"等创作目的，是一个兼备多种功能的媒体。

当然，本文的目的并不是为了提出一个融合了所有先行研究论点的观点。在下文中，笔者将活用从伊藤论文中得到的启发，用图像学方法解读本绘卷中的说话文学构造。在本论文中，笔者将着眼于《伴大纳言绘卷》中所描绘的主题与佛教说话绘画的相似性，尤其是将其与六道绘和法华经绘进行比较研究。作为本研究的成果，笔者将指出本作品中蕴含着以佛教的因果报应观为基础的说话文学构造这一全新观点。

3. 源信和伴善男的宅邸——朴素与奢华的对比

《伴大纳言绘卷》兼具文字与图画，且文字内容与《宇治拾遗物语》中所收录的同题材说话文学作品基本相同。从文献学上来看，《伴大纳言绘卷》中的文字部分与《宇治拾遗物语》所收录的说话文学作品的创作先后顺序不明，但是，我们可以得知，在绘卷被创作的时代，确实存在着某部可作为《伴大纳言绘卷》文字内容的原典的说话文学作品。也就是说，本作品中的文字部分很有可能并非是为了本绘卷而创作的，而是使用了某部已经存在的作品。相对而言，绘卷中的图画内容有时也包含着文字中未体现出的要素①。我们使用《宇治拾遗物语》所收录的说话文学作品将已经佚

---

① 关于文字与画面内容的差异：稻本万里子「テクストの換用—「伴大納言絵卷」の場合—」（『古筆学叢林四　古筆と絵卷』八木書店，1994）。与注②中所引用的论文相同。

失的第一部分文字内容补全后，再比较文字与图画内容，可发现在以下的两个场景中，图画内容对文字内容的增补尤为显著。①第一段中从检非违使出动到应天门失火为止；②第五段的伴善男宅邸内。我们可以预测出，在脱离了文字的限制而被增补过的这两个场景中，包含着不同于文字内容的说话文学的构造。

在本论文中，笔者首先着眼于第五段所描写的伴善男宅邸内的场景，并着重于分析伴善男宅邸和与其形成明显对比的源信宅邸的区别。已经有学者指出，在《伴大纳言绘卷》中，蒙受不白之冤的源信的宅邸，与应天门事件真正的纵火犯伴善男的宅邸，其中的女性们哀叹的表情形成了明显的对比。① 在描绘这两个场面时，作者都使用了穿堂屋台法进行了连续的室内描写，并使用了一眼看去十分相似的构图描绘了两宅邸内夫人和侍女们悲叹的样态。但是，源信被朝廷赦免的消息最终传到其宅邸，画面中所描绘的女性们的表情自右向左逐渐变得安逸，尤其是在左端描绘着的状似源信妻子的女性虽以袖遮目嘤嘤涕下，其嘴角却浮现着一丝微笑（见图1）。

图1　伴大纳言绘卷　源信邸

画像提供：出光美术馆。

与此相对，在故事的后半段，伴善男所做的坏事逐渐败露，伴善男宅

---

① 参照黑田泰三『伴大納言絵巻』，小学館，1991。

邸内的女性们绝望的表情和动作，仿佛述说着伴善男将被流放以及她们自身将前途无望的事实。我们可以看到仰天号哭的侍女，抱膝茫然自失的侍女，画面上方所绘的在卧房中披着被褥倒地不起的女性大概是善男的妻子吧。我们还可以看到有一位年轻的侍女眺望着面向庭院的竹帘的彼方而泣，其视线刚好与检非违使的队伍包围在押解着伴善男的牛车周围的场景相交（见图 2）。

图 2　伴大纳言绘卷　伴善男邸

画像提供：出光美术馆。

对于熟知故事发展的鉴赏者而言，这两间宅邸内所描绘的人们的不同表情意味着什么，也是显而易见的。蒙受不白之冤的登场人物源信被赦免，其一家得以幸免于难。另一方面，使用奸计陷害源信的伴善男在朝廷中失势，其家属也告别了安定的日常生活。以此为前提，我们再回到画面上来，便可以看出在两间宅邸内，除去女性的表情外，还有另外一个形成明显对比的主题。那就是，室内陈设的描绘。①

4. 因果报应的图画——酒与饭

在源信的宅邸中，其妻子身旁只画着一个砚台盒（见图 3）。而与此相对，在伴善男的宅邸中，细致地刻画着夫妻用双人枕、枕边的刀、镜箱、

① 关于源信宅邸和伴善男宅邸的日常用品的对比描绘，稻本万里子在论文「家族の情景—「伴大納言絵巻」に描かれた妻の役割」（『交差する視線　美術とジェンダー2』ブリュッケ，2005）中也有相关论述。该氏论述道："作者通过细致描写伴大纳言家的日常用品及女性的穿衣打扮，将女性们的悲哀烘托得更加真实。"

梳子、洗头发用的水盆、放置在漆盆上的盘子、盛着食物的高脚盘等各式各样的陈设。更值得注目的是，高脚盘的前面明显有斟酒时用的长柄酒铫子的痕迹（见图4）。显而易见，作者故意将源信宅邸和伴善男宅邸的陈设的数量和种类进行对比描绘，而这些陈设有着超越单纯说明状况的意义。

图3 伴大纳言绘卷 源信邸·调度

画像提供：出光美术馆。

图4 伴大纳言绘卷 伴善男邸·调度

画像提供：出光美术馆。

尤其是，笔者认为伴善男宅邸中描绘的各式各样的陈设与奢侈、吝啬、铺张的饮食及饮酒行为等佛教的罪业观密切相关。同样的主题在中世的六道绘中十分常见，在六道绘中，奢侈的陈设及饮食等主题通常作为堕入恶道的业因的表象而被使用。

在佛教中，信徒不得不遵守的一些生活上的规范称为戒律。戒是指制约自己内心的道德规范。律是指出家人进行集体生活时不得不遵守的规则。戒中最重要的是"五戒"，即：不杀生戒、不偷盗戒、不邪淫戒、不妄语戒、不饮酒戒。出家不仅人要遵守五戒，在家修行的信者也要遵守，如若违反五戒，这便会成为死后轮回转生至地狱道或恶鬼道等恶道的恶因。

在五戒之中，特别将饮酒之罪孽通过绘画表达出来的，有平安时代的《饿鬼草纸》，其中有一个描述《欲色饿鬼》的场面，贵族男女正在尽情欢宴。托盘上盛着奢侈的食物，酒杯里也斟满了酒，他们正袒胸露怀地享受美酒美食（见图5）。可是，仔细地观测画面就会发现，他们的肩膀和腹部缠绕着小小的饿鬼。这部分的画中词已经散逸，很是遗憾。但在此画的原典《正法念经处》中，可以找到有关这些被叫作"微细饿鬼"的小饿鬼们的说明。这是一些人们肉眼看不到的饿鬼。事实上，这些贵族男女丝毫没有意识到这些饿鬼的存在。也就是说，这一画面暗示了这样一个道理：如果沉迷于奢侈的饮食，就会招来这样的饿鬼，而且，自己死后，也有可能成为这样的饿鬼。

图 5　饿鬼草纸　欲色饿鬼

画像提供：东京国立博物馆。

另外，从镰仓时代的禅林寺藏《十界图》、北野天满宫藏《北野天神缘起绘卷（承久本）》等绘画作品中可以得出这样的结论：饮酒场面用于表述佛教之罪孽，已经固定化了。在禅林寺本中，描绘了那些在"天道"过着无忧无虑的生活的天人们，在他们命尽时再次面对六道轮回的痛苦。画面右边是幸福的天界生活，摆放着丰盛的食物和酒具。左边描述的是寿命尽后天人们的痛苦模样（见图6）。二者形成了鲜明的对比。也即，这里使用了一个隐喻：酒足饭饱的生活将会倍增来世的痛苦。而在《北野天神缘起绘卷（承久本）》的第七卷第八卷僧人日藏游历地狱的场面中，"人道"中那些热衷于奢侈的饮食以及赌博的人们，被描绘成罪孽深重者的象征（见图7）。

　　与六道绘为首的中世佛教说话画中描写的饮酒及敛财的绘画传统相结合来分析，我们可以认为《伴大纳言绘卷》中伴善男宅邸内所描绘的各式各样的陈设象征着伴善男及其家族奢侈且傲慢的生活态度。本图中描绘着沉溺于奢侈品的人们的生活，特别是伴随着饮酒的餐食象征着破戒。另外，重要的是，作者通过将其与绘卷前半的源信宅邸进行对比，把以饮酒及饱食、奢侈为标准的善与恶的观念鲜明地展现在人们的眼前。作者将这两间

图6　十界图　阿弥陀幅部分

画像提供：京都国立博物馆。

图 7　北野天神缘起绘卷（承久本）第八卷·人道部分

画像提供：北野天满宫。

宅邸对比描绘，旨在以佛教的教义为基准将善与恶可视化，基于因果报应的法则，令观赏者们接受伴善男悲哀的结局。

5. 对奢侈的劝戒

再有，伴善男宅邸中描绘的其他陈设，也可以理解是佛教另一罪恶感——物质上的奢侈——之象征。从镰仓时代到室町时代，有一组被称为《二河白道图》的佛教绘卷，现存十数卷。在此，以 13 世纪后半叶的作品、香雪美术馆藏本为例进行解读（见图 8）。

图 8　二河白道图　全图及び部分

画像提供：香雪美术馆。

这是根据中国初唐时期将净土教体系化的善道的著作《观无量寿佛经疏》所述《二河白道之譬喻》所做的绘画。自法然关注善道的教义以来，这一譬喻在日本净土宗各派别得到运用。画面的下方是充满了污秽和痛苦的现世，上方则是极乐世界。中间流淌着火河与水河，中间有一条白色道路通过。火河象征着愤怒，水河象征着爱欲，而中间的白道则象征着抛却了愤怒与爱欲的、能够通往佛祖世界的唯一的方法"念佛"。

火河中场景，有人因为愤怒与人争斗，甚至夺去了他人的生命。而水河中，绘有男女与儿童，以及围绕着他们的众多财宝，如华丽的布匹、储藏宝物的箱子、米袋、刀具、沙金等。与这样的图案相对照，《伴大纳言绘卷》中描绘的伴善男宅邸的种种摆设，可以理解为是伴善男及其家人们奢侈而傲慢的生活之象征。

6. 应天门失火与火宅喻

我们将着眼于第一段描绘的被火焰吞噬的应天门（见图9）。被火焰吞噬的世界的图画，令人联想到刚刚提及的《二河白道图》中的火之河。再加上熊熊燃烧着的建筑物这一主题，在同时代的绘画作品中，我们首先会联想到《法华经》"譬喻品"的佛经里封绘中所表现出的"火宅喻"的图像。在《法华经》中，这一寓言尤为著名，讲述了一位富翁为了救出在失火的宅子内玩耍却未察觉到火灾的儿子们，分别告诉他们宅子外有羊车、鹿车、牛车等玩具，引诱他们走出火宅，最后平等给予所有的孩子们比方

图9 伴大纳言绘卷 应天门失火

画像提供：出光美术馆。

才许诺的羊车、鹿车、牛车还要华美的镶金嵌银的大白牛车的故事。在这一寓言中，富翁象征着释迦牟尼，未察觉到火灾的儿子们象征着愚昧的众生，火宅象征着充满了烦恼与苦楚的现实世界，羊车鹿车牛车分别象征着小乘佛法，大白牛车象征着优于小乘佛法的大乘佛法。

这个"火宅喻"，在 11 世纪到 12 世纪之间，经常作为法华经里扉绘而被绘画化。如若追溯到 11 世纪，我们可以举出：东大寺所藏《细字法华经》、延历寺所藏《法华经》第二卷、静冈县本兴寺所藏《法华经》（八卷本）等例子。而追溯到 12 世纪，我们可以举出：静冈县本兴寺所藏《法华经》第二卷（十卷本）由平清盛发起，从嘉应二年（1170）至承安二年（1172）创作，最终供奉于严岛神社的《法华经》第二卷等例子。在这些例子中，尤其是静冈县本兴寺所藏《法华经》第二卷（十卷本）中描绘了富翁家的大门熊熊燃烧的样子，其中火焰与黑烟相辅相成的火灾现场的描绘与《伴大纳言绘卷》有相通之处（见图 10）。另外，在刚刚提到过的《二河白道图》等诸作品中也经常见到火宅场景描写，例如西雅图亚洲艺术博物馆所藏《二河白道图》中，我们可以看到在起火的宅子中描绘着并未察觉到火灾而沉溺于笛子与琵琶演奏，被财宝包围着的男女形象（见图 11）。

图 10　法华经见返绘

画像提供：奈良国立博物馆，摄影：森村欣司。

图 11　二河白道图　全图及び部分

画像提供：Seattle Art Museum，Margaret E. Fuller Purchase Fund，撮影：城野誠治。

而且，象征着充满烦恼与苦楚的现实世界的火灾场景被 13 世纪的六道绘所继承。方才提到的《北野天神缘起绘卷（承久本）》中，作者将火灾场景描绘为人间的苦楚之一，而在起火宅子中的人们，正拼命地将家具和财宝搬运出来（见图 12）。而同样的画面在禅林寺所藏《十界图》及圣众来迎寺所藏《六道绘》中均可见到。在 13 世纪的六道绘中，该画面作为表现人间世界的固定图像而被定型化。

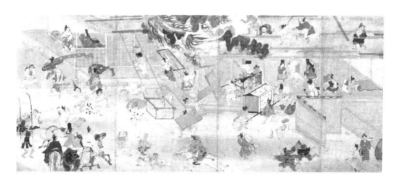

图 12　北野天神缘起绘卷（承久本）第八卷·人道部分

画像提供：北野天满宫。

基于以上论述，笔者认为，也可以将《伴大纳言绘卷》中的火灾场景理解为充满着污秽与苦楚的现实世界的象征。在这个场景中，火灾的上风头和下风头有许多群众。从作画表现上来讲，拼命逃窜的处于下风口的人们和只是为了看热闹聚集起来的上风口的人们对比明显，鉴赏者们多着眼于此。确实，火灾场景左右的两拨人群身处状况不同，表情也有明显的区别。但是，我们有必要注意的是，无论是处于上风头还是下风头，画面中所有的人物都并未想要立刻离开现场。特别是，向画面的右方看去，即皇宫南面的朱雀门附近甚至有新的一群人赶来这个危险且混乱的火灾现场。

我们再来参考"火宅喻"。此场景中所绘人们的样子，令人不由得想起《法华经》譬喻品中以下部分（原文引自《大正新脩大藏经》9-13a，现代文翻译引自中州古籍出版社《妙法莲华经》）。

> 如是等种种诸苦。众生没在其中。欢喜游戏。不觉不知不惊不怖。亦不生厌不求解脱。于此三界火宅东西驰走（……等各种苦难。众生沉迷于苦海，却高兴地游戏于其中，对于苦难和苦难之因不知不觉，亦不惊不怖，毫无厌倦，不求解脱。他们在这三界火宅中东奔西走……）

换言之，在解读这个场景时，我们可以认为画中不能察觉现实世界是如此混乱且危险之处的愚昧众生，是根据平安京中现实存在着的民众及中下层贵族来描绘的。而在《法华经》譬喻品中，与愚昧无知的众生相比，将已然大彻大悟达到成佛境地的如来作如下描写（原文引自《大正新脩大藏经》9-13a，现代文翻译引自中州古籍出版社《妙法莲华经》）。

> 如来亦复如是。则为一切世间之父。于诸怖畏衰恼忧患无明暗蔽。永尽无馀。而悉成就无量知见力无所畏。有大神力及智慧力。具足方便智慧波罗蜜。大慈大悲常无懈倦。恒求善事利益一切。而生三界朽故火宅。为度众生生老病死忧悲苦恼愚痴暗蔽三毒之火。教化令得阿耨多罗三藐三菩提。（如来也是这样。如来是一切世间的所有众生之父，对于各种恐怖畏惧、衰败烦恼、忧患、无明障碍等，如来已经彻底地永远消除，没有丝毫剩余。如来完全成就佛之无量知见、十力、四无所惧，具有大神通之力以及大智慧之力，具足种种善巧方便、解脱智慧，大慈大悲，从不懈怠、毫不疲倦、永不停息地广行善事，利益一切众生。如来下生在此欲界、色界、无色界构成的这座腐朽的三界火宅之中，就是为了帮助众生解脱生、老、病、死、忧愁、悲伤、苦恼、愚痴、偏见以及贪、嗔、痴三毒之火，教化他们证得无上

智慧。）

在以上经文中，如来被描写为拥有大智慧与怜悯之心，将众生从充满着混乱、不安与未知的火宅中拯救出来的存在。如果在《伴大纳言绘卷》中寻找类似于如来的要素的话，那便是清和天皇听从了自己外祖父——作为太政大臣辅佐天皇的藤原良房的谏言，决定赦免源信的场景。从故事的情节发展来看，通过这个决定，解除了源信蒙受不白之冤而被处罚这一政治上的混乱。另外，需要注意的是，这里清和天皇所下的决定并不是他个人专断，而是他采纳身为臣子的良房谏言的结果。这个场景表现的并非独裁王权，而是天皇与臣子相商制定社会秩序的理念。解读《伴大纳言绘卷》之时，这是一个十分重要的视角。

7. 弘扬武威的故事——《伴大纳言绘卷》

最后，我们来简单分析一下《伴大纳言绘卷》的整体构成。

本绘卷的开头与结尾处，皆有在平安时代为维持京都秩序而行使武力的警察机关检非违使登场（见图13）。在开头处，他们为了镇压由火灾引起的混乱而出动，在结尾处，他们被朝廷派遣去逮捕伴善男。绘卷中尤其强调了他们整齐列队出动的样貌和他们身披甲胄勇往无前的姿态。从这里我们可以看出，本绘卷的另一个主题在于表现出由武力这一现实力量来维持京都社会秩序的理念。[①]

图13　伴大纳言绘卷　检非违使

画像提供：出光美术馆。

----

① 参考 P195 注①中所引稻本论文。

在平安时代末期的现实世界中，对以后白河上皇为首的王权当政者来说，检非违使也是维护京都社会秩序必不可缺的军事力量。而另一方面，在平安时代末期，武士这一新兴势力抬头，在朝廷中逐渐占有一席之地，而检非违使这一组织也随之衰败。后白河上皇通过与源氏及平氏等新兴武士势力结盟，在保元·平治之乱中胜出，从而获得了政治上的主导权。但是，此后，他也因与平清盛及木曾义仲对立而数次落得被幽禁、剥夺政权的境地。

对后白河上皇来说，新兴的武士势力既是他维护王权时必不可少的盟友，又是一个难以驾驭的麻烦。那么，本绘卷选取平安时代的应天门失火事件为背景，是有一定意义的。换言之，在后白河上皇当政的时代，军事力已然不受朝廷控制，而平安时代初期的应天门火灾作为再次将军事力量纳入朝廷管辖中的"弘扬武威的故事"，被选为了《伴大纳言绘卷》的背景。

8. 结语

在本论文中，笔者运用图像学方法进行考察，揭示了本绘卷说话文学结构的一端。考察结果表明，本绘卷具有将"火宅喻"作为大框架，遵循禁止饮酒与浪费及因果报应等佛教思想进行情节发展的说话文学构造。

另外，如若"火宅喻"中如来的角色由绘卷中清和天皇和藤原良房共同承担的话，绘卷中还表现出了把佛法和王法相结合从而实现善政的中世治国理念。此外，正如伊藤所指出的，本绘卷中仍未摆脱对"作为超自然存在的'天'所统辖的社会秩序"的敬畏。本绘卷中的善政，是由于得到了神佛加护才得以实现的。另外，在信仰层面上受神佛保佑的王权在现实世界中被检非违使，或是代替检非违使而存在的新兴军事力量武士所完善，这一理想的政治方式正是本绘卷所表现出的"京都的社会秩序"。我们可以认为，本作品反映了从古代过渡到中世的政治混乱期中，统治集团试图整合多种价值观，利用神佛的保佑和武力的威势来重构社会秩序的意志。

Buddhist Teachings in the *Ban Dainagonemaki*: The Depiction of Transgression in the Residence of Tomo no Yoshio

Abstract: This paper focuses on the scene of the interior of Tomo no Toshio's residence. It shows through iconographic analysis that the various objects inside the mansion can be read as indicating that the lifestyle of the occupants transgressed Buddhist precepts for living in multiple ways. The saké server and cups and other items inside the mansion are motifs also found in Buddhist paintings that specifically depict the consequences of transgression such as *Rokudō-e* (paintings of the Six Realms) and *Nikabyakudōzu* (paintings of "Two Rivers and the White Path"). It therefore seems clear that part of the intention behind the creation of the *Ban Dainagonemaki* was to communicate the Buddhist concept of cause and effect.

Keywords: The Tale of Great Minister Ban Scroll; Emperor Go-Shirakawa; The Drawings of Buddhist Setsuwa; Bhavacakra; Buddhist Scroll

中日茶道哲学的比较研究

李　萍[*]

【摘　要】中华茶文化起源甚早，中华茶道则始于唐代，成熟于宋代。中华茶道的基本精神体现为"温润"，这是茶道向生活世界的和解，由此铺设了饮茶者因茶道益心增智的通道。日本茶文化虽然自中国传入，但日本茶道主要吸收了佛教禅宗和武士文化的元素，其基本精神是"空寂"。中国茶道和日本茶道同源却异流，我们既要看到二者的一致，更要承认二者的根本差别。

【关键词】中华茶道　日本茶道　温润　空寂　比较哲学

茶原本只是万千植物中的一种，因被人发现并将其药用、食用、饮用而成为"人化的物种"。不仅如此，首先由中国文人、士大夫、僧侣们将饮茶活动仪式化、审美化从而使茶进入到与人共在的意义世界，这便是茶道的出现。保持长久饮茶习惯或者具有茶文化传统的不同民族或不同地区的人们，从多个侧面和视角解读茶与人、茶与生命的关系，也就有了各自的茶道体系。就国际而言，最为典型的就是中国的茶道与日本的茶道，就国内而言，中国各地不同茶产区盛行风格迥异的茶道，等等。茶道哲学则是对茶道进行的反思，即再思考茶道内蕴的基本精神、思维方式、价值体系、审美判断、信仰命题等。本文将采取比较哲学的视角对中日茶道哲学做出初步探讨。

---

* 李萍：中国人民大学哲学院教授，博士生导师。

1. 何谓茶道和茶道哲学

从字义上说，茶道意指基于茶自身的性质而淬炼出的精神世界。就茶自身的性质而言，它无疑首先是一片树叶，是可以被加工成适合人类食用和饮用的植物，因此，茶本身并无道，是人的淬炼才将茶上升为载道、悟道的工具，从而有了茶道，所以，茶道要依靠人的主体性意志和生命智慧去把握。这就意味着茶道不过是由茶体会道，品茶的过程只是方便法门，至于饮茶者是否体会到了、体会到了怎样的水平，这些都与当事人自身的悟性有关，不难理解，每个人对茶道的领悟是完全不同的。

众所周知，《茶经》是一本影响深远的茶书，《茶经》作者陆羽的伟大贡献就是提出了"清饮法"，他设置了一系列判断好茶、好茶汤、好茶器的标准，密切了茶汤与人的关联、提升了品茶活动在日常生活世界的地位，自此中国人开始将"茶事"作为生活中的一个重要事件。陆羽无疑是中华茶文化的主要构建者和集大成者，然而，他并不是中华茶道的提出者。通读《茶经》就会发现，陆羽论述的重心是茶而非道，《茶经》主要谈的是如何制作出好茶、如何像样地喝一杯好茶，全文并未出现"茶道"一词。尽管如此，唐代依然为中国茶文化涂上了浓重的一笔，陆羽以及同时代的唐代文人士大夫们习茶品茶、撰文立说，为中华茶道的提出做了充分的思想铺垫。

宋代是众多中国式传统文化现象得到深化、精致并达到顶盛的时期。在饮茶方面，宋代饮茶不再往茶水中添加香料等其他味重之物，甚至陆羽唯一保留的加盐做法也被抛弃，单纯的茶汤之原味得到突出。宋代盛行的是点茶法，将茶饼碾成细末，置茶盏中，先注少量沸水调成膏状，继之边注沸水边用茶筅击拂茶盏中的茶汤，使之产生泡沫后饮用。饮茶方式是细咽慢啜式，喝茶的过程被延长了，其间就出现了煮茶者（茶主）和饮茶者（茶客）之间的互动，因茶而发问内心，由此反观周遭世界，意欲升至物我两忘的超然境界，这才开始触及茶道[①]的真谛，进入茶道之境。

---

① "茶道"一词在西方文献中通常被翻译为"the tea ceremony"或者"the cult of tea"。冈仓天心1906年用英语完成的《茶之书》则采用了"teaism"一词，构成他的"茶之学说"（teaism）的思想来源是佛教禅宗，他突出强调的是这样的"茶之学说"创造出的审美意义。本文所谈的"茶道"虽然也倾向于采纳teaism一词来翻译，但主要强调的是"茶之悟"，即品茶者在饮茶过程中所产生的关于己与心灵、己与人、己与自然等关系对待的启示。这样的茶道之思想来源是中国传统儒学的基本义理。

一般而言，哲学是一种批判性反思，它的研究对象是思想或意识，而非直接的物或现象，它的分析工具以定性研究为主。因此，茶本身或饮茶活动都不能直接构成哲学的对象，但茶道可以是哲学分析的对象，茶道哲学研究是对茶道做出的再思考，旨在揭示品茶、饮茶等活动背后包含的精神、观念、意识等思想层面及其本质。茶本身不是哲学的对象，单纯的饮茶活动也没有什么哲学意蕴，茶道的注入才使得喝茶演变成品茗，品茗的过程是一种精神调节和自我解放，在茶的世界饮者得以体悟人生智慧，领略生命意义。

什么是茶道哲学呢？对茶道的形而上学思考或形式化考察，就是茶道哲学。茶道哲学的研究对象是茶道，是对茶道的反思。哲学本身不直接关联日常现象或生活经验，它只对思想成果、人类思考的产物（例如艺术、伦理、宗教等）进行再加工。茶显然是单纯的物质，茶道则介于物质与精神之间，具有日常性和非日常性双重属性，而茶道哲学则完全脱离了物质性关联，也摆脱了日常性的庸常和牵扯，它要揭示茶道背后的人的存在方式，直接回答茶道中的茶与人的关系究竟怎样的问题。探究茶道的思维方式，就是茶道认知学；探究茶道的鉴赏方式，就是茶道美学；探究茶道的人际共在，就是茶道伦理学；探究茶道的终极寄托，就是茶道信仰，等等。这些各类研究的上位概念就是茶道哲学，它们都是茶道哲学这一个种之下的不同属。茶道哲学研究的着力点在于阐释茶被饮用的过程所蕴含的文化精神、观念意识，这样，就将茶这一原本仅是物质性存在的东西升华、转变为了精神性的对象，这样的升华、转变过程同时就是哲学分析和哲学论证的过程。

从一定意义上说，茶道哲学研究就是力图完整呈现并合理解释茶道背后所蕴含的精神性主体，为此，它要对各种因茶而生起的文化、精神、观念等进行再思考，为精神性主体的成立予以证成。当然，茶道和茶道哲学并非自说自话，更非神秘的领地，人们对茶道的哲学认知不仅是可以言说的，也可以被他人合理接受。茶道哲学研究要下功夫论证茶道的表述是否成立、茶道的体系是否合理，这些问题的有效回答取决于我们进行论证的出发点是否恰当和推理过程是否严密。由于哲学出发点的不同，人们可以提出不同的茶道哲学体系或流派。不过，由于哲学分析所得出的结论本身只是一种观念式假设，这种假设的合理性不在于是否被某个经验现象证实或证伪，而是取决于自身体系的内部一致性和完整性。因为哲学就是讲理，茶道哲学同样要进行逻辑的建构和概念的反思，得出内在一致的一般性思想成果。

与一般的哲学研究不同，茶道哲学还要吸收茶学相关的知识（包括农学、植物学、园林学等），茶文化方面的思想成果（包括茶文学、茶民俗学等），同时又要对这些知识和思想成果做出有深度的再思考，对它们背后的思想背景、知识前提、观念基础等做出检视，从而推导出某些更具原初性的基本判断。茶道哲学关联的对象或者说必不可少的知识积累是十分庞杂的，所以，茶道哲学研究困难重重，任重道远。

茶道哲学的主体是所有参与茶道体悟、思虑、信仰的人们，除了少数著书立说、留下诗文字句的文人墨客，更多的是普通的品茗者。由于主体的基数扩大、基盘增厚，茶道哲学在深度介入现代人的生活方式、关注现代人的精神世界和提升现代社会人文素养等方面有望做出具有开创性意义的引领工作。不过，普通的品茗者只是潜在的茶道哲学主体，实际作出思虑、有所感悟的品茗者才是现实的茶道哲学主体，而茶道哲学研究的深入和独立开展还离不开专业从事茶道哲学研究的学者们，他们应当责无旁贷地担当起这一学术重任。

最后，我们仍需强调的一点是，茶道哲学关注的焦点不只是品茗者，主要且重点在于品茗过程，即品茗者是否全身心投入、进行了精神层面的观照，这才是茶道哲学的主体应该追问的核心所在。茶道有时也会对此有所关注，茶道哲学则更加递进，它会探讨这样的精神拷问是否可以清楚无误地明示、表述？思想的呈现是否首尾一贯？茶道哲学本质上持有可认知主义立场，这也是茶道之外茶道哲学仍然必不可少的重要原因之一。茶道哲学将对品茗过程中的品茗者个体的心智变化、思虑扩充和伦理修为进行检视，同时由于品茗形成的环境、氛围等将影响到品茗者群体进行社会交往、心理释放和精神引导等活动，这些具有人际沟通、社会交往、观念共在等意义的活动也会成为茶道哲学考察的对象。易言之，茶道哲学不只是个体意义上的自修自为，同时也是社会层面的共在互动，因此，茶道哲学研究的主体具有空间上的延展、时间上的跨越和主体间的交互作用等特点。

2. 中华茶道的传统文化基础

就保存下来、沿用至今的各种中华文化传统而言，茶道是最具有代表性的，它不仅凝结了中国文化的基本精神，而且也顺应不同的时代格局有所损益，发展出了多种表现形式，具有广泛的地域性。

关于中国文化传统的内容及其特征的讨论，可谓汗牛充栋，学者们提出了许多富有启发的观点，可以相信，这样的讨论还将继续下去，因为中国文化传统是流动的、生生不息的，对中国文化传统的认识就不会停止。笔者认为，中国文化传统的总体结构是"一体两用"，即以儒释道的合流互渗之一体为骨架，中医和茶道构成其两翼，这两翼是儒释道之体的巧妙现实化及其合理定在。对传统中国人来说，中医医身、茶道修心，身心和合所生成的价值追求可以借助儒释道一体的学统予以充分诠释。早在魏晋之时三教合流的倾向就已经出现，隋唐产生了众多三教合流的文化成果，如建筑风格、学术教义、生活样式等，中华茶道就是代表性的重要产物。

梳理茶史不难发现中国人饮茶方式的变化轨迹，即由煮茶、煎茶、点茶到泡茶，一方面茶的原味真性日益得到彰显，茶的物质性得到充分肯定；另一方面饮茶方式愈益化繁就简、饮者越发大众化，茶道日益成为"味蕾通大道"、"生活即道"的具象化代表，茶道的生活性得到贯彻。这里包含了中华茶道中的日常性与非日常性的紧张及消解。中华茶道追求的是平凡中的不平凡。茶本再普通日常不过，但极品茶却可遇不可求；茶随处可见，饮茶随时可行，但从中澄明正心、反躬自省并悟及人生、事业、世界至理却甚难；茶道乃生活道，人人可企及，但通透明亮的茶道真谛却说不清道不明。凡此种种，显示出中华茶道的迷人之处。

在中华历史上，对茶道贡献甚巨的无疑是社会闲逸人士。他们的学养、闲暇都为茶道增添了雅趣、唯美的色彩，给庸常生活制造了意外之喜、情理之乐。士大夫阶层唱和于茶文茶诗，无数的文人僧侣致力于将茶事变成雅趣尚品，茶与人的关系由解渴式生理需要满足升华为精神层面的观照、自省，品著者通过类推、比附、移情等主动式作为完成了心灵的净化。

人在品茶中观照内心，茶人得以自修，茶事得以升华，茶成为中国社会喻理说道的媒介。中华茶道呈现方式是以内容见长，需要饮茶者的主体介入和身心共在。中华茶道还强调以此悟之理、得之道反观现实，联系自身，身心不离，思遨游于天际而虑系于此在。中华茶道向饮茶者展示出值得向往并安心于此中的精神境界。

从哲学层面看，可以将中华茶道的基本精神概括为"温润"。依据阴阳五行说，同样是饮品的醍醐、甘露是极阳之物，与之相对，茶叶是极阴之物，性大寒，因此，"若热渴、凝闷、脑疼、目涩、四支烦、百节不舒"，"聊四五啜"，"与醍醐、甘露抗衡也"（《茶经·一之源》）。陆羽对茶的功效做了极为简明的交代，茶叶本性寒，以火烤炙、热水冲泡，得以中和，茶汤就可以温暖人身、滋润人心。中国古代文人多以茶聚送别即将远行的友人，做短暂的告别，寄托长久的思念。例如张籍（766－830）在《送晊师》中写道："九星坛下煎茶别，五老峰头觅寺居。作得新诗旋相寄，人来请莫达空书。"由茶而聚的人们相互温暖，惺惺相惜，茶诗、茶文、茶会成为人世间的雅事、闲趣，为平凡的人世和常态的生活添加了一抹别样的景致。

概括而言，中华茶道是包含了众多差异性于一体的复杂体系，儒释道各派各有自己的茶道，社会各阶层也推衍出了不同的茶道，不同地方的茶道更是异彩纷呈。和而不同、求同存异，这正是中华文化绵延数千年不坠的内在品质之一。中华茶道象征了中国人国民性中的乐生、怡情；中华文化的内敛、入世；华夏文明崇尚自然的倾向。在全球化时代，中华茶道完全可以成为中华文明的使者，与东亚诸国进行文化交流，与韩国茶道、日本茶道同源异趣、相得益彰；同时还可以与西方的咖啡文化、酒馆文化形成对照，成为东方文化的重要代表，共同推动人类生活品质和文化追求的发展。

3. 日本茶道的禅宗根源

对于日本茶道属性的认识，即便是日本人研究者当中也存在许多争议。例如，熊仓功夫就将"茶道"理解为"以饮茶为主体的聚会艺术技能"，[1]因为他将"道"解读为"规范"，换句话说，只是一种仪式化、礼节化的功夫。熊仓指出，之前的茶会被称为"茶汤"或"风雅"，仪式化或标准化之后才成为日本茶道。久松真一则认为，"茶道的最终根据、终极的目标就是修行佛法以得道。而且所谓佛法，在茶道中就是指禅"[2]。久松将"道"视为禅宗精神，在他看来，日本茶道只是禅意的生活化。

为了准确理解日本茶道，就必须深入考察中日茶文化交流的历史。中

---

[1] 熊仓功夫：《日本的茶道》，载于王家扬主编《茶文化的传播及其社会影响》，台北：碧山岩出版社，1992，第337页。

[2] 久松真一：『茶道の哲学』，東京：講談社，2015，第45页。

日茶文化交流持续时间很长，常常伴有多个渠道，而且呈现出引入、推广、创新、别立的曲折历史过程。不过，其间有中断，因此，需要谨慎梳理。

据史书记载，早在唐贞元二十一年（805），日本佛教大师最澄（767－822）到中国（浙江天台山国清寺）学佛时初次品饮到了茶汤，十分欣喜，回国时将茶籽带到日本，栽种在日吉神社并获得成功，那里至今仍留有日本最古老的茶园。他还将茶作为贡品向宫廷进贡，自此皇室贵族开始饮茶。另一位高僧空海（774－835）也到了中国（长安青龙寺）留学，返回时带走了茶籽，种在奈良法隆寺，这也被视为大和茶的发祥地。《日本后记》还记载了弘仁六年（815）僧人永忠向嵯峨天皇献茶。因茶在当时的日本量少稀有，极其名贵，普通庶民难以接触到茶。此时形成的日本茶文化只是极少数贵族的修养，仅限于皇室贵族、僧侣阶层。而且这段饮茶的历史持续的时间不长，很快就风化消散了。

学界公认的、在中日茶文化交流中起到关键作用的是南浦绍明（1235－1308）。据日本《类聚名物考》记载："茶道之初，在正元中筑前崇福寺开山，南浦绍明由宋传入。"另据日本《本朝高僧传》记载："南浦绍明由宋归国，把茶台子、茶道具一式带到崇福寺。"日本《虚堂智愚禅师考》也载："南浦绍明从径山把中国的茶台子、茶典七部传来日本。茶典中有《茶道清规》三卷。"南浦绍明于 1259 年入宋，1267 年回国，先后在中国杭州的径山寺等地学佛 9 年，回国时不仅带去了径山寺的茶种和种茶、制茶技术，还有茶宴道具和茶书，同时传去了供佛、待客、茶会、茶宴等饮茶习惯和仪式。

此外，还有一位入宋僧不得不提及，他就是日本禅师荣西（1141－1215）。荣西以禅师的身份撰写了《喫茶养生记》，一方面将养生、喫茶与修禅紧密联系起来，发展出了寺院茶。荣西确立了日本茶文化与佛教，特别是禅宗的密切关系，也使饮茶与养生联系起来，前者至今仍然体现在日本茶道中，后者则被彻底改造，内容有所淡化并最终退出。另一方面他通过"上层路线"深化了茶文化与权势人物、政治集团的合流，他所开创的这一传统被后人继承，千利休就是一位这样的践行者。

荣西的《喫茶养生记》以关注身体健康、治疗疾病的角度切入，将饮茶作为极日常化的行为大力推广，正是有了这样的推广，才提供了日后日本茶道产生的思想基础和文化土壤。突出喫茶的功利性而非饮茶的超功利性，荣西实际上引入并构建了俗的茶文化，区别于之前自唐传入的雅的茶文化。荣西及其《喫茶养生记》是将茶作为治病养生的手段，他看重的是茶的功用性，并未触及脱离茶汤之后的形上层次，所以，他确实不能划入日本茶道的源流之中，但他对日本茶文化有着独特的贡献。

荣西之后的村田珠光（1422－1502）开启了向民间茶的转化。但所谓"民间茶"不是大众化意义的民间，因为当时日本民间已经开始饮茶，平民举办的茶会通常被称为"云脚茶会"、"淋汗茶会"，村田所做的工作当然不是向平民茶会靠拢，而是将寺院茶的仪式理念简易化后推向庶民社会，从而提升平民茶会的品位。他之所以被视为日本茶道的开山者，是因为他重在揭示茶与静心、修行的关系。这样的静心、修行工夫恰恰是在日常生活中借助品茶的仪式化完成的，从而向目不识丁、无法断文识字的民众开启了精神提升、审美趣味进步的通道。

武野绍鸥（1502－1555）是连歌者（类似于现代的诗人），他将品茶的感悟贯穿在连歌中，一方面丰富了连歌的主题，同时也提升了品茶的文化气息。他对日本茶文化的另一大贡献是主张抛弃唐物，力主使用日本本土的器材，这直接推动了日本茶器乃至陶艺等工艺水平的发展。其弟子千利休（1522－1592）则是日本茶文化史上的丰碑。他彻底消除了茶道中的游戏性，不仅总结、提炼了日本茶道精神（和敬清寂），而且在饮茶方式等各个方面做了诸多努力，例如他确立了草庵式的茶室建筑，改革了茶具，确定了茶室外围环境和室内陈设的风格，开创了数人围坐传饮的饮茶法①，千利休之后（其后人、门人、弟子等）严格依此定型化、标准化、程序化的习茶套路并沿用至今。从思想史上看，千利休的茶道并非独创，而是集大成，他扬弃了早期的贵族茶、寺院茶、书院茶，将茶道定格为仪式化的修行。受邀赴茶会的人来到仿佛"世外"、"彼岸"的草庵式茶室，宾主都预先为此进行了精心准备，从而只可能是永不再重复的一期一会。对茶道传人或习茶者而言，这是对先祖及其文化的敬重；对受邀的宾客而言，这是在感受仪式之庄重过程中体会茶道传人或习茶者的用心，所谓明心见性，从而突破你我私见、达至心与心的交流沟通。可见，千利休及其后人（即今日人们说到的日本茶道，主要是抹茶道的"三千家"流派）的日本茶道关涉纯粹的审美趣味，它完全脱离了茶的日常性和茶汤的物质性，进入到

---

① 即宾客接过茶碗，小口饮过后传给下一位宾客，每位宾客都从茶碗的同一个位置喝茶，直至最后一位正好饮尽全部茶汤。

形式美（仪式美）境界。

需要说明的是，即便是日本佛教中的茶文化也接受了多种其他思想成果，这带来了日本茶文化的多样性，例如，"禅宗的南宗，因其深受道教信仰之影响，故建立了一套精致繁复的茶会仪式。僧侣们于举行茶会时，集结于达摩祖师的画像前，依循着隆重正式的仪节，以同一茶碗，轮流饮茶，这些禅宗仪礼最终于 15 世纪时在日本发展成为茶道"①。在今日的日本，除了人们耳熟能详的"抹茶道"，还有煎茶道、佛门茶礼等。

日本茶道源自从中国传入的饮茶文化，但因禅宗僧人的深度介入和武士文化的渗透，最后形成了与中国显著不同的表达形式和呈现仪轨，日本茶道的成熟过程同时就是"脱唐化"、"去中化"的过程，或者换句话说，是日本茶文化传统的自主意识觉醒的过程。中国文化传统的儒学和道家在日本茶道中难见踪迹，就是一个很好的例证。我们可以用"空寂"一词概括日本茶道的基本精神。"空"并非空无一物，而是立于有无之外的"不二"，是要澄明心境、简化思虑，这是一种非认知主义的立场；"寂"则指融合了静、净、敬的"内观"，不假外物，不求他人，只向自身开放，这是一种非合作主义的人生态度。可见，空寂在于督促习茶道者通过反复练习茶道中的一招一式，磨炼自身，净化自身，以达到排空欲望、去除杂念从而获得精神自由的目的。日本茶道倡导的是超尘世生活的非日常性。作为文化传统的代表性符号，保留并推广日本茶道的理由十分有利；但由于它与现代快节奏、均质化的生活世界迥然有别，格格不入，事实上，被许多年轻人所排斥。日本茶道的未来将取决于它如何消解这二者的紧张关系。

日本学者大多将全部日本茶道的历史分成四个阶段：第一阶段是平安时代（794 – 1192）的贵族茶；第二阶段是镰仓时代（1185 – 1333）的寺院茶；第三阶段是室町时代（1338 – 1573）的斗茶；第四阶段就是千利休开创的草庵茶至今。荣西处于第二个时期，严格来说算是日本茶道的"史前时期"。当然，上述的划分方式其实是站在"三千家"（所谓日本茶道的正宗）的立场上做出的。

事实上，在日本茶文化界，除了上述通常被视为日本茶道代表的"三千家"之外，还有松平不昧的道具派茶道，他撰写了《赘言》一书，强调茶具、食物在茶道中的突出位置；薮内竹心的道德派茶道，他在《源流茶

① 冈仓天心：《茶之书》，谷意译，山东画报出版社，2015，第 34 – 35 页。

话》一书中认为茶道无非是传播礼法道理，提倡把茶从艺技之道解放出来，使之成为文人的乐趣的煎茶道。从今天的眼光看，前者的重点是茶道审美，后者的重点是茶道修身。江户后期随着国学的兴起，具有儒学（又被称为"世教"）根基的茶道道德论日渐式微，道具论占据了上风。①

日本知名茶人柳宗悦曾说："'茶'处处是道。正因为是道，它是公，同时也是应当遵守的法则。茶绝不允许个人的好恶，它绝不是仅仅停留在个人的喜好这样的小事水平上。茶道超越了个人，茶道的美是法则的美，突出个人的'茶'不是'好的茶'，'茶'是属于他人的'茶'，'茶'不是个人之道，而是人间之道。"② 今天的日本茶道克服了茶的功用性，以高度抽象、形式化的仪轨追求茶的非功用性，茶成为纯粹的中介，茶人（研习茶道的人）的心迹、精神、意念得到提升，今天的日本茶道既是术（一成不变的仪轨、程式等），又是艺（器具、室内陈设、插花、焚香等多种艺术表现），同时还是心（个体内在精神的追问）。

参考文献

1. 王家扬主编《茶文化的传播及其社会影响》，台北：碧山岩出版社，1992。
2. 〔日〕冈仓天心：《茶之书》，谷意译，山东画报出版社，2015。
3. 〔日〕久松真一：『茶道の哲学』，東京：講談社，2015。
4. 〔日〕柳宗悦：『茶と美』，東京：講談社，2000。

Title：Comparative Study on Teaism between Chinese and Japanese

Abstract：Chinese tea culturecame into being very early，yet Chinese teaism emerged in the Tang Dynasty and maturedin the Song Dynasty. The basic spirit of Chinese teaism is "mildness"，a harmonious attitude towards daily life and the world，which paves the way for tea-drinkers to spiritual growth. Though at first Japanese tea culture emigrated from China，Japanese teaism mainly absorbed the

---

① 与日本不同，在中国茶道中，茶具与茶德合一论始终是主流倾向，唯茶具主义或茶道唯美主义鲜少受到追捧。这显然体现了儒学对中国茶道的深刻影响。

② 柳宗悦：『茶と美』，東京：講談社，2000，第146页。

factors of Zen and Bushido, so its basic idea is "emptiness and solitude". Chinese teaism and Japanese teaism have the same origin but diverged, so we should pay attention to their similarity and differences.

Keywords：Chinese tea culture; Japanese teaism; mildness; emptiness and solitude; comparative philosophy

论考中江藤树人物形象变迁及其思想
对民众道德教育的影响*

左汉卿**

【摘　要】本文通过对日本阳明学始祖中江藤树人物形象塑造
和演变过程进行考察和分析，阐析了藤树从"孝子"—"畸
人"—"大儒"—"先哲"到"近江圣人"的形象塑造—再塑造
的原因，探究了中江藤树及其倡导的阳明学对于日本近世以来国
民思想教化和国民道德建设的影响，从而探究阳明心学在海外传
播和发扬的历史轨迹，探明其对日本民众道德教育的积极作用，
揭示其对于我国新时代公民道德培育的借鉴价值和启示意义。

【关键词】中江藤树　日本阳明学　民众道德教育

1. 引言

笔者在整理、译介中江藤树（1608－1648）其人其著过程中，发现这
位被誉为"近江圣人"、"日本阳明学第一人"的思想家，不论在江户时代
还是明治时代，甚至大正昭和时期，都在某种程度上被当作了民众道德教
育的教科书人物。一般来说，某个人物因其人格魅力或品行杰出而在特定
历史阶段被当作教化典范的并不鲜见，但像中江藤树这样，从在世时就被
树立为典型，死后仍一直持续影响后世的人物则不多。藤树一生在思想上
不停地追求真理，更新自己对世界的认知和理解，其治学态度之严谨，践

---

* 课题：2015 年国家社科基金重点项目"日本阳明学家经典著作译注与研究"（15AZX011）
阶段性成果。

** 左汉卿：北京邮电大学人文学院副教授、硕士生导师。

履笃行之执着，都是其成为后世楷模的缘由。藤树早时信奉朱子学，后来对朱子学的格法主义产生怀疑，再后来接触到阳明心学受到触发，开始认真研究阳明心学并终生坚持实践"知行合一"思想，成为日本阳明学的奠基人。

2. 前期研究及相关研究综述

日本在江户时代对中江藤树思想的认识和定位，并没有以其对阳明学的思想传承为重点，而是多在阳明学领域内对藤树所力倡的"孝道"进行了研究。此时代的著作有藤井懒斋的《本朝孝子传》（1684）、伴蒿蹊编的《近世畸人传》（1790）。发展到明治时代，藤树则被当作劝善教化的范例，主要用于国民思想教育。随着《教育敕语》把"忠孝节义"定为道德教育的宗旨，中江藤树被树为典型，面向儿童的创作文学著作《近江圣人》（村井弦斋著）于1892年出版，之后藤树的影响迅速扩大，其著作也随之被陆续搜集出来，编辑成册，《藤树全书》（志村巳之助编）于明治二十六年（1893）出版发行。同一年，简述藤树人物生涯和学术思想的《近世大儒列传》问世。两年后内村鉴三参考这些文献，把中江藤树写进面向西方宣传日本的著作《代表性的日本人》。相对于藤树人物形象的塑造，真正开始从哲学史角度给藤树思想定位的，是井上哲次郎的《日本阳明学派之哲学》。这部著作为日本阳明学派的研究奠定了基础，后代的日本阳明学研究，无不受该著作的影响。

现在日本影响较大的研究者和研究成果有《阳明学在日本》（吉田公平，1999）、《"近代阳明学"在日本的成立——东亚"近代阳明学"》（荻生茂博，2008）和小岛毅的《近代日本的阳明学》（2006）、《明治后期之阳明学发掘工作》（2017）等，研究焦点大都集中在中江藤树对日本阳明学的传播和发展上。

中国对中江藤树的研究多见于思想史概观性著作里，较有影响的可数朱谦之的《日本的古学及阳明学》，该书用一个独立章节介绍了中江藤树，其参考的文献也均为日本较早期所编资料。近年来中国有关中江藤树研究成果有若干篇论文，其中《中江藤树的儒佛融合思想》（李甦平，2002，中华文化论坛）、《中江藤树排佛思想初探——以前期著作为中心》（李静，2014，兰州教育学院学报）、《从〈翁问答〉看藤树的儒佛观》（李静，2015，重庆电子工程职业学院学报）等文章，探讨了阳明学者中江藤树的儒佛观。

3. 研究目的

综上所述，中江藤树最初是作为"孝子""圣人"的形象受到关注并引起人们对其思想进行探究的。然而人物的思想史定位一旦确定，对其思想的把握就容易流于排他性和偏狭性。后世的藤树思想研究，大都是在将其认定为日本阳明学派鼻祖的前提下展开的。本稿试从思想史上人物形象的角度对中江藤树的"孝子"、"畸人"、"大儒"和"圣人"形象的形成过程进行论考，解读藤树在各个时期是如何被诠释、塑像的。为更准确把握其思想内涵提供旁证，笔者将结合时代发展和社会背景，论析日本阳明学在藤树当时和之后为日本民众道德教育所发挥的作用。

4. 中江藤树在江户、明治时代的形象塑造及其在民众道德教育中的作用

4.1 江户时代的藤树形象

4.1.1 "孝子藤树"

中江藤树最早被塑造为"孝子"形象是在江户幕府第五代将军纲吉（1680－1709）时代。德川纲吉力倡"孝道"，爱好学问，热心政治，布施善政，曾多次颁布《生类怜悯令》，力图建设以"善和孝"为基调的社会。他任将军期间，重视文治，开创"天和之治"，尤其推崇儒家《孝经》，在全国范围内彰显孝道。藤井懒斋（1628－1709）活跃于纲吉时代，应时而动，创作了一系列儒教思想影响下的劝善作品，如《本朝孝子传》《本朝谏诤录》《大和为善录》。

据子安宣邦的介绍，《本朝孝子传》采取"例、赞、论"的体例，每一篇先举出一个孝行范例，然后加上作者的"赞"和"论"。中江藤树列于该书"今世"部的第四例。全文如下：

> 中江氏，姓藤，讳原，字惟命，号与右卫门。江州高岛郡小川人也。少读书，颇有所发明，其学，宗王伯安。凡本朝诸州之王学，惟

命倡之也。有母，事之以孝。曾仕加州某侯于予州大洲城。欲迎母就近养之，母曰：吾闻妇人不越疆，岂有不愿守之者。惟命不逆。随请还职以归乡里。主吝其才，竟不许。惟命勃然曰：我虽不孝，岂能忍受一日因心系俸禄而旷于定省也。乃为一书，具陈不忍其母索居之意，留之，潜逃，随归隐小川，获其母之悦。时年二十又八，宽永某年月之事也。

赞：淡海吹起，陆王儒风，岂能只独善其身吁。诲人之有忠，为母而颤禄，还乡色悦。于嗟笃孝！性乎？学乎？①

上述定位，可以说是塑造中江藤树孝子形象的开端，也定下了基调。首先是"凡本朝诸州之王学，惟命倡之也"，给了藤树在日本传播阳明心学第一人的定位；其次是"我虽不孝，岂能忍受一日因心系俸禄而旷于定省也"的慷慨陈词，打造了藤树为"孝"而冒天下之大不韪的孝子形象。在江户初期，农民尚不能擅离所属土地，身为武士官僚的中江藤树竟然"脱藩"逃走，果真纠察的话，可定死罪。然而藤树的逃脱行为不仅没被追究，时隔不久竟然被塑造成为引领本朝主流孝道的典范予以激赞。个中缘由，诸说纷纭，藤树本人对其"脱藩"行为也未置一词，因此，后世自然也无法探讨有关"脱藩"的公私两方面的定评，而这个极端"孝行"便一直用来塑造清白无垢的"孝子"形象。

4.1.2 "畸人藤树"

藤树死后，弟子们分别继承了其思想的某些部分，尤其是熊泽蕃山等人对其心学思想进行了很好的继承和发展。而世间人称其为传奇畸人，始自京都歌人、国学家伴蒿蹊（1733 - 1806）于宽政二年（1790）撰写的《近世畸人传》，中江藤树位列其中第一人。

所谓"畸人"，语出《庄子·内篇·大宗师》："畸人者，畸于人而侔于天。"原指不同于普通的世俗之人，奇特的人。蒿蹊的朋友僧六如在序言中解释该书题名说：这些人"非所谓狷介者也。或才艺绝人，而不求售于世，土木形骸，扑野如愚。或经术吏才，取仕于封君，而行藏不拘以规矩。夫谓之独行乎？曰非也。称之卓行乎？曰非也。其人固非四科之属，其行不可以一端指名，不得已，而题之曰畸人。畸者何？曰，畸者奇也。其间有

---

① 子安宣邦：《江户思想史讲义》，东京：岩波书店，2013，第 17 - 18 页。

儒而奇者，有禅而奇者……"① 从先哲大儒到街头乞丐，凡有"畸"者均收录于此。并说之所以将中江藤树和贝原益轩两位先生收录在卷首，是自己认为其人虽不像庄子原意所指有"一家之畸"，然在仁义和忠孝方面，与世人相比确有"奇"之处。

《近世畸人传》简述了藤树青少年时期跟随祖父的成长经历，介绍了藤树"三十有余"接触到《阳明全书》豁然开朗，以心学之教教喻其门人的过程，重点谈论了藤树如何与人讨论"至善"要领、如何教授大野了佐等人学习医术，以及熊泽蕃山对其思想的继承。

伴蒿蹊本人是京都著名的歌人和文章家，请他撰写此书的是一个画家三熊花癫。花癫不仅为其提供素材，还亲笔画下 40 幅插图配在书里，增加了趣味性。该书出版后，大阪江户的文人纷纷模仿，出现了许多种"××畸人传"的书。致使本书广泛流行，大大地提高了藤树的知名度。该书称此书中人的"流风余韵，犹足以使夫贪婪燥进之士一披其卷，赧然自省，幡然易掺矣。谓之範世矫俗之书，亦不为过也"②。可见其对时民众道德教育具有不可忽视的作用。

4.1.3 "先哲藤树"

《先哲丛谈》出版于文化十三年（1816），又名《近世先哲丛谈》，前后编各八卷，作者为原善（念斋）。该书序言说"文运之盛衰，关乎世道之污隆"，认为镰仓以来日本废于礼乐文治，直到德川家康统一天下后，方才整饬秩序，善待贤哲，"由既延惺窝先生而礼待之，又擢罗山先生以备顾问。自此之后，崇文之风复兴，不睹干戈者，二百餘年於今矣"③。此书按照年代顺序编写，藤原惺窝和林罗山放在前篇卷之一，藤树在前篇卷之二，位列朱舜水之后。该书引文以及序跋中说道："名曰史氏备考，以俟他日修史者采掇焉。别撮其要，成若干卷，名之曰先哲丛谈。"据此判断，该书是由可用以修史的历史事实写成的，也即由此书开始，中江藤树位列"先哲"之列。从《先哲丛谈》引用《本朝孝子传》中的赞语之点，可察知其所用资料的来源。也就是说，德川时代的藤树先是被树立为"孝子"的典型，

① 伴蒿蹊：『近世畸人伝』，東京：岩波文庫，1976，第 13 页。
② 伴蒿蹊：『近世畸人伝』，東京：岩波文庫，1976，第 14 页。
③ 原善：『先哲叢談序跋』，https://baike.sogou.com/v63787765.htm? fromTitle = 先哲叢談，2015 年 5 月。

重在弘扬其人格魅力，然后将其列入贤哲群像，对其作为学者为国家的"礼乐文治"和建设优良社会秩序所做的贡献给予了充分的肯定。

4.2 明治时代藤树形象的再塑造

4.2.1 《近江圣人》重塑"孝子"形象

在二战前渡过少年时代的日本人印象里，有几幅"孝子藤树"画面。其中最典型的是在天寒地冻的水井边，藤树向母亲奉上治疗皮肤皲裂药的画面。这个画面通过小说读物插图或者小学教室中的挂轴，深深地刻印在少年们的心里。子安宣邦认为，村井弦斋的《近江圣人》一书对于刻画藤树孝子形象功不可没。和辻哲郎也说："我是上小学之前已经把这本书读了好几遍，确确实实被它深深打动，等到开始上小学的时候，我更是对这本书爱不释手，奉为至宝近身携带，时不时玩赏一番。"①

由博文馆出版的"少年文学第十四编（明治二十五年，1892）《近江圣人》"，重视故事情节和语言描写，生动刻画了执着谦恭的学子熊泽蕃山和严谨孝顺的孝子中江藤树，深受青少年欢迎。内村鑑三在写到藤树、蕃山见面的时候，采信了村井弦斋设想的情节，并加上自己的分析："这两个倔人心里较劲了，比比谁态度更谦虚、谁心意更坚决、谁脾气更倔……"当藤树的母亲斟酌再三劝其收徒时，藤树就说，"母亲说收下他是正确的，就应该是正确的。为师者让步，收该武士入门为徒"②。这些描述深入人心，是否历史真相已经分不清楚，然而有一点是肯定的，即通过这本书，藤树的孝子兼严师形象就被牢牢地打印在了当时人们的印象里。

通过江户时代懒斋的传记文学《本朝孝子传》和明治时代弦斋的少年文学《近江圣人》，中江藤树的孝子形象被成功地进行了再塑造。

4.2.2 《代表性的日本人》确立"老师"形象

明治时代，几乎与"孝子"形象塑造运动同步，藤树的先哲大儒形象塑造工程也开启了。1893 年内藤聚灿编撰的《近世大儒列传》（博文馆，1893），藤树名列其中，并成为后世人研究藤树的重要资料。《代表性的日本人》就是内村鑑三参考该书撰写的向西方介绍日本历史文化以及代表性的人和事的著作，被翻译成多国文字，影响深广。内村鑑三说自己之所以

---

① 子安宣邦：『江戸思想史講義』，東京：岩波書店，2013，第 15 页。
② 内村鑑三：『代表的日本人』，東京：岩波文庫，2000，第 127 页。

选取这几位为代表是因为："藤树乃是我等之师……日莲是教导我等宗教精髓者，上杉鹰山是我等之封建领主，二宫尊德是我等之农业指导者，西乡隆盛，则是我们理想的政治家。"①

本书第一部分主要在讲日本近世的儿童教育，老师都知道循序渐进，不求速成。科目设有"历史"、"诗"、"礼仪作法"，但主要教授"道德"，而且是实践性的道德。老师们根据每个孩子不同的个性而因材施教，老师们都拥有像苏格拉底和柏拉图一样教学理念。鑑三认为中江藤树是日本自古以来所有老师当中的典范。

藤树在大洲藩时，因其热衷于学问，被不知学问为何物的同僚戏称为"孔子大人"。可见当时的人一提到学问大概都会想到孔子。然而德川幕府提倡朱子学，人们认为朱子学就是儒学，就是学问。藤树也是对朱子学进行了深入的研究，把朱子的注疏与儒学古典一一对照，发现了朱子有谬误之处，陷入迷惘。偶然的机会接触到阳明学者王畿的著作，深以为然，从而认同了王阳明的儒学认识。内村鉴三如此描述藤树对儒学的认识过程：

> 我认为，我们是多亏有了以阳明学为表现形式的中国文化，才没有沦为内向、胆小、保守、退步的国民。可以说，这一点在迄今为止的日本历史上是公认的事实。圣人孔子本人就是个优秀的进步的人，这一点今天的孔子研究者都已经达成共识。然而这样的孔子却被一个思想退步的同胞给加以曲解，以他自己的意思把孔子解释给世人。然而王阳明却挖掘到了孔子思想中的进步性，给那些差点就曲解孔子的人们带来了希望之光。是这个王阳明，帮助我们藤树重新认识了那位圣人孔子。近江圣人从此成为重实践的人。②

由此，内村鉴三巧妙地把孔子思想、王阳明心学和重实践的国民导师中江藤树联系在一起，意指中江藤树是最能代表日本国民道德教育的"老师"。

4.2.3 《祭藤树先生文》确立"近江圣人"形象

如果说藤树是通过江户、明治时代政府主导的民众教化运动被逐步塑

---

① 内村鑑三：『代表的日本人』，東京：岩波文庫，2000，第199页。
② 内村鑑三：『代表的日本人』，東京：岩波文庫，2000，第132页。

造成日本具有代表性的孝子、贤哲、大儒、老师，那么最终确定其"近江圣人"称号的则是后世有影响人士的祭文。明治时代国粹学家杉浦重刚的《祭藤树先生文》中有如下感叹：

> （藤树）是近江圣人呢，还是日本圣人呢，还是东洋圣人呢，抑或是宇宙圣人呢。圣之所以成为圣，古今东西，盖一揆之。既成其为近江圣人者，亦成其为宇宙圣人也。①

祭文就是要盛赞人的生平，杉浦重刚对中江藤树的激烈称赞虽有其夸大的地方，但这也是源于其对藤树其人生平的敬仰。孔子曾经被后世君王奉为"圣王"，也是出于对其生平成就的赞誉。有关中江藤树的祭文中，也有"止善书院明伦堂成、告文成王藤树先生文"② 等。只看这些祭文或许会以为藤树也如孔子一样被追封为"文成王"了，然而查证史料并没有发现藤树被哪位天皇追封为王的记录。中江藤树最终以"近江圣人"为最高赞誉，获得了其他日本儒学家所不能企及的崇高位置。可以认为，该赞誉意味着中江藤树在明治时代国民道德教育当中发挥了"圣人"才有的重要作用。

4.3　中江藤树及其思想被用于民众道德教育的原因

4.3.1　江户时代肯定中江藤树及其思想的原因

德川家康建立幕府之后发布的公文中对武士之间的主从关系做了明显的规定："虽为父子兄弟，如有不利于两公（家康和秀忠）者或违法乱纪之辈，应如实上报"③，可见其对于"忠"的要求越发绝对。为建立绝对的忠节伦理，家康找到了儒家的朱子学思想。因为朱子学力倡"修身齐家治国平天下"的世俗伦理教义，正是家康需要用来培养武士阶层于公共层面责任感的伦理依据。当时由佛教转入儒教的五山学者藤原惺窝，虽然拒绝了

---

① 子安宣邦：『江戶思想史講義』，東京：岩波書店，2013，第 11 页。
② 雄琴は「止善書院明倫堂成り、文成王藤樹先生に告ぐるの文」・「止善書院明倫堂成り、執斎先生を祭るの文」（ともに漢文）を霊前に奏上した。愛媛県生涯学習センター：1987 年，http://www.i-manabi.jp/system/regionals/regionals/ecode:2/63/view/7922
③ 三宅正彦：《日本儒学思想史》，山东大学出版社，1997，第 58 页。

幕府的招揽，但推荐其弟子林罗山应招从仕，开始发展朱子学。在林家的努力下，朱子学最终成为幕府的官学，所以中江藤树等人的儒学启蒙也均由朱子学开始。

然而由于林家倡导的朱子学在追求"道"之外在化的路上越走越远，把追求尧舜的"礼乐制度"和孔子的"威仪文词"当作求道的绝对手段，学界对儒学的理解渐渐产生分歧，特别是古学派对朱子学的批判越来越明显，阳明学的影响也日渐呈露。中江藤树在《翁问答》中对林家朱子学注重记诵辞章的做法也予以了批判。

相对于朱子学派把"忠"和"敬"、古学派把"爱"和"仁"认定为思想核心，中江藤树认为"孝"才是根本。藤树不仅肯定了"孝"的广大无边的囊括性，还强调了其百姓日用的可实践性。他认为上至天子下至庶民各个阶层都有自己要遵守的"孝德"，都有各自可以践行的"全孝心法"。藤树脱藩返乡后，身份非农非士，但并不影响他实践自己的思想理念。藤树的实践落实在他身为教师、平民的日常。这种既有理论影响又有实践事迹的人物，很容易成为后代人追求的理想形象。藤树的"孝德本位"与"知行合一"结合的思想，显示出阳明学在日本发展的一个新特色。

如上所述，儒学在日本的发展分解出了"忠""孝""敬""爱"等不同的核心纲领，其中藤树主张的"孝"核心思想非常契合幕府的统治理念，特别是延保八年（1680）继位的第五代将军德川纲吉，大倡孝道，在全国范围内奖励忠孝，表彰孝子典型，搜罗古往今来的孝子典型，大孝子藤树被列为《本朝孝子传》之首位也与此相关。但藤树的孝行不像"二十四孝"故事那样带有传说性和虚构性，而是具体实在的孝行和影响乡里的善行，理所当然地被选为"本朝"孝子典型，并成为影响附近乡里民风的佳话。

百余年后中江藤树被列入《近世畸人传》和《近世先哲丛论》，也与幕府思想政治改革需要有关。早在幕府政治进入稳定化的时候，就有一些有着儒家修养的藩士开始探索"无事之世之忠"来代替"乱世之忠"，将武士的形象从战国时期的"战士"转变为和平时期的"役人"（政府官员），以解决必将到来的伦理危机。如冈山藩主池田光正（1609－1682），任用阳明学派的儒学者、中江藤树的弟子熊泽蕃山，成功地在冈山藩树立了新时期的武士形象，并试图重新解释将军、各藩国大名和武士之间的关系："日本全国人民乃是为上者（将军）受上天之委托管理。藩国人民乃是藩主受上

（将军）之委托。家老和武士，乃是考虑如何帮助其君主安民者也。"①所以这个时期，鼓励以新型的"无事之世之忠"取代旧式"乱世之忠"的思想伦理倾向兴盛起来，随之对"孝"的鼓励也占据了幕府思想统治的重要地位。老中松平定信主持的宽正改革（1787－1793）中，有一项是收集"善行者八千六百余人事迹编辑成《孝义录》"②，在社会上大昌孝道。每当幕府需要梳理"孝"之典型对民众进行思想教育时，"孝子藤树"的事迹和形象就会被再度提起。

4.3.2 明治时代重塑藤树"圣人"形象的原因

明治维新大力提倡吸收西方文化，使全社会出现了全盘西化风潮，带来了拜金主义泛滥、道德滑坡等社会道德危机。为匡正时弊，思想界出现了从传统文化中汲取营养进行国民道德建设的强烈呼声，阳明学复兴运动应运而生。1890 年发布的《教育敕语》把"忠"、"孝"等条目列为道德教育核心，开始以历史上典型的人物为楷模进行儿童道德教育。

明治二十三年（1890）文部省发行的小学教材《小学读本》，第一课讲"职业不分贵贱"，宣扬四民平等的思想。读本的另一个核心内容是宣扬忠于天皇和孝敬父母。教材中讲："……在变老过程中，许多年来为了养育子孙，苦其心志，劳其体肤……其子孙者，当常尊敬父祖，慰其老，厚报其养育之恩。此乃孝行也。"③其中举出的名为"阿孝"的女孩子，以实际行动实践了"孝"的规范。其故事情节与《二十四孝》中"郭巨埋子"故事异曲同工。而中江藤树在其著作《孝经启蒙》和《鑑草》甚至《翁问答》中，均涉及了对《二十四孝》的阐发和引用。可见中江藤树所阐释的"孝"道在明治民众思想教育中起到的潜移默化作用。不仅如此，出版于 1891 年的"少年文学丛书"——《近江圣人》，更是强力打造了藤树"孝子"形象。该书一大半篇幅讲藤太郎为"孝"而历尽艰辛，另外一半则是写藤树作为一方"圣人"的传奇影响。这样的"孝"之典范和国民良师形象正是当时民众教育所需求的典型。

以上论述表明，中江藤树于明治时期被浓墨重彩宣扬，有两个原因。第一个原因是，其本人的成长经历，符合政府树立"孝"道的典型。他少

---

① 深谷克己：『江戸時代』，東京：岩波文庫，2001，第 66 页。
② 深谷克己：『江戸時代』，東京：岩波文庫，2001，第 109 页。
③ 明治时代《小学读本》第一课，文部省发行，1890。

年时心忧母亲历尽艰险返乡探母的事迹，和成年后冒着生命危险脱藩回乡赡养老母的壮举，均为不可多得的"孝"的事例。第二个原因是，其继承和开拓的"日本阳明学"是日本思想界选作对抗西方思想的武器。特别是被中江藤树改造之后的阳明学思想，以忠孝等儒家条目为核心，贴近百姓日用，平常人均可身体力行，是凡夫凡妇亦可用来立身修心的思想。

5. 结语

通过以上考证和论述，可以得出两方面的结论，一是关于中江藤树人物形象的历史演变轨迹，二是关于其思想的历史影响。

中江藤树在世短短 41 年，身份却多次转变。少年时从农民之子被收为武士养子，成年时继承武士家业，而后脱藩回乡，但并未事农，而是以学者身份开办私塾教授儒家经典和汉方医学知识，故无法从身份上将其定位为士农工商的任何一个阶层。因此藤树于每一阶层都可亲近，其著述言说也无不体现出超越身份等级差别的四民平等思想，其思想不仅对武士阶层产生了影响，还广泛地渗透到农民、商人、匠人等阶层中，被其后各个时代和各个阶层所认可。尽管由于根据时代需要，不同时期所塑造的藤树形象带有传说成分，但其传奇的经历和追求真理的精神以及教化民众的思想教育效果，却是无可置疑的，人们将其称为第一"孝子"和唯一"圣人"也足见其对后世的影响。

综上所述，中江藤树之所以在近世、近代均被奉为思想导师、道德典型，除了其自身的经历契合了"孝"的行为规范，更重要的原因是他准确地汲取并极大地发扬了阳明心学中的精华部分，将"孝"与"知行合一"有机结合，不仅在他生活时代的民众教育中起到了重要的作用，对后世的国民道德建设也产生了极大的影响。

On the Vicissitudes of Nakae Toju's Character Image and the Influence of His Thought on Public Morality

Abstract：This paper analyses the characterization and changing image of NakaeToju，who is said to be the founder of Yang Ming School of Japan.

The author observes the transition of the images of NakaeToju from "dutiful son" to "deformed people", "great Confucianist", "past wiseman", then finally "the sage in Ohmi age" and illustrates the reasons of the transition. From what has been discussed, it's undeniable that NakaeToju and the Yang Ming School of Japan founded by him played an important role in the enlightenment of mind and moral construction in modern Japan.

To sum up, this paper reveals the process of the spread and promotion of Yang Ming's Psychology abroad, explores its positive effect on the moral education of Japanese people, and clarifies its value and inspiration for the cultivation of civic morality in China in the new era.

Keywords: NakaeToju; Yang Ming School of Japan; national moral construction

田山花袋《棉被》中的家庭模式*

张乐彤**

【摘　要】本文着重通过对文本的细读，重新探究作品主题。借助心理学和社会学的相关知识，对小说主人公时雄的家庭身份和家庭关系进行解读，由此揭示出他对芳子所持情欲的本质以及生成机制，并分析小说中体现出的典型"小家庭"模式以及个人在家庭中的困境。同时结合《棉被》创作时的社会历史背景及作家实际生活，对学界已有的关于田山花袋家庭观和日本明治时期家庭模式的认识做出补充。

【关键词】《棉被》　田山花袋　明治家庭

1. 引言

田山花袋的小说《棉被》主要讲了一个有家室的 36 岁男作家对家庭的倦怠和对年轻女学生的爱欲。目前的相关研究往往围绕着小说所呈现的男主人公的情欲，而忽略了小说对家庭的表现。实际上，在小说大篇幅的对主人公内心冲突的描写中，不仅写了他的情欲，也有很多描写主人公关于家庭、婚姻的想法与态度的片段。而且主人公的情欲与他的家庭观和家庭模式息息相关。另外，该小说的场景描写主要围绕的也正是主人公时雄的家。

当然，由于这部小说并未全面描写家庭，也没有自始至终地展示家庭

---

*　课题标注：北京语言大学研究生创新基金（中央高校基本科研业务费专项资金资助）项目"田山花袋《棉被》中的父亲形象与家庭模式"（18YCX042）的阶段性成果。

**　张乐彤，北京语言大学比较文学与世界文学专业硕士研究生。

的变迁以及表现家庭与小说人物的紧密关系，所以笔者不认为这是一部严格意义上的家庭小说。但小说详细地交代了时雄本人对家庭、婚姻的看法以及时雄家的家庭概况和场景，这些对家庭的描写是不容忽视的。总体来看，《棉被》这部小说暴露出当时社会上广为赞誉的"理想小家庭"的阴暗面，通过种种细节向读者展示和探究了潜藏在日常生活中的家庭危机。

因此本文通过文本细读，结合心理学、社会学相关知识，对小说中时雄家的家庭模式以及时雄本人所扮演的家庭角色进行分析，从而揭示出他对芳子所持情欲的本质以及生成机制，重新探究作品的主题，并分析小说中体现出的典型"小家庭"模式以及个人在家庭中的困境。同时结合《棉被》创作时的社会历史背景及作家实际生活，对已有的关于田山花袋家庭观和日本明治时期家庭模式的认识作出补充。

2. 乏味的"小家庭"——男主人公的家庭组成

首先，笔者拟通过文本细读探究主人公时雄的家庭组成与婚姻情况。小说开端即借时雄的心理活动向读者提供了信息："自己已经三十六岁，还有三个孩子"①，可见时雄已经是即将步入中年的有妇之夫。通读小说，文中并没有出现其他共同居住的亲属，可见这个家庭中的成员只有由夫妻与孩子组成的五口人，由此得知时雄家是明治时期兴起的脱离了家族羁绊的、在社会上广受赞誉的"小家庭"（核心家庭）。

其中，男主人公时雄负责在外工作挣钱养家，女主人公时雄的妻子在家负责各项家务以及照料孩子。文中的妻子温顺体贴，把一家人的饮食起居都照顾得很周到。而文中关于时雄回忆八年前对妻子的爱恋的片段，也展现了他和妻子的结合是自由恋爱的结果，并非包办婚姻。当时的时雄甚至觉得"如果得不到这个姑娘，我宁愿到南洋的殖民地去流浪！"② 另外，根据小说对时雄家的布置陈设与吃穿用度的描写，以及后文提到家里有一位名叫阿鹤的女佣，都说明时雄家经济条件并不差，不会为了生计而发愁。可见这是一个各方面条件都不错的家庭。

然而，这样一个本该美满幸福的理想家庭，在男主人公眼中却是单调

① 〔日〕田山花袋：《棉被》，周阅译，上海译文出版社，2011，第 1 页。
② 〔日〕田山花袋：《棉被》，周阅译，上海译文出版社，2011，第 45 页。

乏味的，文中有很多描写表现了时雄对妻子和家庭生活的不满与嫌弃。时雄认为"在这样的时代，妻子仍然梳着椭圆形发髻，迈着鸭子一样的细碎步子，除了温顺与贞洁之外一无所有，忍受这样的妻子在时雄看来无比可悲"①。"自己的妻子呢，对自己费尽辛苦完成的小说无意阅读，对丈夫的苦恼漠不关心，只要把孩子养好就心满意足。"②"面对这样的妻子，时雄无法不发出孤独的喊叫。"③甚至"不能不感到妻子这个人物毫无意义"④等等。虽然时雄曾经觉得家庭生活很美好，然而"仅仅八年的岁月，谁能想到会变成这样呢？……幸福美满的生活怎么竟变得这般荒凉呢？"⑤他认为自己的妻子呆板无趣，家庭生活单调枯燥，他感到自己"寂寞到无处置身的地步"⑥。

为何会出现这样的家庭危机呢？接下来，笔者拟通过分析男主人公的家庭身份来对此进行探究。

3. 不成功的"天父"——男主人公的家庭角色

心理分析学家阿瑟·科尔曼夫妇的著作《父亲：神话角色的变化》以荣格心理学为基础，讨论了夫妻，主要是父亲在家庭教育和抚养中的地位和角色的变换，并以此讨论父亲身份对孩子及父亲本人生活之影响。该书将父亲角色分成创世父神、天父、地父、皇父、二分父母五种原型。其中，"天父"意象主要强调他作为保护者和赐予者角色所需要的特征。根据前一章的分析可以得知时雄在扮演自己孩子的"父亲"角色时的表现：在外工作，不负责家务与照料孩子，所对应的即是科尔曼夫妇所说的"天父"原型。

"天父"对家庭所发挥的作用往往是通过他们所从事的工作以及承担的社会责任，而不是通过对孩子的直接照料来实现的，因此"天父"的力量依赖于外部世界的成功。但时雄作为"天父"，在外在的世界并不完全成

---

① 〔日〕田山花袋：《棉被》，周阅译，上海译文出版社，2011，第 16 页。
② 〔日〕田山花袋：《棉被》，周阅译，上海译文出版社，2011，第 17 页。
③ 〔日〕田山花袋：《棉被》，周阅译，上海译文出版社，2011，第 17 页。
④ 〔日〕田山花袋：《棉被》，周阅译，上海译文出版社，2011，第 17 页。
⑤ 〔日〕田山花袋：《棉被》，周阅译，上海译文出版社，2011，第 45 页。
⑥ 〔日〕田山花袋：《棉被》，周阅译，上海译文出版社，2011，第 10 页。

功。虽然他是一位小有名气的作家，但是小说提到了"他的文学经验已经落伍，只写过一些短篇，至今没有得到发挥全力的机遇，为此烦闷不已"①。而且他由于需要赚钱养家，又没有更合适的工作，不得不在狭小的房间里担任着自己并不喜欢的地理图书编辑一职。这样失意的"天父"往往会把自己在外部世界不成功的一部分原因归罪于家庭的压力，从而厌恶家庭，拿家人撒气。由小说中的种种细节可以看出时雄的心态正是如此。比如时雄会抱怨妻子不懂文学，不关心自己的苦恼，而且当他遇到挫折时常常会对着无辜的妻儿发脾气等。

在家庭内部，时雄作为三个孩子的父亲也无法与母亲角色竞争，这更增添了他的苦闷。虽然作为"天父"的时雄在家中有着威严的地位，比如"妻子准备得慢了一点，他就唠叨个不停，又因为端上来的下酒菜不可口而大动肝火"②，"时雄十分生气，照着孩子的屁股啪啪乱打，吓得三个孩子远远地围着"③，等等。但是正如科尔曼夫妇在《父亲：神话角色的变化》一书中分析的那样："天父被排除于他自己抚养孩子的责任之外，也被排除于对孩子和妻子的亲密了解之外。"④ 时雄在家庭中是孤独寂寞的。小说中有一段时雄的内心独白正表现出了这一点："妻子和孩子——人们都说这就是家庭的快乐，但这又有什么意义呢。妻子为了孩子活着，她也许还有生存的意义，但丈夫被孩子夺去了妻子，又被妻子夺走了孩子，他怎么可能不寂寞呢？"⑤

在这种情况下，女弟子芳子出现了，她是一位时髦的年轻女学生，她"清脆的声音，娇艳的身姿，与迄今为止时雄那孤独、寂寞的生活形成了鲜明的对照"⑥。她的到来打破了时雄这种孤独，为时雄带来了活力，给他的"寂寞生活增添美丽色彩"⑦。

因为芳子与时雄之间有着多重的地位差距，所以芳子作为时雄的女弟子，对时雄十分景仰，很听从于他的教导，总是"像仰慕时尚的伟人那样

① 〔日〕田山花袋：《棉被》，周阅译，上海译文出版社，2011，第4页。
② 〔日〕田山花袋：《棉被》，周阅译，上海译文出版社，2011，第30页。
③ 〔日〕田山花袋：《棉被》，周阅译，上海译文出版社，2011，第31页。
④ 〔美〕阿瑟·科尔曼、莉比·科尔曼：《父亲：神话与角色的变换》，刘文成、王军译，东方出版社，1998，第41页。
⑤ 〔日〕田山花袋：《棉被》，周阅译，上海译文出版社，2011，第77–78页。
⑥ 〔日〕田山花袋：《棉被》，周阅译，上海译文出版社，2011，第17页。
⑦ 〔日〕田山花袋：《棉被》，周阅译，上海译文出版社，2011，第28页。

'老师，老师'地叫着"①。这种差距体现在三个方面，首先是稚嫩的学生和年长的老师之间的差距，其次是处于弱势的女性与处在支配地位的男性之间的差距，以及生长于偏远山区的乡下女子和身在繁华东京知识分子之间的差距。作为一位无法掌控内外部世界的失意"天父"，芳子对他的崇拜使他重拾作为"保护者"角色的信心，因此时雄满足于对芳子的支配，享受着这种崇拜。芳子"那充满活力的态度让时雄感到仿佛又回到了新婚时刻"②。

实际上，时雄和芳子与普通师生有别，他同时也可以被看作是芳子的代理父亲。芳子来到东京投奔时雄后，就俨然成了时雄家的一员，时雄作为她的监护人，会教她读书以及做人的道理，也会管束她的日常生活。而芳子在寄宿于时雄家时和全家人关系都很好，和时雄全家一起吃饭，还会逗孩子们玩，帮时雄妻子做家务等。虽说时雄会把芳子当作欲望对象，他内心并不希望二人是父女关系，但是小说中也提到时雄"本来没有要把女学生发展成情人的打算"③。他一直都在以自省的态度压抑和控制自己的情欲，并且在表面上一直承担着代理父亲的责任。

在芳子恋爱之前，时雄对自己作为芳子的老师兼代理父亲这种身份感到满足，只要能把芳子留在自己身边，教导和控制芳子即可。当时雄发现芳子爱上了一个迂腐穷酸的年轻学生田中并且已经委身于他时，他"恼怒得无以复加"，他觉得"芳子的灵魂与肉体——她的一切都被一个读书郎夺走了"④。"他如何能忍受心爱的女学生——那个为他的寂寞生活增添了美丽色彩，给予他无穷力量的芳子，突然被人夺走呢?"⑤ 而当他拆散了芳子和田中后，"时雄的脸上露出得意之色"⑥，"时雄完全控制了芳子，总算放心和满足了"⑦。由此也可以得知时雄实际上并不是因沉溺于肉欲而一味企图占有芳子的肉体，他更满足于支配芳子，他对芳子所产生的情欲是他自身支配欲的衍生和寄托。甚至芳子的亲生父亲也会有这样的控制欲。芳子的父亲见到田中时，"那种对掠夺了自己所有的可憎男子的感觉，与时雄在旅

① 〔日〕田山花袋：《棉被》，周阅译，上海译文出版社，2011，第17页。
② 〔日〕田山花袋：《棉被》，周阅译，上海译文出版社，2011，第17页。
③ 〔日〕田山花袋：《棉被》，周阅译，上海译文出版社，2011，第28页。
④ 〔日〕田山花袋：《棉被》，周阅译，上海译文出版社，2011，第111页。
⑤ 〔日〕田山花袋：《棉被》，周阅译，上海译文出版社，2011，第28页。
⑥ 〔日〕田山花袋：《棉被》，周阅译，上海译文出版社，2011，第117页。
⑦ 〔日〕田山花袋：《棉被》，周阅译，上海译文出版社，2011，第61页。

馆见到田中时曾经有过的感觉何其相似"①。所以笔者认为，时雄对芳子的情欲有很大程度上是他对现有的家庭婚姻的厌倦以及作为"代理父亲"对芳子的控制欲而产生的一种错位。

总之，时雄作为一个不成功的"天父"，对自己在内、外部世界都无法完全掌控的处境感到不满与焦虑，此时出现了需要他指导与照顾的女弟子芳子，于是他感受到了作为控制者与保护者的快感。而当时雄发现芳子并不完全听从于他，甚至想要摆脱他的监护之时，便产生了更深的无力感。"激荡在他内心的，与其说是芳子的事，不如说是更为痛切的自己家庭的寂寞。三十五六岁的男女所最能体会的生活的痛苦、事业的烦恼、性欲的不满等等，以可怕的力量压迫着时雄的内心。"② 时雄意识到，正如他掌控不了芳子一样，他同样也无法掌控自己的人生，包括事业、家庭和生活中的种种，甚至连自己的心态和情绪都无法控制。小说中提到，"只因一步之差就与命运失之交臂，总是被排挤在圈外，那种孤独、郁闷的苦涩滋味是他经常体会的。在文学领域如此，在社会上也是如此。恋爱，恋爱，恋爱，一想到时至今日自己仍然被裹挟在如此消极的命运中，时雄就感到自身的懦弱和命运的不济直逼心底"③。因此他才会既悲哀又绝望。

4. 束缚与挣扎——社会转型时期的家庭与个人

实际上，上述的"小家庭"危机并不是时雄一家所独有的，更不是时雄的个人原因造成的。这样的困惑与无奈实际上是社会转型时期新旧观念交替与冲突的结果。小说虽然看似少有社会性的背景关联与揭示，但从文本的细节反映了当时社会生活的不同方面以及社会观念的变迁。其中主要体现了因社会风潮变化而显现的家庭特点和个人在这种情势下的窘迫与困惑。

《棉被》这部小说发表于1907年，正是明治社会经历40多年，社会发生巨大变化之时。在这一时期，资本主义思想开始起步，而封建思想依旧盘踞。在文明开化的推动以及西方文化的冲击和影响下，日本人，特别是一些知识分子开始追求自由、平等精神，并重新审视和批判传统的制度文

---

① 〔日〕田山花袋：《棉被》，周阅译，上海译文出版社，2011，第101页。
② 〔日〕田山花袋：《棉被》，周阅译，上海译文出版社，2011，第90页。
③ 〔日〕田山花袋：《棉被》，周阅译，上海译文出版社，2011，第30页。

化与价值观念。然而当时"天皇专制的国体决定了在意识形态领域尚难以割舍与封建传统的黏着性。政府一方面通过教育宣扬儒家伦理，将继承传统'家庭制度'和家庭伦理奉为保持日本民族的'醇风美俗'"①。虽然明治政府做出了一系列包括提倡男女平等、废除不平等的身份制度等体现民主主义的政治、行政改革，但是"在婚姻、家庭的本质上并没有进行颠覆式的革命"②。在这样西洋式的近代个人主义与传统的家族制度互相冲突的情况下就产生了一系列社会变化和相应的新问题。《棉被》这部小说就通过对个人生活的描写表现了这样的社会现实，也展现了作家面对社会矛盾与冲突时的个人思考。

（一）家庭制度的变化与性别分工

在这部小说被创作之时，随着日本在中日甲午战争和日俄战争中取得胜利，资本主义经济在日本迅速普及，从而使多代同堂的大家族不能适应新的社会要求，逐渐被淘汰，而一对夫妇与孩子组成的小家庭模式成为主流。这样的小家庭的关系变得更简化，主要是夫妻与亲子关系。然而在建构小家庭的过程中也会产生苦恼与无奈。

以父权制为中心的日本明治社会里，家庭关系看似主要取决于丈夫，正如小说中的时雄在家庭内部是一家之主，甚至是家庭内部成员所惧怕的存在。然而在家庭管理上，日本历来实行"男主外，女主内"的分工，在这一时期更是以国家规定的形式被界定为：母亲要以"服务、照顾、贡献于家庭"为职责；丈夫作为"家主"则需要以供养家庭、效忠国家为己任。按照这样的性别分工，对子女的家庭教育属于家庭内部事务，自然应该由母亲来承担。然而这样的分工却使作为丈夫和父亲的男性处在家庭的边缘位置，特别是没有在外界社会很好地实现自我价值的男性，他们在家庭内部和自己的妻儿并没有共同语言，缺乏沟通，也无法参与家庭教育等活动，只能压抑内心的苦闷与孤寂，一旦心情不好则通过对家庭成员大动肝火来发泄情绪，从而导致家庭关系更加空洞与疏远，引发家庭的危机。

（二）个人的觉醒与社会伦理制约

实际上，家庭的危机与家庭内部个人的问题是分不开的。这部小说描

① 田晓虹：《近代日本家庭制度的变迁》，《社会科学》2008年第2期，第91－98页。
② 谢志宇：《二十世纪日本家庭小说及其文学伦理价值》，浙江大学出版社，2017，第42页。

写的主人公在婚姻、家庭中的苦恼与失败，既表现了日俄战争后家庭在变迁中产生的问题，也刻画了个人在这种情势下的觉醒、失望和落魄，有力地衬托出个人在近代社会中的不适应性。日本学者平冈敏夫认为："日俄战争中统一的国民意识和国家意识慢慢地消失崩溃，个人的觉醒或者由此产生的孤独意识出现了。它们与'家族''家庭'的危机、崩溃相呼应，涉及个人以及家族。"①

近代知识分子接受了西方新思想，成为追求独立和精神自由的觉醒个体，但是知识分子的内心并不能彻底摆脱旧道德与旧制度的制约，出于理性和自省的"自我意识"，无法放弃自己在伦理上应负的家庭和社会责任。一番痛苦挣扎之后最终只能俯首于社会现状任其摆布。残留着封建道德和封建传统的家庭对于知识分子所追求的"个人主义"在一定程度上已然是一种束缚和牵绊。随着 1904－1905 年的日俄战争结束以后，"国家"的概念进一步加强。家庭和家庭中的个人都是国家的一分子，处于国家支配之下，需要为国奉献自我。如此一来，个人的自由与欲望更加受到限制。② 因此产生了当时普遍存在的近代知识分子的觉醒意识与当时的伦理道德的冲突，他们对这样矛盾的状态感到迷茫和困惑，却无力改变现状。小说中大量关于时雄的心理描写就体现了当时的知识分子在追求自我和本我时，内在心灵的各种矛盾、纠结、反抗、自省。

（三）女性的进步与保守之困

然而近代知识分子追求所谓的独立与自由是以个人为本位的，并没有建立在男女平等的基础之上。虽然在明治三四十年代这一新旧交替、价值转换的社会转型时期，关于女性和妻子的社会观念发生了一定的改变，但是当时的社会并不允许女性拥有自我意识。1868 年明治维新以后，女性解放运动和女子高等教育渐渐普及，使得以芳子为代表的明治"新女性"诞生了。但这样看似有着解放意识和独立思想的进步女性在本质上与以往的传统"旧女性"并没有什么区别，她们依然被男权思想所束缚，无法获得自身的解放。不论表面看起来是进步还是守旧的女性依然都是男性的附属品。小说中芳子和时雄妻子的表现以及时雄对芳子和妻子的态度就把这种

---

① 〔日〕平冈敏夫：「日露战后文学的研究」，東京：有精堂，1971，第 214 页。
② 谢志宇：《二十世纪日本家庭小说及其文学伦理价值》，浙江大学出版社，2017。

以男性为主体构造的社会秩序以及社会道德表现得淋漓尽致。

而这一时期的男性知识分子一方面厌倦于未接受新式教育的家庭妇女，另一方面又不满于大胆开放的"新女性"。他们希望自己的伴侣内外兼修，能和丈夫有共同语言，但是又必须温顺听话。所以时雄一方面不满于自己的妻子保守落伍，羡慕别人拥有"漂亮而时尚的妻子"①，另一方面又因时髦新潮的女学生不顺从自己的意志感到烦恼。这些男性知识分子看起来欣赏和支持独立自主、有理想追求的进步女性，然而一旦她们真正追求解放，脱离男性掌控，男性又会感到不满。在这种社会现状下，女性处于一种受压制的生存状态，不论是进步女性还是保守女性，她们的自我意识尚未完全觉醒。正如小说中的两位女性，她们无力反抗来自父权的压制，面对丈夫的责骂或是父亲、老师的强硬要求，都只能默默接受和忍耐。

5. 结语

实际上，《棉被》这部小说取材于作家田山花袋的亲身经历。这部小说的主人公很大程度上有作者自己的影子，小说主人公对家庭的认识正可以表现出田山花袋个人对家庭和婚姻的思考。田山花袋自身创作了多部表现家庭与婚姻的文学作品，除了《棉被》以外还有描写家族和家庭生活的三部曲《生》《妻》《缘》等。谢志宇在《论近现代日本文学中的家庭》一文中提到："在近代日本文学史上，如此系统地描写家庭、展示亲子关系、夫妻关系的作家，田山花袋大约是头一个。"②

在《棉被》这部小说中，作者表现出的是对小家庭发展的困惑。小说中的时雄家体现了明治时期兴起的典型"小家庭"模式，以及建构这种"小家庭"过程中产生的苦恼与无奈。通过分析《棉被》中的这种家庭模式以及男主人公的家庭角色，笔者认为这部小说的主题并非只是表面上所呈现的"赤裸裸的、大胆的个人肉欲的忏悔录"③，还有表现自我独立意识与社会伦理间的不可协调性这一层面。笔者认为时雄对芳子的情欲有很大程度上是他对现有的家庭婚姻的厌倦，对自己在内外部世界都无法完全掌控的处境感到不满与焦虑，以及作为"代理父亲"对芳子的控制欲而产生的

① 〔日〕田山花袋：《棉被》，周阅译，上海译文出版社，2011，第16页。
② 谢志宇：《二十世纪日本家庭小说及其文学伦理价值》，浙江大学出版社，2017，第59页。
③ 叶渭渠：《日本文学思潮史》，北京大学出版社，2009，第243页。

一种错位。

田山花袋在谈《生》的创作方法与感想时表示："就是这样关系深厚而聚集在一起的人，到头来各顾各的生活……聚在一起看似一家，但实际上各个都是以自己生存为本位的个人。"① 实际上《棉被》这部小说也体现了这样的心态，主人公是以个人为本位的，没有一种平等地对待妻子和孩子的立场和人格，对家庭里其他成员的态度十分淡漠。由于他对家庭不再眷恋，和家庭的联系完全靠着血缘关系和责任感，因而他在家庭中是孤独痛苦的，而这正是出现家庭危机的根源。小说通过细致的勾勒，以小见大地描写了日俄战争后部分知识分子在家庭中这种进退两难的生存状况和心理状态，体现了当时的时代精神与社会风貌。

参考文献

著作：

[1]〔日〕平冈敏夫：「日露战后文学的研究」，有精堂，1971。

[2]〔美〕阿瑟·科尔曼、莉比·科尔曼：《父亲：神话与角色的变换》，刘文成、王军译，东方出版社，1998。

[3]魏大海：《私小说——20世纪日本文学的一个"神话"》，山东文艺出版社，2002。

[4]叶渭渠：《日本文学思潮史》，北京大学出版社，2009。

[5]翁家慧：《通向现实之路——日本"内向的一代"研究》，中国社会科学出版社，2010。

[6]〔日〕田山花袋：《棉被》，周阅译，上海译文出版社，2011。

[7]〔法〕勒内·基拉尔：《欲望几何学》，罗芃译，华东师范大学出版社，2016。

[8]谢志宇：《二十世纪日本家庭小说及其文学伦理价值》，浙江大学出版社，2017。

[9]〔日〕柄谷行人：《日本现代文学的起源》，赵京华译，中央编译出版社，2017。

期刊论文：

[1]吴建华、潘光伟、黄海：《近代以来日本家庭结构与功能的变迁》，《西南大学学报（社会科学版）》2000年第5期。

[2]王志松：《"告白""虚构"与"写实"——重新评价〈棉被〉的文学史意义》，《日语学习与研究》2001年第1期。

[3]田晓红：《近代日本家庭制度的变迁》，《社会科学》2008年第2期。

① 谢志宇：《二十世纪日本家庭小说及其文学伦理价值》，浙江大学出版社，2017，第65页。

［4］王梅：《男性欲望与叙事——试比较田山花袋〈棉被〉与郁达夫〈沉沦〉》，《日语学习与研究》2009 年第 3 期。

［5］谢志宇：《论近现代日本文学中的家庭》，浙江大学博士学位论文，2010。

［6］肖霞：《〈棉被〉中的"新女性"形象》，《外国问题研究》2011 年第 3 期。

［7］周阅：《"棉被"下的自我》，《比较文学与世界文学》2015 年第 2 期。

［8］王熙宁：《男权社会主导下的女性命运——日本作家田山花袋小说〈棉被〉赏析》，《北方文学（中）》2015 年第 2 期。

［9］李斐：《从〈蒲团〉看当时日本的社会状况及社会问题》，《牡丹》2016 年第 10 期。

［10］李先瑞：《〈棉被〉的叙事学分析》，《日语教育与日本学研究》，华东理工大学出版社，2017。

The Family System in Tayama Katai's *Futon*

Abstract：This paper re-explored the theme of *Futon*（*The Quilt*）through detailed reading of the text. Based on the knowledge of psychology and sociology, this paper interprets the family identity and family relationship of Tokio, thus revealing the essence of his lust for Yoshiko and its generating mechanism. It also analyses the typical "small family" model embodied in the novel and the dilemma of an individual in the family. At the same time, based on the social and historical background of *Quilt* and the author's real life, this paper supplements the existing understanding of Tayama's views on family and the family system of Meiji period in Japan.

Keywords：*Futon*；TayamaKatai；Family；Meiji

书　评

日本上古文学研究之集大成

——评马骏《汉文佛经文体影响下的日本上古文学》

张龙妹[*]

  继 2012 年的《日本上代文学"和习"问题研究》（北京大学出版社），北京第二外国语学院的马骏教授近期出版了其日本上古文学研究的集大成之作《汉文佛经文体影响下的日本上古文学》（社会科学文献出版社）。全书共三册，由研究篇和资料篇两大部分构成。"研究篇"分为 7 篇 19 章，82 万余字；"资料篇"为"研究篇"文献资料的来源和论证材料的依据，采用断代专书词典的形式，从日本上古文学作品中析出的佛教词语或始见于佛典的词语 4960 余条，182 万余字。"研究篇"和"资料篇"字数合计264 万余字，堪称巨著！

  该著作是马骏教授主持黄美华副教授参与的国家社科基金项目《日本上代文学文体与汉译佛经的比较研究》（批准号 12BWW015）的最终成果。上古文学文体与汉译佛经文体的影响关系研究，已然成为中日古代文学比较研究的热点问题之一。但迄今为止，国内外学术界关于这一问题的研究，由于缺乏明确而又有效的方法论的指导，研究范围及成果显得零散，鲜见系统性，见树不见林。而马骏教授的这部皇皇巨著无疑填补了这一领域的空白。

  研究篇大致可以分为四部分。第一部分为序篇，依据上古文学作品中"言说类"四字语句，从三个方面提出了作者对日本上古文学佛经文体研究的独自思考：作为方法论的出源论及其触角；具有两套系统的文献资料及其语言特色；涵括三种类型的文体及其位相表征。认为传统的中土文献和

---

[*] 张龙妹，北京外国语大学北京日本学研究中心教授、博士生导师，研究领域：日本古典文学、中日比较文学。

后起的汉译佛经同时传入日本，对尚未有本国文字的奈良时代的言语生活产生了巨大的影响。为此，在上古文学作品中，普遍地存在着三种类型的文体及其位相表征，亦即受到中土文献影响的传统表达、源自佛经文体浸染的佛典表达、在传统表达和佛典表达基础上敷衍出的自创表达。而自创表达仅属于日本上古文学本身，彰显了日本上古文学自身的特质。

第二部分为基于序篇方法论的个案研究。在第二、第三篇中系统地揭示《古事记》《日本书纪》《万叶集》《怀风藻》和《风土记》等作品的佛教文体特征。尤其是有关《古事记》和《日本书纪》与汉译佛经文体关系的发现，令人瞩目！首次提出依据语体色彩、语用范围、语义增益来判别日本上代文学作品中佛教词、口语词和新义词、句子格式的具体步骤，从双音词、词法结构和句法连接、词语、搭配和句式等层面，指出了《古事记》用语与中古汉语双音词的历史演进形成的暗合，风格独特的文体特征与佛典句式之间的密切关系以及上古文人文学创作中的主体意识与创新精神。揭示了《金光明经》对《日本书纪》的影响，针对《日本书纪》校注方面最具权威的"新编全集本"，独自指正新的出典 16 处，明确提出 28 条修改意见。通过对中土文献和汉译佛经的语料调查，系统地揭示了隐匿于《日本书纪》α 群、β 群（森博达命名）以及第 30 卷中源自汉译佛经的佛典表达。有力地论证了佛教表达对《日本书纪》整体的浸染，颠覆了多年来学界的"共识"。关于《万叶集》的歌文文体，主要调查了散文及歌语中的佛源词，从和歌表达的角度分析了这些佛源词的特殊意味。针对《怀风藻》诗文与汉译佛经的关系，从诗人"小传"和诗歌两部分，按照姓名爵里、天资佛缘、唐朝游学、博学弘法、临终祥瑞的内容结构，就 16 个双音词、三字格和四字格以及诗语、口语和佛语，剖析了僧人诗歌中的佛教表达。至于《风土记》地志文体研究，从语体和句式两方面揭示《风土记》文体特征与汉译佛经的关系，分析了促成其独特文体形成的外在表现形式与内在动因，认为佛教东渐以后，随着推古朝以后儒佛并行的举国体制的贯彻，通过近乎常态化的写经、读经、诵经和讲经以及各种法会仪式，汉译佛经逐渐为人们所熟知，载承经文的特殊文体势必影响文人们的文学创作。

第三部分为佛典句式考释，由第四、第五篇构成。第四篇集中探讨了遍布于上代文献中的佛典句式："随"字句、"相"字句、"于"字句、比拟句、总括句、誓愿句、时段句、口语句。这八种句式具有鲜明的佛典句式的特点，而为其命名并进行比较研究，在国内外尚属首次。并将比拟句分作比较句和比喻句两类，根据比较的级别，按照文例的实际使用情况，提炼出四个等级；其后，再分门别类地对上古文学作品中各级别的表达与佛典表达的关系进行论证，得到 28 例佛典表达形式。对于修辞学意义上的比喻句，在充分掌握暗喻表达 2 例、明喻表达 21 例与佛经表达之间存在的实际影响关系的基础上，分析了佛典比喻句的独特风格。第五篇围绕总括句式、佛典誓愿句式、时段句式，以及人称代词、疑问句式和感叹句式等表述，揭示了其中佛典的深远影响及其独创之处。

第四部分为终篇和附录，在总结理论意义和实践意义的基础上，针对今后深化日本上古文学佛经文体研究提出了新的思路，指出了开展横向纵向研究的可能性。而附录中的论文，如"镇源著《本朝法华验记》独特的女性形象""宝成本《释氏源流》的语言特质""《海东高僧传》〈法空〉校注"等篇目，已经展现了作者从纵向和横向展开这一研究的态势 。

作为断代专书词典的资料篇收录词条近 5000 条，它们是按照中古词汇史、语法史的发展脉络，运用汉文佛经的语料，从佛教词、口语词、新义词和佛典句式四个方面，发掘出来的隐匿于日本上古韵散文两类作品中源自汉文佛经的表达形式。每个条目包含字形、注音、释义、标注等内容，其中释义部分又包含词音、读音、词性、日文例句、汉文佛经例句、中土文献例句等，且每个例句皆注明了出处。于日本上古文献研究者而言，本书无疑将起到案头书的作用。

马骏教授是北京日本学研究中心的一期生，在硕士阶段及此后的北海道大学博士阶段，主要从事《万叶集》研究。博士毕业归国后，开始研究日本上古文学中的"和习"现象，于 2012 年出版了本文开头提到的专著《日本上代文学"和习"问题研究》（北京大学出版社）。也正是在"和习"研究的过程中，马骏教授发现了汉文佛经对于上古文学的绝对性影响，学界习惯性地认为是"和习"的表达方式实际上源于汉文佛经！于是，就有了这一新的更为宏观的课题。而我们从以上内容介绍可知，这一研究又展现了进一步的拓展空间。能够使自己的研究课题实现深入、展开、再深入、再展开这样一个良性发展，是作为研究者的理想状态。而作为日本文学出身的马骏教授，在本课题的研究上又实现了与本国学界的完美接轨，更是难能可贵。不揣浅薄草就本书评的终极意图，也是希冀马骏教授的成功个案对于本中心的毕业生乃至日语界的同行能够有所启迪。

《价值社会学》书评

宋金文[*]

  《价值社会学》是日本著名社会学者作田启一先生于1952-1971年撰写的一部社会学专著。这部专著从多个不同角度记录和分析了战后日本社会价值发生重大转折时期人们对价值问题的思考和重视。该书不仅从理论上阐述了价值在人的行为，尤其是在社会体系以及个性化体系的形成、发展和变化过程中所具有的特殊地位和作用，为我们展现了价值的社会学意义，而且作者运用上述理论对日本社会所做的具体分析，也为我们观察和了解战后日本社会和日本人的行为特征打开了一扇窗户，为我们了解日本社会体系和日本人行为的价值渊源提供了一个重要的线索或视角。该书出版以后，在日本学术界引起很大反响，被多次再版印刷，成为日本社会学研究的经典之作。作田先生对价值问题的关注虽然主要是以日本和欧美社会为背景展开的，但价值本身，包括价值的社会学意义以及有关价值的理论分析框架不只是哪一个国家的问题，而是每个社会都存在的问题。这也是笔者将此书译成中文献给中国读者的原因。也就是说，我们的目的是希望通过或借鉴本书所提供的理论视角和方法，提醒读者反观价值在中国的社会学意义以及中国人社会行为的价值和社会体系的价值趋向特征。

  本书的结构分为两个部分。前半部分是关于价值的理论分析，后半部分则是运用这些理论对日本社会进行的考察。

  在前半部分中，作者首先对价值做了社会学意义上的概念界定。一般认为，价值是指那些能够引起人们欲望的对象或对象群。但作为社会学家，作者认为应该从社会学的角度给价值进行重新定义。作者沿袭了社会学家

---

  * 宋金文，北京外国语大学北京日本学研究中心副主任、教授。研究领域：日本社会保障、灾害研究等。

G. 齐美尔的观点，认为价值是在进行目标选择时牺牲（或排除）了那些没有被选择的可能目标时产生的。例如，登山的价值产生于它牺牲了本该用于其他目标的时间和精力。作者认为，在选择目标之前，首先存在着对目标系列的选择，即需要为目标选择确定方向。确定目标方向的方式主要有三种，即"达到目的的手段"、"一贯性理念"和"适当的欲望满足"，据此，作者提出了目标（价值）选择的最终原理不外乎以下三种，即"作为手段的有效性"、"价值的一贯性"和"欲望满足的适合性"。其中第二种是狭义的价值，它与第一种的有效性、第三种的适合性价值一起，构成了价值的三个系列。本书的整篇结构就是通过如何把狭义的价值即理念价值运用到社会体系中，从价值如何被社会体系制度化的角度，分析超越状况性的价值理念与最大限度地缩小状况内不调和性的现实行为之间的紧张关系，指出，现代社会的特点是理念价值取代有用价值，并成为推动社会体系合理化的主要动力。作者把第三系列的满足价值放到了次要地位。因为这种价值存在于脱离现实和理念约束的自由和娱乐的世界中。正如作者在后记中表述的那样，本书主要是按照 T. 帕森斯式的概念框架，强调的是社会体系和个性体系的相同性问题，故对满足价值没有进行深入的考察。

作者在对价值进行上述界定之后，通过修改帕森斯关于社会体系维持的 AGIL 理论，提出了自身的维持社会体系模式的价值结构，并在此框架内，分别探讨了价值的制度化和内面化过程、责任的进化、无秩序状态与近代价值的相关关系以及市民社会和大众社会中的价值问题。

关于这些问题的具体内容，本书中有详细的介绍，在此不再整述。从分析问题的方法上看，作者总是紧紧围绕着价值如何嵌入个人和社会中，价值在社会体系中是如何体现的，价值对社会体系和个人行为的影响以及价值的作用是如何得到发挥的主题展开论述。例如，他根据帕森斯的 AGIL 理论，指出满足社会体系存续的"A＝适应"、"G＝完成目标"、"I＝结合"以及"L＝潜在的动机调整"4 个层面的活动，都受到业绩（行为）本位——属性（状态）本位、普遍主义——个别主义（帕森斯的模式变数）价值体系的制约，这 4 个价值不仅在人类社会不同阶段中的作用是不同的，而且不同的社会对它们的选择和重视程度也是不同的。

作者还指出，价值体系的内涵是变化的。人类社会从前近代社会向近代社会的转变，实际上也是属性本位价值向业绩本位价值、个别主义价值向普遍主义价值的转变，责任的进化过程，实际上也是社会价值的转变和进化的过程。

关于普遍主义价值和个别主义价值、集团价值和个人价值的相互关系，作者指出，近代以来的欧美市民社会中，以个人行为为本的个别主义价值和以状态本位为主的万民平等主义价值同时存在，同时以集团行为为本的功能代表制和以状态为本的集团自治制两者之间存在着互相矛盾、互相牵制的关系。这种紧张关系给欧美市民社会带来很大活力和发展空间。但在其后的大众社会中，中间集团弱化，功能代表制衰退，个人和集团的联系和纽带变得松弛；同时个人主义的衰退导致了个人对集团的过多认同。

本文的后半部分则运用上述理论对日本社会进行了考察和分析。作者首先分析了日本社会战前和战后价值体系的变化。指出战前个别主义的两个价值即"政治"价值和"整合"价值占主导地位。战后，过去处于第二性的"经济"价值和"满足"价值取代前两者占据主导地位。但占据主导地位的"满足"价值不能像过去的政治价值那样发挥绝对性的作用，于是，出现了价值的多元化趋势。

关于日本社会中存在的价值理念与现实的不一致，即"表与里"的不一致性问题，作者认为其特点不在于两者之间的分歧比较明显，而在于表与里的相互渗透性。义务可以转化为人情，人情可以转化为义务。究其本质，是理念的外在性（超越性）薄弱的问题。

关于日本集团的自立性，作者根据日本的家庭对家庭成员的保护不够彻底这一点，指出对中间集团的归属较弱而中央取向性较强是战前日本社会结构的特点。战前家庭中的父子关系模式也存在于中间集团中，甚至天皇与臣民关系也是这种模式的翻版。战后随着父子关系优势地位的丧失，日本人的连续观也随之发生了裂变。

价值取向和价值发挥作用的方式是人类自觉行为中普遍存在的现象。本书主要以日本社会为例，分析和探讨了价值在日本社会中的体现、具体特征和作用。正如本书概要所说的，本书是把价值纳入社会学领域进行考察的一个大胆尝试。本书对研究和分析价值问题在我国社会发展中的作用，解决由价值问题产生的社会矛盾有不少借鉴意义。

《日本学研究》征稿说明

1. 《日本学研究》是由"北京日本学研究中心"与"教育部区域和国别研究基地北京外国语大学日本研究中心"共同主办的综合性日本学研究学术刊物（半年刊，国内外发行），宗旨为反映我国日本学研究以及区域和国别研究相关专家学者的最新观点与研究学术成果，促进中国日本学研究的进一步发展。

2. 本刊常设栏目有：特别约稿、日本语言与教育、日本文学与文化、日本社会与经济、国别和区域、热点问题、海外日本学、书评等。

3. 来稿要求和注意事项。

（1）上半年刊投稿截稿日期为 3 月 31 日，下半年刊为 8 月 31 日。

（2）来稿要重点突出，条理分明，论据充分，资料翔实、可靠，图表清晰，文字简练，用中文书写（请按照国务院公布的《简化字总表》书写，如果使用特殊文字和造字，请在打印稿件中使用比原稿稍大的字体，并另附样字）。除特约稿件外，每篇稿件字数（包括图、表）应控制在 8000 字至 10000 字。

（3）来稿必须包括（按顺序）：题目（中英文）、作者姓名、中文和英文内容摘要（约 200 字）、关键词（3 ~ 5 个）、正文、参考文献和作者简介（单位、职称），并注明作者的电话号码、E-mail 地址等联系方式。请到北京日本学研究中心网站（http://bjryzx.bfsu.edu.cn/）下载样稿，并严格按照样稿格式撰写论文。

（4）须提供一式两份打印稿并通过电子邮件（用 word 格式）发送至本刊编辑部（rbxyjtg@163.com），用字要规范，标点要正确（符号要占 1 格），物理单位和符号要符合国家标准和国际标准，外文字母及符号必须分清大、小写，正、斜体，黑、白体；上、下角的字母、数码、符号必须明显。各级标题层次一般可采用一、（一）、1.、（1）、1，不宜用①。

（5）参考文献与文中夹注保持一致。所引用的文字内容和出处请务必认真查校。引文出处或者说明性的注释，请采用脚注，置于每页下，具体格式为：

专著著录格式：作者、书名、出版社、出版年、页码。

期刊著录格式：作者、文章名、期刊名、卷号（期号）。

论文集、会议录著录格式：作者、论文集名称、出版者，出版年、页码。

学位论文著录格式：作者、题目、产生单位、产生年。

译著著录格式：国籍、作者、书名、译者、出版社、出版年、页码。

网络电子文献著录格式：作者、题目、公开日期、引用网页。

4. 来稿不拘形式，既欢迎就某个问题进行深入探讨的学术研究论文，也欢迎学术争鸣性质的文章，学术综述、书介书评、读书札记、译稿（附论文原文）等均受欢迎。

5. 本刊所刊用文章必须是作者的原创性研究成果，文责自负，不代表编辑部观点，不接受一稿数投。本刊有权压缩删改文章，作者如不同意删改请在来稿末声明。

6.《日本学研究》注重稿件质量，采用双向匿名审稿制，每篇稿件聘请 2~3 名相关领域的专家进行评审，选稿标准注重学术建树和学术贡献。每期征稿截止后三个月内向作者通知审稿结果。

7. 来稿一经刊登，将向作者寄送两本样刊。不支付稿酬。

8. 初校由作者进行校对。在初校过程中，原则上不接受除笔误以外的大幅修改。

投稿邮箱：rbxyjtg@163.com

咨询电话：（010）88816584

邮寄地址：邮政编码100089

中国北京市西三环北路 2 号 北京外国语大学 216 信箱

北京日本学研究中心《日本学研究》编辑委员会（收）

图书在版编目（CIP）数据

日本学研究. 第 30 辑／郭连友主编. -- 北京：社
会科学文献出版社，2020.7
　ISBN 978 - 7 - 5201 - 6210 - 4

　Ⅰ. ①日…　Ⅱ. ①郭…　Ⅲ. ①日本 - 研究 - 丛刊
Ⅳ. ①K313.07 - 55

　中国版本图书馆 CIP 数据核字（2020）第 028728 号

日本学研究　第 30 辑

主　　编／郭连友
副 主 编／宋金文　丁红卫

出 版 人／谢寿光
责任编辑／卫　羚　范　迎

出　　版／社会科学文献出版社·人文分社（010）59367215
　　　　　　地址：北京市北三环中路甲 29 号院华龙大厦　邮编：100029
　　　　　　网址：www. ssap. com. cn
发　　行／市场营销中心（010）59367081　59367083
印　　装／三河市龙林印务有限公司

规　　格／开　本：787mm × 1092mm　1/16
　　　　　　印　张：16.5　字　数：271 千字
版　　次／2020 年 7 月第 1 版　2020 年 7 月第 1 次印刷
书　　号／ISBN 978 - 7 - 5201 - 6210 - 4
定　　价／98.00 元